KB127049

AI 한국경영 – 국정운영편

머리말

AI 시대 New Korea '경세론'

1392년 7월 17일 고려의 무관이었던 태조 이성계는 삼봉(三峯) 정도전(鄭道傳)의 도움을 받아 조선을 개국했다. 삼봉은 고려 말 권문세족의 부패 정치를 척결하기 위해 신유학(性理學)에 기초한 중앙집권적 관료제 국가인 조선 왕조 건국에 설계자로 불린다. 정도전은 왕명을 받아 새로운 왕조의 정책방향을 제시하는 17조의 「편민사목(便民事目)」을 발표했다.

재상의 나라를 꿈꾸었던 정도전은 훌륭한 재상을 선택해 정치의 실권을 부여, 위로는 임금을 올바르게 인도하고 아래로는 신하를 통괄하고 백성을 다스리는 중책을 부여하자고 주장했다.

그는 「경세론(經世論)」에서 통치자가 민심을 잃었을 때에는 물리적인 힘에 의해서 교체되어야 한다는 역성혁명론에 입각해 왕조교체를 수행했다. 바람직한 정치제도는 재상을 최고 실권자로 권력과 직분이 분화된 합리적인 관료 지배체제이며, 그 통치권이 백성을 위해 기능할 수 있어야 한다는 민본사상을 강조했다.

현대로 말하면 책임 총리제에 의한 정책 중심의 국정운영이다. 사농공상(士農工商)을 중시하고 지배층인 사(士)의 직업은 기술학자·교육자·철학자·도덕가·무인 등의 역할을 겸비해야 하고 능력주의로 관리가 충원되어야 한다고 생각했다. 또한 감찰(사헌부)의 탄핵권을 강조하고 간관(사간원)의 권리를 임금과 대등하게 설정했다. 이는 전제 왕권 통제의 중요한 이론적 토대가 됐다.

630년이 지나 2022년 3월 9일은 제20대 대통령 선거일이다. 포스트 코로나 시대 대한민국 모든 분야의 패러다임을 바꿔야 하는 전환점이다. 새로운 새 시대를 이끄는 AI 리더가 반드시 나와야 한다. 지도자의 역량에 따라 대한민국 미래 운명이 달라질 수 있기 때문이다.

작금의 대한민국은 고용 없는 성장, 일자리 부족, 사회 양극화 심화, 부동산 폭등, 사회적 정의와 불평등, 고령화, 저출산, 가계부채 증가 등 IMF 이후 지난 20년 동안 반복되어 온 이슈를 아직까지 해결하지 못하고 있다. 이유는 명확하다. 국민의 에너지를 한 곳으로 모아 미래를 향해 나아갈 지도자가 없어서다.

우리 국민은 기회와 역할이 주어지면 신바람 나게 일해 상상도 할 수 없는 역량을 발휘하는 DNA를 갖고 있다. 하지만 역대 대통령은 국민의 잠재적 역량을 극대화하는 국가비전과 정책을 성공적으로 수행하지 못했다.

포스트 코로나 시대는 AI 기술 발달로 인해 모든 것이 급격히 변화되는 시대다. 정치·경제·사회·산업·문화는 물론 우리의 일상생활까지 이전에는 한 번도 경험하지 못한 미증유의 세상이 펼쳐지고 있다.

AI 시대 한국판 「편민사목」과 「경세론」을 발표한다. 포스트 코로나 시대 새로운 지도자는 'Old Korea'를 New Korea, 'Jobs Korea', 'Happy Korea', 'Justice Korea', 'Dynamics Korea', 'Safety Korea', 'Speed Korea', 'Young Korea', 'Success Korea'로 만들겠다는 사명감이 있어야 한다.

'New Korea'로 변혁하기 위해서는 기존의 관습과 낡은 체제를 버리고 새로운 패러다임으로 변화해야 한다. 각 분야별 패러다임 변화의 개혁 과제를 제시한다.

첫째, 정치 패러다임의 변혁이다. 경제 발전의 최대 걸림돌은 정치다. 정치권력이 시장 경제를 위축시키고 민생을 힘들게 만드는 주범이다. 정치와 정당, 행정부, 청와대의 무능과 무지의 포퓰리즘, 검은 커넥션과 카르텔을 끊어내야 한다.

둘째, 정부·국회 패러다임의 변혁이다. AI 시대에 걸맞은 AI 정부, AI 국회로 생산적인 AI 정치를 해야 한다. 정부의 과도한 시장 개입을 멈추고 청와대의 독선적 국정운영 방식을 바꿔야 한다. 모방경제에서 리드경제로, 제조업 중심의 수출경제에서 수소경제·탄소제로의 미래경제로, 대기업 중심의 경제에서 혁신 창업·창직(創職)의 스타트업 경제로 전환해야 한다.

셋째, 외교 패러다임의 변혁이다. 동아시아의 네덜란드와 같은 국가 위상을 확립하고 중국·일본에 밀리지 않는 레버리지(Leverage)를 확보해야 한다.

넷째, 교육 패러다임의 변혁이다. AI 시대 맞는 에듀테크(EduTect) 교육으로 학벌 시대에서 능력주의 시대로 전환해야 한다. 최저임금, 주52시간 운영을 전면적으로 개편해야 한다.

다섯째, 부동산 패러다임의 변혁이다. 프롭테크(PropTech) 주도의 부동산 성장 정책 추진과 시장 친화적인 토지 활용제도, 현장에 맞는 부동산3법 개정을 해야 한다. 3주택 이상 다주택자 대출금 회수와 법인 특혜 세율을 폐지해야 한다. 1가구 1주택을 보장하는 '코리아 미래 홈 케어 정책(K.F.H.C Korea Future Home care)'을 추진해야 한다.

여섯째, 정책 패러다임의 변혁이다. AI+X 산업에 의한 양질의 일자리 창출 정책을 추진해야 한다. 탈원전 정책의 폐기와 부동산 정책의 전면 수정이다. 소득 주도 성장으로 망가진 시장 경제 구조 때문에 사라진 일자리, 현장을 무시한 채 마구 쏟아낸 앞뒤 바뀐 부동산 정책 때문에 다락 같이 오른 집값을 되돌려놔야 한다.

일곱째, 사회안전망 패러다임의 변혁이다. 전 국민 사회 안전망 시스템 구축으로 중산층이 두터운 사회를 만들어야 한다. AI와 블록체인을 활용한 전 국민 보편복지 제도인 'K-행복복지'를 실현해야 한다. 코로나19 방역 체계를 전면 개편하고 본질적 치료제인 경구용 치료제 선 계약을 서둘러야 한다.

여덟째, 인력양성 패러다임의 변혁이다. AI 시대 전문인재 10만명 양성을 해야 한다. 디지털 트랜스포메이션 혁명에 맞는 특화된 AI 산업 육성을 해야 한다. 비대면 시대의 'K-Culture, 한류'를 확산해야 한다.

아홉째, 지방 균형 발전 패러다임의 변혁이다. 지방분권이 아니라 지방자치가 우선이다. 수도권 집중화로 인한 지방 불균형을 근본적으로 해소해야 한다. AI 기술을 활용한 농어촌 소득의 안전망 구축을 해야 한다.

열 번째, 안보·통일 패러다임의 변혁이다. 남북 간 교류를 해야 한다. 예를 들면 통일을 대비해 한반도 3D 지도 만들기 프로젝트를 남북 간 공동으로 진행해야 한다. 메타버스를 활용한 남북한 대학생 소통과 이산가족 간 화상 만남을 추진해야 한다. 육아 문제를 국가가 책임지는 책무성을 강화해야 한다.

열한 번째, 창업국가 패러다임의 변혁이다. 빅블러(Big Blur) 유니콘 기업을 집중 육성해야 한다. 'AI 대국' 도약을 위한 소프트웨어 인력을 양성해야 한다. 협동노동조합 활성화로 창업과 창직의 붐을 만들어 올 디지털 혁신을 이끄는 스타트업 국가를 실현해야 한다.

마지막으로, 특히 코로나19 경제위기 상황에서 기존의 복지체제를 전면 개편해야 한다. '기본소득'의 허구를 파헤치고 복지 분야의 대선 게임 체인저로 재원문제를 해결한 'K-행복소득'을 제시했다. 사회 양극화, 최저임금, 부동산, 기본 일자리 문제의 해법으로 'K-행복소득'을 '재난 지원금 대안'으로 'K-EIP' 지급을 제안했다.

이 책은 지난번 출간한 『AI 한국경영 지도자편』, 『AI 한국경영 정책제언편』의 시리즈 3번째로 『AI 한국경영 국정운영편』이다. 저자가 2021년 1월부터 6월에 걸쳐 기고한 칼럼을 각 분야별로 정리했다. 집필 의도는 AI시대의 한국경영 지도자로서 갖추어야 될 국정운영 역량을 강조하기 위해서다.

제1부는 Korea Future Care CEO가 갖추어야 할 조건에 대해 기술했다. 1장은 New 대통령과 새 정부의 국정기조, 대선 승리의 법칙, 2장은 MZ 세대와 중장년층 민심잡기, 3장은 정권 교체냐 정권 재창출이냐에 대해 서술했다. 4장은 포스트 코로나 시대의 디지털 혁신 리더, AI 시대 AI·DX 뉴 리더의 등장에 대해 서술했다.

제2부는 국정운영(Statecraft)에 대해 설명했다. 1장은 데이터 경제에 대한 대응 방안을 제시했다. 2장은 일자리 창출로 'Jobs Korea', 창직으로 스타트업 국가 만들기 해법을 제시했다. 3장은 한국경제 미래 먹거리인 AI+X 산업을 제시했다. 4장은 부동산 폭등 문제에 대한 해법을 제시했다. 5장은 기본소득 대안으로 재정문제를 해결한 'K-행복소득', 재난지원금 대안으로 'K-EIP 지급'을 제시했다. 'K-EIP 지급'은 제정 부담 없이 내수를 활성화시키고 지역 경제를 살리며 1400만 자영업자·소상공인·비정규직을 코로나19 경제 위기로부터 극복할 수 있는 유일한 해법이다.

제3부는 주요 분야별 대선공약을 제시했다. 1장은 뉴 대한민국의 비전, 목표, 슬로건을 명시했다. 2장은 새 시대 새 정부의 100대 국정 과제를 제안했다. 3장은 코로나 시대의 방역을 패러다임에 맞춰 획기적으로 변혁해야하는 방안을 제시했다. 4장은 경제발전의 주범인 정치개혁을 제시하며 개헌과 정부의 역할 정립과 청와대 권한 축소에 대한 대책을 제시했다. 5장은 데이터 경제에 뉴 대한민국의 미래 먹거리 전략을 제안했다. 6장은 AI 시대 양질의 일자리 창출은 AI+X산업에 있고 슈퍼 고용 시대를 대비해는 방안을 제시했다. 7장은 국민 모두의 주거문제 해결을 위한 부동산 정책을 제시했

다.

"이 나라는 털끝 하나라도 병들지 않은 것이 없다. 지금 당장 개혁하지 않으면 나라가 망하고 나서야 그칠 것이다." 200년 전 조선시대 정약용이 『경세유표(經世遺表)』 서문에 쓴 경고는 작금의 우리 현실에 딱 맞는다. 새겨들어야 한다.

책을 집필하면서 세계적인 석학들의 좋은 글을 인용하거나 참고했음을 밝힌다. 여러 조각을 합쳐 새로운 그림을 만들 수 있다는 생각에서다. 널리 이해해 주시기를 바란다. 부디 이 책을 읽고 효율적인 국정운영으로 성공한 최초의 대통령이 나오기를 간절히 바란다.

2021년 8월 15일

지은이 朴正一

목차

PART 1 New President

01 New 대통령

AI 시대 경세론

대선 승리의 법칙

대통령 선거

PART 2 Statecraft

01 경제

02 일자리

일자리 창출 해법

기본 일자리와 스타트업 국가

03 미래 먹거리

AI와 DX

미래 먹거리

04 부동산

부동산 해법

부동산 적폐

05 복지

기본소득의 허구

재난지원금 논쟁을 잠재우는 'K-EIP'

사회 양극화 문제를 해결하는 'K-행복소득'

PART 3 대선공약

PART 1
New President

01

New 대통령

AI 시대 경세론

New 정부 미션

AI시대 New Korea의 미션(Mission)이자 경세론(經世論)이다. 포스트 코로나 시대 새로운 지도자는 Old Korea를 AI시대 'New Korea' 일 자리 넘치는 'Jobs Korea' 누구나 행복한 'Happy Korea' 정의가 살아 있는 'Justice Korea' 역동성 있는 경제 'Dynamics Korea' 코로나19로 부터 안전한 'Safety Korea' AI 시대 흐름에 빠르게 변하는 'Speed Korea', 초고령화 사회에 생동감 넘치는 'Young Korea' 누구나 노력 하면 성공할 수 있는 'Success Korea'로 만들겠다는 사명감이 있어야 한다.

뉴 정부의 캐치프레이즈(catchphrase)는 'K.F.C(Korea Future Care)'이 다. 슬로건은 'K.F.C를 그대에게'이다. '대한민국 미래 케어(care, 돌 봄)를 그대에게 돌려드린다'는 뜻이다. 여기서 그대는 위대한 코리 아(Great Korea)와 모든 국민을 지칭한다.

대한민국 미래 경제발전을 보장(Guarantee)하며 국민 전체 미래를 케어(Care, 보살핌) 하겠다는 것을 의미한다.

또한 국민 모두의 미래 불안 요소인 홈, 일자리, 교육, 의료를 케어하고 보장한다는 뜻이다.

비전(Vision)은 'Great AI Korea'다.

미션(Mission)은 'Startup Korea'다.

국정목표는 '창업국가 대한민국', '일자리 넘치는 대한민국', '안전한 대한민국'이다.

국정방향은 '대한민국 개조'다. 국민에게 행복한 미래를 보장하기 위해서다.

국정운영 기조(Government Management Policy)는 정부주도에서 시장주도로의 전환이다. 핵심 경제 정책은 '시장주도성장', 'AI 혁신경제', '데이터 공정경제'다.

성과를 내기위한 방법론은 첫째, P·P·P(People+Process=Production)다. 사람과 일하는 방식을 개혁해 성과를 내겠다는 전략이다. 둘째, S·S·S(Simple+Smart+Speed=Success)다. 심플·스마트한 조직으로 스피드하게 추진에 성공한다는 전략이다. 셋째, DNA(Direction+Network+Action=Achievement)다. 방향을 정확하게 설정하고 모든 사람의 참여를 통해 성취를 하겠다는 전략이다.

코로나19 경제위기 상황에서 기존의 복지체제를 전면 개편해야 한다. 해법으로 '기본소득'의 허구를 파헤치고 복지 분야의 대선 게임 체인저로 재원문제를 해결한 'K-행복소득'을 제시했다. 사회 양극화, 최저임금, 부동산, 기본 일자리 문제를 해결하기 위해서 'K-행복소득'을 '재난 지원금 대안'으로 'K-EIP' 지급을 제시한다.

Old Korea 자화상

대한민국의 자화상은 우울하고 암울하다. 10대는 공부와의 전쟁, 20대는 취업과의 전쟁, 30대는 결혼·일자리와의 전쟁, 40대는 자녀교육·부동산과의 전쟁, 50대는 노후준비 전쟁, 60대는 건강 지키기 전쟁, 70대는 헬스케어와의 전쟁을 치루고 있다.

특히 청년층의 일자리 문제는 심각하다. 통계청이 발표한 '2021년 5월 청년층 부가조사 결과'에 따르면 지난 5월 기준 졸업자(중퇴자 포함) 470만 6000명 중 미취업자는 154만 8000명으로 집계됐다.

졸업·중퇴자 10명 중 3명(32.5%)은 졸업 후에도 직장을 구하지 못하고 여전히 취업 준비를 하거나 집에서 쉬고 있는 셈이다. 취준생 32.4%는 일반직 공무원을 준비하는 하고 있는 안타까운 상황이다.

청년들의 어려운 현실은 대한민국의 미래를 보장하지 못한다는 것을 의미한다.

작금의 대한민국은 고용 없는 성장, 일자리 부족, 사회 양극화 심화, 부동산 폭등, 사회적 정의와 불평등, 고령화, 저출산, 가계부채 증가 등 IMF 이후 지난 20년 동안 반복되어 온 이슈를 아직까지 해결하지 못하고 있다. 이유는 명확하다. 국민의 에너지를 한 곳으로 모아 미래를 향해 나아갈 지도자가 없어서다.

한국경제는 60년대 산업화 이후 60년을 수출로 먹고 살았다. '한강의 기적'을 기반으로 'IT 강국'으로 도약하며 한국경제가 고속성장이 가능했던 것은 제조업 중심 재벌 구조의 수출에 힘입은 바가 크다. 하지만 포스트 코로나(Post Corona) 시대의 세계는 자국 생산의 수출 경제에서 현지 생산 경제로 전환되고 있다. 부품과 원자재의 공급에 의한 글로벌 공급망(GSC) 흐름이 아닌 데이터 중심의 흐름으로 재편되고 있다. 수출로 먹고 살 수 없는 시대가 다가오고 있다는 것이다.

지금까지 현지 생산 가능한 제품은 인건비가 싼 국외로 공장을 이전해 생산 원가를 낮추는 것이 일반적이었다. 연구개발과 첨단제품 공장은 기술 유출 방지를 위해 자국 내에서만 생산했다. 하지만 AI 시대는 5G와 3D 등 첨단 기술의 발전에 따라 기술 설계도와 데이터, 제품 디자인을 실시간으로 전 세계 어디든 전송이 가능하다. 지구의 반대편에서도 3D 기술을 활용해 제품을 생산할 수 있는 시대가 도래했다.

우리 국민은 기회와 역할이 주어지면 신바람 나게 일해 상상도 할 수 없는 역량을 발휘하는 DNA를 갖고 있다. 하지만 역대 대통령은 국민의 잠재적 역량을 극대화하는 국가비전과 정책을 성공적으로 수행하지 못했다.

AI 슈퍼고용 시대

AI시대는 소수의 대기업 수출에 의존해서는 경제성장을 하기 어렵다. 현재 한국경제는 고용 없는 성장에 직면해 있다. 특히 반도체가 전체 수출 비중의 20%를 넘게 차지하는 것이 가장 큰 문제로 지적된다. 핀란드는 전체 수출의 25%를 차지하던 노키아 몰락 후 나라 경제 전체가 흔들린 사례를 반면교사로 삼아야 한다.

디지털 트랜스포메이션(Digital Transformation) 혁명이 시작된 이래 한국경제는 아직도 미래 먹거리를 확보하지 못하고 기존의 주력 제조업 수출에 의존하고 있다. 중국은 AI 분야에서 미국과 치열하게 경쟁하고 있는 데 말이다.

만약 우리가 어떤 돌파구를 열지 못한다면 2030년에는 AI 분야에서 중국의 속국이 된다는 것은 불을 보듯 명확하다. 지금은 우리에게 위기이자 기회다. 미래 먹거리를 다양하게 확보해야 한국경제가 지속적으로 발전할 수 있다.

2022년에는 데이터 경제시대가 시작된다. AI와 빅데이터 융합으로 데이터 경제가 활성화된다. 데이터 경제로 전환하지 못한다면 영원히 뒤떨어진다. 2040년에는 바이오 경제가 열린다. 코로나19로 인한 바이오와 헬스케어 산업이 급격히 발전하고 있다. 바이오산업을 선점하면 바이오 선도 국가로 도약할 수 있다. 2050년에는 우주의 시대가 열린다. 우주산업과 행성탐험, 우주여행 등에서 상상할 수 없는 산업이 탄생한다.

미래의 일자리는 아직 60%도 나타나지 않고 있다. 대한민국은

2022년부터 새로운 뉴(New) 시대를 열어야만 한다. 기존의 이념대결과 여야 갈등을 떨쳐내고 국민통합으로 나아가야만 한다.

청년들의 어려운 현실은 대한민국의 미래를 보장하지 못한다는 것을 의미한다. AI 시대 한국경제의 미래 먹거리를 확보하고 양질의 일자리가 넘치는 대한민국을 만들기 위해서는 국가가 국민의 미래를 케어(care, 돌봄)해줘야 한다. 'K.F.C. 시스템(Korea Future Care System)'은 세대별 고민거리를 국가가 해결하고 미래를 보장하겠다는 것이다.

뉴 지도자는 모든 것을 바꿔야 한다. 국민이 미래를 걱정하지 않는 사회를 만들어야 한다. 그러기 위해서는 경제구조, 사회적 작동원리, 각종 제도와 의식의 변화가 필요하다. 우리 국민의 잠재력과 능력이라면 해낼 수 있다. 국민을 신바람 나게 한다면, 그래서 역동성과 창의성을 모은다면 우리는 한 단계 더 발전할 수 있다. 그렇다면 더불어 행복한 사회를 만들기 위해 무엇을 어떻게 해야 할까. 해법을 제시한다.

AI 시대는 신산업에 의한 새로운 양질의 일자리가 쏟아지는 슈퍼고용(Super Employment) 시대가 개막된다. 새로운 새 시대를 이끄는 AI 한국경영 CEO가 나와야만 하는 이유다. 대한민국의 미래와 국민의 삶을 케어하고 보살피는 임무를 부여받은 새 정부를 위해 국정기조를 제시한다.

New 정부 국정기조

새로운 새 시대를 이끄는 AI 한국경영 CEO가 나와야만 한다. 대한민국의 미래와 국민을 삶을 케어하고 보살피는 임무를 띤 새 정부를 위해 국정기조를 제시한다. 각 분야별 패러다임 개혁 과제를 제시한다.

(1) 정치 패러다임 변화

　① 생산적인 AI 정치를 실행한다.

　② AI 국회로 정책 경쟁의 국회를 만든다.

　③ 성과를 내는 AI 플랫폼 정부를 실현한다.

　④ 블록체인 활용으로 정치 독점 권력을 분산시킨다.

　⑤ 이념편향, 진영논리를 배제한 책임 정치의 구현이다.

(2) 정부 패러다임 변화

　① 정부의 과도한 시장개입을 멈춘다.

　② AI 블록체인 시스템 정부 구축이다.

　③ 규제 혁파를 위한 일하는 방식의 개혁이다.

　④ 청와대의 일방적 국정운영 방식의 전환이다.

　⑤ 공무원이 갖고 있는 인허가의 권한 분산이다.

(3) 경제 패러다임 변화

　① 모방경제에서 리드경제로의 전환이다.

② 수소경제·탄소제로 경제로의 전환이다.

③ 창업·창직의 스타트업 국가 실현이다.

④ 제조업 수출 중심에서 AI 산업 중심으로 재편이다.

⑤ 플랫폼 시대를 선도하는 빅블러 대기업의 육성이다.

(4) 사회 패러다임 변화

① 저출산, 자살을 막아야 한다.

② 공공부문의 대대적인 개혁이다.

③ 중산층이 두터운 사회구조 실현이다.

④ 전 국민 사회 안전망 시스템 구축이다.

⑤ 시민 참여 플랫폼에 기초한 사회적 대타협이다.

(5) 외교·안보 패러다임 변화

① 동아시아의 네덜란드와 같은 국가 위상이다.

② 북한의 비핵화 전략과 전술의 전면 궤도 수정이다.

③ 중국·일본에 밀리지 않는 레버리지(Leverage) 확보다.

④ 한·미 동맹 강화와 쿼드(Quad)+가입을 통해 중국에 대응이다.

⑤ AI 시대 기술외교 강화와 한반도 지정학적 위치를 적극 활용
   이다.

(6) 교육 패러다임 변화

① 고등학교 나와도 잘사는 사회 실현이다.

② AI 시대 에듀테크(EduTech) 시스템의 전면 운영이다.

③ 학위와 학벌 시대에서 능력주의 시대로 전환이다.

④ AI 시대에 걸맞은 대학 입시제도의 전면 개편이다.

⑤ 학교교육, 직업교육, 평생교육의 연계로 미래 준비다.

(7) 고용·노동 패러다임 변화

① 대기업 노조 혁신과 고용 유연성 확보다.

② 비정규직이 만족하는 노동 구조 실현이다.

③ 동일노동 동일임금 체계의 조기 정착이다.

④ 근로기간 제한법 폐지, 노동 관련법 개정이다.

⑤ 최저임금, 주 52시간 운영의 전면적 개편이다.

(8) 부동산 정책 패러다임 변화

① 프롭테크 주도의 시장 성장이다.

② 부동산 3법의 전면 개정과 보완이다.

③ 시장 친화적인 토지 활용제도다.

④ 3주택 이상 주택자 대출금 회수, 법인 특혜 세율의 폐지다.

⑤ 1가구 1주택을 보장하는 '대한민국 미래 홈 케어(K.F.H.C)' 정착
이다.

(9) 일자리 정책 패러다임 변화

① 재정 주도 일회성 알바 일자리 정책의 폐기다.

② 정부는 일거리, 기업은 일자리 역할 분담이다.

③ 평생 직업교육으로 일자리 안정망의 확충이다.

④ AI 일자리 매칭 시스템 운영으로 일자리 연계다.

⑤ AI+X 산업에 의한 양질의 일자리 창출 정책 추진이다.

(10) 복지 패러다임 변화

① 부담과 혜택이 불균형 체계의 전면 개편이다.

② AI와 블록체인을 활용한 'K-행복 복지' 실현이다.

③ 중부담 저복지 체계를 중부담 중복지로 전환이다.

④ 기초연금·고용보험을 강화하고 건강보험의 개혁이다.

⑤ 공무원연금·사학연금·국민연금을 통합 국세청에서 운영이다.

(11) 정책의 패러다임 변화

① 탈원전 정책의 전면 폐기이다.

② 부동산 정책의 전면 수정이다.

③ 징벌성 세금 정책의 폐기와 시장 친화적으로 정책 전환이다.

④ 이념에 치중하는 정책이 아닌 민생을 중시하는 정책으로 전환이다.

⑤ 재정만 지출하고 성과를 못내는 일자리 정책을 과감히 바꿔야 한다.

(12) 코로나19 방역 패러다임 변화

① 인권침해, 기본권 제약을 줄이고 행정조치를 남발하지 말아야 한다.

② 거리두기 방역의 패러다임을 바꿔야 한다. 이제 코로나19는

공존대상이다.

③ 국민이 조기 간이 검사를 하도록 간이 검사 키트의 가격을 인하해야 한다.

④ 본질적 치료는 방역도 백신도 아닌 치료제다. 경구용 치료제 선금 계약이다.

⑤ 방역 대책 수립에 정치적 고려가 아닌 과학·의학 전문가 의견으로 결정해야 한다.

(13) AI 전문 인재양성 패러다임 변화

① AI 시대 전문인재 10만 명 양성이다.

② 100세 시대 AI를 활용한 국가평생학습 체계 구축이다.

③ 기술 트랜드 변화 대처를 위한 전문 직업교육 강화다.

④ 일부 지방대학을 고등직업 전문 교육 중심으로 육성이다.

⑤ 대학 커리큘럼을 산업 현장에 맞게 프로젝트 식으로 변화다.

(14) 디지털 트랜스포메이션 시대 패러다임 변화

① 국가 과학기술 역량 강화다.

② AI 시대를 맞아 특화된 AI 산업 육성이다.

③ ICT 생태계를 조성해 국가 신 성장 거점으로 육성이다.

④ 2040년 바이오 시대를 대비해 바이오산업에 선제적 투자다.

⑤ 2050년 우주시대 대비 우주산업에 선제적 투자를 해야 한다.

(15) 문화·관광·의료·환경 패러다임 변화

① 비대면 시대의 'K-Culture, 한류의 확산이다.

② 기후 변화에 대응하는 친환경 정책실현이다.

③ 특성화된 의료 서비스를 관광산업으로 육성이다.

④ 전통과 미래가 어우러진 문화국가로 발돋움이다.

⑤ 외국인과 함께하는 열린 관광 시대의 개막이다.

(16) 지역 균형 발전과 분권의 패러다임 변화

① 지방분권이 아니라 지방자치가 우선이다.

② 권한을 주민에게 돌려주는 방식이여야 한다.

③ 중앙 정부와 지방정부의 새로운 협력체제 구축이다.

④ 수도권 집중화로 인한 지방 불균형을 근본적 해소다.

⑤ 세금부담 능력과 서비스 수혜자 부담 원칙으로 재설계다.

(17) 누구나 잘사는 농어촌 패러다임 변화

① 살고 싶도 행복한 농어촌 만들기다.

② 농어촌 소득 7200만 원 시대를 열어야 한다.

③ 역동적이고 풍요로운 농어촌 모습을 만든다.

④ 가족이 살기 좋은 교육, 의료 시설의 확충이다.

⑤ AI 기술을 활용한 농어촌 소득의 안정망 구축이다.

(18) AI로 무장한 강한 국방과 ICT 분야의 남북 간 교류 패러다임 변화

① 디지털 병영 문화와 AI 최첨단 부대 창설이다.

② 방산비리 척결과 AI 군납품 시스템 운영이다.

③ 장병 1인 1특기 함양으로 사회생활 기반 마련이다.

④ 한반도 국토 3D지도 만들기 프로젝트 남북한 공동추진이다.

⑤ 메타버스 활용한 남북한 대학생 소통과 이산가족의 화상 만남 추진이다.

(19) 국가가 책임지는 보육 패러다임의 변화

① 육아 문제를 국가 책임지는 책무성을 강화한다.

② 저출산 극복을 위한 AI 활용한 개인 맞춤형 지원이다.

③ 국공립 어린이집 이용률을 70% 이상으로 끌어 올린다.

④ 출생에서 요람까지 책임지는 '코리아 미래 케어 시스템' 운영이다.

⑤ 유아원, 유치원의 'K-AI 시스템'을 통해 안전한 교육 현장 운영이다.

(20) 창업과 창직의 패러다임 변화

① 빅블러 유니콘 기업의 집중 지원과 육성이다.

② 'AI 대국' 도약을 위한 소프트웨어 인력 양성이다.

③ '협동노동 조합' 활성화로 창업과 창직의 활성화다.

④ '올 디지털 혁신'을 이끄는 '스타트업 국가' 실현이다.

⑤ 연구소·대학·기업을 매칭하는 'K-AI 창업 지원 시스템' 운영이다.

AI 시대 '국정비전'

　여야가 날마다 낯 뜨거운 집안싸움이 벌어지고 있다. AI 한국경영을 맡아보겠다는 대선후보들이 이전투구(泥田鬪狗)에 정책 경쟁은 사라졌다. 상대방을 공격하는 언어나 방식도 저급하기 짝이 없다. 정치권 스스로가 한국정치는 D급으로 자인하고 있는 꼴이다. 한국경제 발전을 저해하는 주범은 정치다. 정치를 개혁하지 않고서는 AI 시대 대한민국의 미래는 없다.

　AI 시대 한국정치는 달라져야 한다. 낡은 정치 패러다임을 끊어내야 한다. 편 가르기 정치, 편향된 이념에 치우치는 정치에서 벗어나야 한다. 아무쪼록 지금부터라도 대선주자들은 정치싸움에서 벗어나 대한민국의 미래 먹거리 확보와 경제 도약을 위한 정책 경쟁을 벌여야 한다.

　AI 한국경영 발전에 조금이나마 기여하고자 그동안 '바람직한 대선 출마선언문'과 '새 정부의 100대 국정 과제', 정치, 경제, 일자리, 부동산 분야의 대선공약을 시리즈로 게재했다. 'AI 시대 대선 정책 비전'을 제안한다.

AI 시대 바람직한 대선 정책 비전

주인이신 국민여러분!

"이 나라는 털끝하나라도 병들지 않은 것이 없다. 지금 당장 개혁하지 않으면 나라가 망하고 나서야 그칠 것이다." 200년 전 조선시대 정약용 선생님께서 「경세유표」 서문에 쓴 경고는 현재 우리 현실과 맞아 떨어집니다.

AI 시대 세계는 빠르게 변하고 있습니다. 중국은 AI 산업분야에서 우리보다 3년 이상 앞서가고 있습니다. 내년 대선은 포스트 코로나 시대 대한민국의 모든 패러다임을 바꿔야 하는 전환점입니다. 대한민국을 개혁해야 다시 일어설 수 있습니다.

새로운 정부의 비전을 발표합니다.

비전은 '위대한 대한민국 Great Korea' 만들기입니다. 미션은 '한국개조 2025'입니다. 2025년까지 대한민국의 모든 것을 개조하겠다고 천명합니다. 2025년까지 한국경제 미래 먹거리를 확보하겠습니다. 슬로건은 'Jump to New Korea'입니다.

국정목표는 '일자리 넘치는 대한민국'과 '안전한 대한민국' 만들기입니다. 국정방향은 '대한민국 개조'입니다. 국정운영의 핵심 정책은 '시장 주도 성장', 'AI 혁신경제', '데이터 공정경제'의 삼각편대입니다.

'Old Korea'를 'New Korea'로 바꾸기 위해서는 기존의 관습과 낡은 체제를 버리고 새로운 패러다임으로 변혁해야 합니다.

New 대한민국을 만들기 위한 각 분야별 비전을 제시하겠습니다.

코로나19로부터 안전한 'Safety Korea'를 만들겠습니다. 방역의 패러다임을 전면 개편하고 백신 치료제 구입에 집중하겠습니다. '백신TF' 장관을 임명해 백신 수급의 컨트롤 타워 역량을 강화하겠습니다. New 방역·검사·대응 체계를 갖추겠습니다.

민생 안정을 추진하겠습니다. 국민의 기본생활인 의·식·주를 걱정 없게 하겠습니다. 의료, 물가, 부동산을 안정시키겠습니다. 모럴 해저드와 건강보험 적자가 급증한 문재인 케어를 전면 폐기하고 'AI 건강보험 시스템'을 도입하겠습니다. 물가 안정을 위해 '물가안정청'을 신설하겠습니다. 임대차 3법을 수정하고 다주택자 매물을 출하시켜 2017년 이전 집값으로 회귀시키겠습니다.

생산적인 AI 정치를 실현시키겠습니다. 20대 대통령 임기를 2024년 국회의원 선거까지 단축, 대통령 3년 중임제, 국회의원 100명,

지방의원은 봉사직으로 전환시키는 개헌을 하겠습니다. 청와대의 권한을 축소하고 정책 책임 장관제를 실시하며 공공기관·연금개혁을 하겠습니다. 정책 실명제 실시로 성과를 내겠습니다.

시장주도 성장의 데이터 경제를 만들겠습니다. 기업이 주도하는 수소경제와 AI 기술주도성장, 데이터 경제로 AI 정부를 실현시키겠습니다. 뉴 경제의 문제점인 거래, 시장, 제도의 불공정을 해소하겠습니다. 제조업 중심에서 AI 산업으로 전환하고 외국기업의 국내 직접투자를 늘리겠습니다.

행정·사회 패러다임을 변혁시키겠습니다. 여성가족부를 폐지하고 바이오·과학·우주산업 대응을 위해 BSS부, 저출산·고령화에 적극 대응하기 위해 이민청을 신설하겠습니다. AI와 블록체인을 활용해 전자정부를 뛰어넘는 AI 정부 실현으로 지방으로 분산시키겠습니다. AI 시스템 활용으로 인·허가 규제를 과감히 철폐해 검은 커넥션과 카르텔을 끊어내겠습니다. 공공개혁과 4대 연금개혁을 추진하겠습니다.

강한 외교와 AI로 무장한 튼튼한 안보를 만들겠습니다. 중국과 일본에 밀리지 않는 레버리지를 확보해 동아시의 강국으로 도약하겠습니다. 한·미 공조를 강화하고 쿼드+에 가입하며 북한에 끌려다니지 않겠습니다.

고등학교만 졸업 해도 잘사는 사회를 만들겠습니다. 죽은 공교육을 살리고 사교육이 없는 세상을 만들겠습니다. 에듀테크 교육으로 교육 격차가 없도록 하겠습니다. AI 전문인력 10만 명을 양성하겠습니다.

전 국민 사회 안전망 구축으로 중산층이 두터운 사회를 만들겠습니다. AI와 블록체인 기술을 활용해 재원부담이 전혀 없는 전 국민 보편복지인 'K-행복소득'을 실시하고 육아 문제를 국가가 최대한 지원하도록 하겠습니다.

일자리 걱정 없는 세상 'Jobs Korea'를 만들겠습니다. 'AI 일자리 매칭 시스템' 구축으로 국가 일자리 보장 책임제를 실시하겠습니다. AI플러스X산업(AI+X)에서 재정이 아닌 세금을 내는 좋은 일자리를 2022년 100만 개, 2023년 100만 개 창출로 슈퍼고용 시대를 앞당기겠습니다.

노동개혁을 추진해 AI 시대에 맞는 노동의 유연성을 확보하겠습니다. 최저임금과 주52시간을 전면 개편하고, 동일노동 동일임금을 추진하겠습니다.

탈원전 정책을 바로 폐기하고 기후변화에 선제적으로 대처하겠습니다.

현명하신 국민 여러분!

미래세대에게 'New Korea'를 물려줘야 합니다. 더 나은 세상, 정
의와 상식·공정이 통하는 사회를 만들어 줘야 합니다. 국민과 함께
신바람 부는 대한민국을 만들기 위해 최선의 노력을 하겠습니다.
코로나19를 극복하고 '위대한 대한민국 Great Korea'를 만들기에 국
민 여러분과 함께하겠습니다. 고맙습니다.

(내외통신 2021. 08. 18.)

대선 승리의 법칙

누가 대통령이 되어야 하는가는 대통령의 자질에 관한 문제다. 누가 대통령이 될 것인가는 선거의 법칙과 연관이 있다. 아무리 대통령으로서 훌륭한 자질인 국가경영 능력, 서민성, 통합성, 통찰력, 비전, 전문성, 개혁성, 혁신성, 창의성, 도덕성을 겸비했더라도 꼭 당선이 보장되지 않는다. 그 이유는 국민들은 차기 지도자를 선택할 때 후보의 능력이나 덕목보다 외부적 요인을 보고 투표하는 경향이 있기 때문이다.

연합·연대 법칙

유권자는 대세론에 안주하며 변화를 거부한 후보를 선택하지 않고 변혁과 새로움을 외치는 진영에게 승리의 기쁨을 안겨주는 경향이 있다. 대선에서 이념과 정체성을 뛰어 넘는 세력이 승리하는 법칙이 존재한다. 구체적 사례를 들어보자.

첫째, 1990년 민주정의당·통일민주당·신민주공화당의 3당 합당이다. 32년 전 1990년 국구의 결단일까, 기회주의 야합일까. 3당 합당을 통해 지금의 보수 세력의 원조인 민주자유당이 탄생한다. 그 당시 정치상황은 헌정 사상 최초의 여소야대 국회 등장으로 노태우 정권은 인위적으로 여소야대를 개편하기 위해 정계 개편을 모색하고 있었다.

1988년 제13대 총선 결과 민주정의당 125석, 평화민주당 70석, 통일민주당 59석, 신민주공화당 35석 등 여소야대 구도가 형성됐다. 1989년 3월 7일 김종필은 노태우와의 회담을 통해 민정당과 공화당의 합당을 제안하게 된다. 이전에도 김종필은 보수 구도의 보수대연합을 제안한 바 있다. 하지만 노태우는 박철언 정책보좌관이 제안한 3김 통합에 마음이 기울여지고 있었다. 그 후 노태우는 김대중, 김영삼, 김종필 3김과의 합당 협상을 개별적으로 추진하게 된다. 1989년 6월 21일 노태우는 김영삼에게 정책 연합을 제안하자 김영삼은 오히려 합당을 해야 한다고 역제안하게 된다. 당시를 회고한 박철언은 자서전에서 "YS는 빨리 합당이 이루어지를 기대하면서 자신의 체면과 명분을 세워줘야 합당할 수 있다고 노대통령과 나를 계속 조르는 형국"이라고 기술했다.

1989년 12월 15일 노태우는 김대중에게 "이제 그만 고생하시고, 나하고 당을 같이 하자"고 합당을 제안한다. 하지만 김대중은 "군사정부와 5·17 쿠데타를 반대한 내가 어떻게 노 대통령과 같이 당을 하겠냐"며 거절한다. 그 후 1990년 1월 11일부터 13일에 거쳐 노태우는 평민당의 김대중, 민주당의 김영삼, 공화당의 김종필과 연속 영수회담을 갖는다. 가장 먼저 김대중과 단독회담을 갖고 광주 보상, 민생 등 광범위한 주제로 의견을 나누면서 합당을 제안했지만, 김대중은 명분을 내세우면서 협조할 것은 해드릴 테니 이대로 하시는 것이 좋겠다고 거절한다.

노태우는 그날 이후 더 이상 김대중에게 합당에 대해 언급하지 않게 된다. 김영삼의 회담에서는 남북문제를 비롯한 북방외교에 대한 초당적 협조, 5공 청산 및 광주민주화운동에 대한 후속 조치 등을 논의하며 정계개편을 제안하자 김영삼은 구국적 차원에서 받아들이겠다고 화답한다. 노태우는 3명의 당 총재와 회담을 마치고 1990년 1월 21일 김영삼과 김종필에게 대통합을 통보하고 다음 날 1월 22일 10개월 간의 긴 협상과 설득 끝에 3당 합당을 발표하게 된다. 이로써 여소야대 구도에서 민주자유당은 전체 의석 299석 중 221석을 차지하는 슈퍼 여당이 탄생한다. 야당은 김대중이 이끄는 평민당과 야합에 반대해 통일민주당을 탈당한 꼬마 민주당만 남게 된 것이다.

3당 합당은 민주화 세력이 군부 세력과 합당하는 과정에서 정체성 변화와 진영 논리가 무너진 최초의 야합이다. 비록 김영삼은 3당 합당으로 정권을 잡았지만 기회주의 야합으로 평가를 받을지는 역사의 몫이다.

14대 대선에서 민자당 김영삼, 민주당 김대중, 국민의당 정주영 후보의 3파전으로 김영삼 997만 표(40%), 김대중 804만 표(33%)와 정주영 388만 표(16%)를 획득한 김대중, 정주영을 물리치고 대통령에 당선됐다. 14대 대선에서도 야당의 분열로 인한 결과였다.

둘째, 1997년 DJP 연합이다. 1997년 15대 대선에서 김대중 후보가 호남 대통령의 한(恨)을 풀게 한 것도 김대중·김종필의 DJP 연합과 이인제 후보의 출마로 인한 여권의 분열에 있다. DJP연합은 호남의 몰표와 충청권 표를 결집하는 효과가 있었다. 또한 이인제 후보의 영남표 흡수로 선거결과 김대중 40.3%, 이회창 38.7%, 이인제 19.2% 득표했다.

셋째, 2002년 노무현과 정몽준의 단일화다. 2002년 노무현과 이회창의 양자 대결에서 노 후보가 신승을 거둔 건 역시 무소속 정몽준 후보와 단일화에 기인한다. 선거 하루 전 단일화가 파기되긴 했지만 노무현 후보가 부동의 이회창 후보를 넘어선 데는 단일화에 따른 시너지 효과가 한몫했다.

쇄신 경쟁 법칙

쇄신(刷新)이란, 나쁜 폐단이나 묵은 것을 버리고 새롭게 한다는 것이다. 쇄신은 주로 한 조직의 사람이나 조직 구성을 새롭게 하는 것을 이른다. 정책기조의 변화를 위해 구성원이나 조직 운영방식에 변화를 준다는 의미다. 비슷한 의미로 기존의 제도나 습관 등을 새롭게 한다는 혁신(革新)이 있다. 쇄신과 혁신을 선점하면 대선에서 승리하게 된다. 국민은 낡은 관습을 타파하고 혁신을 추구하며 변화를 외치는 새로운 세력을 지지한다. 새로움을 추구하면 세력이 승리 가능성이 높다는 의미다.

2002년 민주당은 국민 참여 경선 선출방식을 도입한다. 지구당에서 선출된 대의원으로만 구성된 전당대회에서 후보를 선출하는 것이 아니라 당원 50%와 국민 50%로 동등하게 배분해 16개 시도를 순회하는 획기적인 방식이었다. 이 방식은 국민에게 새롭고 참신한 발상으로 평가받았다. 당시 한나라당 박근혜 부총재는 국민 참여 경선 방식을 압도적 지지를 받고 있던 이회창 총재에게 건의한다. 하지만 이회창 총재는 정당정치를 훼손하고 돈이 많이 드는 나쁜 제도라고 받아들이지 않았다.

결국 박근혜 부총재는 "1인 지배체제 극복이 정당개혁의 기본인데, 한나라당은 후보 뽑는 모양만 다르게 했을 뿐"이라고 비판하고 탈당한다. 결국 이회창 총재는 변화를 거부하는 낡은 정치세력으로 인식되어 새로운 정치를 앞세운 노무현 후보가 내세운 낡은 정치 청산이라는 노풍(盧風)에 속수무책으로 무너진다.

차기 대선에서도 국정 쇄신, 인적쇄신, 정책쇄신, 정당쇄신을 어느 진영이 잘하느냐에 따라 승패가 갈라질 것이다.

중도 선점 법칙

정치인들은 위기 때마다 중도 실용을 외친다. 여든 야든 중도의 마음을 붙잡지 않고는 대선에서 승리할 수 없기 때문일 것이다. 중도의 정의는 이념보다 실리를 추구하는 세력으로 인식된다. 중도는 변화를 거부하지 않지만 과격하고 급진적 변화보다 점진적이며 단계별 변화와 공감이 있는 변화를 추구하는 세력이다. 그렇기에 중도는 변화 과정에서 통합과 설득, 동의를 중요시한다. 이념보다 실질적 삶의 문제, 민생에 대한 관심이 높다. 중도는 보수와 진보 사이 중간 어디쯤이 아니라 이념적으로 한쪽으로 치우치지 않는 세력이다. 보수는 자본과 성장, 시장, 경쟁을 중시하고 진보는 노동과 분배, 국가, 연대 등에 초점을 맞추는 세력이지만 중도는 어느 한 진영으로 기우는 걸 원치 않는 균형을 잡는 세력으로 볼 수 있다.

『코끼리는 생각하지마』로 유명한 프레임 전쟁의 저자 조지 레이코프는 "중도주의 세계관이란 결코 없으며, 중도는 정치적 이념이 아니다. 경제적으로는 보수적이면서도 사회적으로는 진보적인 것이나, 진보적인 국내 정책과 보수적인 외교정책을 동시에 지지하는 것은 특이하거나 부자연스러운 일이 아니다"라고 했다. 중도는 '과도한 사회 안전망이 부른 도덕적 해이'라는 슬로건처럼 보수와 진보가 서로 공격해 부동층을 자기 쪽으로 끌어들이는 수단이라고 주장했다.

세상에는 중도라는 개념은 실체가 없다고 주장하는 학자들도 많다. 이념을 좌에서 우로 직선으로 펴놓고 볼 때, 한 사람이 모든 사안을 놓고 같은 지점에 존재하는 건 불가능하기 때문이다. 어찌됐든 중도가 정치인과 정당에게 매혹적이라는 사실은 분명하다. 이는 유권자들이 자신의 이해관계를 대변하는 정당·정치인이 없다고 생각하는 경향이 높을수록 스스로 중도라고 여기는 사람이 많아진다는 데서도 확인된다.

중도는 3가지로 분류한다. 첫째, 내면에 상호 충돌하는 두 가치관이 존재해 사안별로 다른 의사표시를 하는 그룹이다. 둘째, 특정한 정치 지향성이 있으나 사안별로 오락가락하는 그룹이다. 셋째, 정치 무관심 또는 혐오를 갖고 있어 어떤 홍보나 설득에도 반응하지 않은 부류다. 따져보면 둘째 그룹은 중도가 아니거나, 이른바 떠다니는 부동층으로 볼 수 있다. 셋째 그룹에겐 선거운동의 효과가 아예 없다. 그렇기에 첫째 그룹을 진정한 의미의 중도로 분류한다. 이들은 때로는 진보 성향 정책에, 때로는 보수 성향 정책을 지지한다. 중도를 분석해보면 어떤 사안에서는 보수적 선택을 다른 사안에서는 진보적 선택을 하는 것으로 나타났다. 중도는 모든 정치적 결정을 중간쯤에서 하는 사람들이 아니라는 뜻이다.

'경제는 진보, 안보는 보수' 슬로건이 대표적이다. 그들은 정치와 사건을 사안별로 볼 수 있는 능력을 가진 집단이다. 진짜 중도를 어떻게 지지를 끌어내느냐는 대선에 결정적 역할을 할 것이 분명하다. 그들은 어정쩡한 게 아니라 분명한 선택을 할 준비가 되어 있는 그룹이다.

여의도연구소 발표에 따르면 탄핵 국면에서 보수 지지층 62.3%가 이탈했고 그중 33.5%가 무당파로, 20.4%가 진보로 이동했다고 분석했다. 진보든 보수든 차기 대선에선 중도의 지지를 누가 얻느냐에 승패가 갈릴 것이다. 변화하고 혁신하면 중도의 지지를 이끌어 낼 수 있다. 대선에서 승리하려면 중도에서 정권 교체를 원하는 이들을 투표장으로 유인해야 한다. 당 대표와 지도부의 변신과 정책의 전환을 통한 혁신된 모습을 보여주는 진영이 승리했다.

역대 대선을 분석해보면 2012년 대선을 제외하고 중도의 지지를 받은 후보가 승리했다. 첫째, 1997년 대선이다. 선거 결과 김대중 39.7%, 이회창 35.6%이 된 것은 DJP 연대를 통해 중도를 지향했기에 실제로 중도에서 승리한 것으로 볼 수 있다.

둘째, 2002년 대선이다. 노무현 후보의 승리는 중도의 지지를 상대적으로 받고 있던 정몽준 후보와의 단일화를 통해 중도의 성향의 표를 흡수했기에 가능했다. 당시 보수는 62.3% 이회창 후보를 노무현 후보는 34.6%를 지지했다.

진보는 반대로 노무현 후보 70.8%, 이회창 후보는 20.6%를 지지했다. 승패의 결정적 영향을 미친 것은 중도 54.3%가 노무현 후보를 41.5%는 이회창 후보를 지지했다. 결과적으로 노무현 후보가 약 10% 이상을 중도층에서 이겼기에 50만 표 이상을 이겼던 것이다. 중도에서 승리가 결정적 당선의 요인이었다.

셋째, 2007년 대선이다. 이명박 후보가 48.7%로 압도적으로 당선됐다. 530만 표 이상으로 큰 차이가 났다. 당시 이명박 후보는 박근혜 후보와의 당내 경선에서 중도에서 크게 확장성을 보여 승리할 수 있었다. 본선에서 이명박 후보는 정동영 후보보다 중도에서 거의 2배 이상 표를 받은 게 표차를 굉장히 벌린 것으로 볼 수 있다. 이명박 후보가 압도적으로 승리한 것은 보수가 강화되어서가 아니라 중도가 보수를 선택했기 때문이다.

넷째, 2012년 대선이다. 결과는 박근혜 51.6%, 문재인 48.0%였다. 중도에서 문재인 후보가 54.8% 박근혜 후보는 43.9%로 오히려 문재인 후보가 많았다. 하지만 결과적으로 3.8% 차로 박근혜 후보가 당선된 것은 진보 21%, 중도 37%, 보수 41%로 진보와 중도에서 지더라도 보수에서 압도적 지지를 받았기 때문이다.

진보 30%, 중도 40%, 보수 30%로 나눠진 상황에서 중도의 선택을 받으려면 능력과 진정성을 보여줘야 한다. 내년 대선의 스윙보터인 중도의 선택에 따라 승패가 갈라질 것이다.

시대정신 선점 법칙

시대정신(Zeitgeist)이라는 용어는 1769년 독일의 철학자 J. G. 헤르더가 처음 사용했다. 괴테와 헤겔 등을 거쳐 19세기에는 역사학, 법학 등의 다양한 분야로 확산되어 현대적인 개념으로 정착됐다. 모든 시대엔 시대를 관통하는 주류적 가치가 존재한다. 시대정신은 한 시대의 정치, 경제, 사회, 문화 등 모든 영역을 대변하는 정신이나 이념 태도를 말한다. 한국도 대통령의 자질 중 시대정신을 갖춘 후보를 선택하는 것이 국민들 사이에 자리 잡았다. 시대정신을 선점(先占)하면 승리할 수 있다는 법칙은 역대 대선에서 증명되고 있다.

첫째, 1992년 대선이다. 군사독재를 청산하고 문민정부를 세우라는 시대정신 위에서 김영삼 정부가 탄생했다.

둘째, 1997년 대선이다. IMF 고초를 겪은 국민은 변화를 원했다. 김대중 후보는 준비된 대통령과 '경제를 살립시다'로 헌정 사상 최초로 정권 교체를 이뤄냈다.

셋째, 2002년 대선이다. 지역주의 극복, 행정수도를 제시해 노무현 후보가 승리했다. 패배한 뒤 이회창 후보는 "시대정신에 졌다"고 밝혔다. 당시 이 후보는 선거의 주요 개념으로 '부패한 김대중 정부 심판론'을 제시한 반면, 노무현 후보는 '특권과 차별이 없는 세상'을 전면에 내세우며 서민층에게 지지를 호소했다. 시대정신은 과거가 아니라 미래를 향해 가야 한다는 상식조차 없었던 한나라당의 패배는 어찌 보면 당연한 일이었다.

넷째, 2007년 대선이다. 참여 정부의 부동산 정책 실패로 민심 이반이 극심한 상황이었다. 실천하는 경제 대통령 슬로건이 국민의 마음을 흔들어 이명박 후보가 압도적 표차로 당선됐다.

다섯째, 2012년 대선이다. 경제 민주화와 복지국가 이슈를 선점해 박근혜 후보가 승리했다.

여섯째, 2017년 대선이다. 탄핵정국으로 치러진 대선이다. 적폐 청산과 공정·정의를 내세운 문재인 후보가 당선됐다.

마지막으로, 2022년 대선이다. 공정과 상식, AI 시대 경제성장을 내세우는 위기관리 지도자가 당선될 것으로 예측한다.

대통령 선거

이제는 대선이다

　민심이 폭발했다. 4·7 선거는 야권의 압도적 승리였다. 이번 선거 결과는 문재인 정부 임기 1년여를 남겨두었기에 정권심판 성격이 강하다. 문재인 대통령의 레임덕이 앞당겨지고 부동산, 일자리 정책 등 핵심 정책의 노선 수정이 불가피할 전망이다. 정권 교체냐, 정권 재창출이냐 Q&A 형식으로 풀어보자.

Q: 4·7 의미

A: 대선이 1년 채 남지 않은 전국 단위 선거로 일찌감치 차기 대선의 전초전으로 불렸다. 여·야 모두 4·7 승리를 대선의 지렛대로 삼는 사활이 걸린 선거였다. 여·야는 정권 재창출과 정권심판으로 맞붙었지만 국민은 정부에 대한 분노 표시로 야권에 손을 들어줬다. 야당의 압승으로 정권 교체론이 탄력을 받게 됐다.

Q: 정권 심판

A: 지난 4년간 문재인 정부 실정과 민주당의 입법 폭주에 대한 심

판이다. 거듭된 정책실패에 국민들의 피로감과 배신감이 쌓일 대로 쌓였고 여기에 LH 사태와 '내로남불' 등 정부·여당의 오만에 민심이 분노했다. 구호만 거창하고 정책 성과를 내지 못한 위선·무능한 정부에 민심이 몽둥이를 들었다. 하지만 진짜 심판은 지금부터다. 야권의 압승으로 문 대통령의 국정운영도 직격탄을 맞았고 레임덕은 가속화될 것이다. 분노한 민심을 진심으로 받아들이지 않으면 내년 대선에서 또다시 심판을 받게 된다.

Q: 분석

A: 여당은 지난해 총선에서 압승한지 불과 1년 만에 차갑게 돌아선 민심을 확인했다. 1년이 지난 선거에서 여권이 뼈아픈 것은 득표율이 서울 39.18%, 부산 34.43%로 40%를 넘기지 못한 것이다. 2020년 총선에서 서울지역 정당 득표율은 범진보 43.4%, 범보수 45.6%, 정의당·민중당 10.4%였다. 그동안 진보 성향이던 '이대남' 이 야권을 전폭 지지한 것, 전 세대가 야권을 지지한 것도 의미가 크다. 이대로라면 내년 대선 결과는 불 보듯 뻔하다.

Q: 역대 정권 교체와 재창출

A: 정권 교체를 이룬 김대중, 이명박, 문재인 대통령의 공통점은 상대 여권 후보지지 기반이 총체적으로 붕괴된 상태였다는 것이다. 1997년 IMF와 2007년 부동산 정책 실패, 2017년 국정 농단 사태로 여권 지지층이 완전히 붕괴된 상황이었기에 대안 세력이 승리했다. 김영삼, 노무현, 박근혜 전 대통령의 정권 재창출 요인은 전임 대통령과 다른 스타일의 대선주자, 현직 대통령의 적극 지지, 강력한 야권 후보의 존재로 인한 위기감 등 공통점이

있었다.

Q: 정권 교체 조건

A: 국민의힘은 총선 참패 후 1년 만에 승리해 정치 지형을 반전시키면서 정권 교체의 희망을 갖게 됐다. 하지만 이번 승리가 여당의 연속된 헛발질에서 비롯된 반사이익을 누린 때문이지, 수권 정당으로서 국민의 신뢰를 얻었다고 여긴다면 오산이다.

정권 교체를 하기 위해서는 첫째, 민심을 제대로 읽어야 한다. 이번 선거결과 표심은 최선의 선택이 아니라 차악의 선택이다. 민심은 언제든지 돌아설 수 있다. 반사이익에 취해 자만하면 역풍을 맞게 된다.

둘째, 대안 야당으로서 수권 역량을 키워야 한다. 대안 세력이라는 비전을 제시해야 하는 것이 최우선 과제다. 정책에서 성과를 낼 수 있다는 실력을 보여줘야 국민의 신뢰를 얻을 수 있다.

셋째, 보수·중도 연합의 빅텐트가 필요하다. 국민의힘에는 아직 유력한 대선주자가 없는 게 현실이다. 윤석열 전 검찰총장과의 관계 등 범야권의 통합 방향을 세워야 한다. 중도 보수 세력인 국민의당과의 합당도 해결해야 한다. 무소속으로 있는 잠룡들도 전부 합류해 선의의 경쟁을 펼쳐야 한다. 누구는 되고 누구는 배척하는 옹졸한 정치는 버려야 한다. 무조건 정권 교체를 위해 대통합해야 한다.

넷째, 정치가 아니라 정책으로 승부하는 AI 정책 정당으로 거듭나야 한다. 정쟁에서 벗어나 민생을 우선 챙기는 정당 모습으로 변모해야 한다. 국민의 실질적 삶에 도움을 주는 민생 안전 정책을 계속 만들어 내면 진정 변화된 정당으로 인정을 받을 것이다. 마지막으로, 기득권을 내려놔야 한다. 10년 만에 서울 탈환에 성공해 정권 교체의 교두보를 마련한 국민의힘은 야권 통합의 주도권을 쥘 것으로 보인다. 하지만 최대 지분 주장만 한다면 나머지 세력들과 함께 할 수 없다. 모든 것을 내려놓고 원팀이 되어야 한다.

Q: 정권 재창출 조건

A: 대선까지 정권 심판론이 이어질 경우 정권 재창출이 위태로워질 수 있다. 정권을 재창출 하기 위해서는 첫째, 철저한 성찰과 반성이다. 1년 전 총선에서 180석 압승을 몰아준 민심이 180도 변한 것에 대한 진정한 반성이 필요하다. 반성은 책임으로 이어져야 한다. 지도부는 즉시 사퇴하고 책임져야 한다. 책임이 먼저고 수습은 나중이다. 참패에 대한 혁신 의지를 보여줘야 한다.

둘째, 특단의 국정 쇄신책을 내놔야 한다. 우선 인적쇄신이다. 내각과 청와대는 총사퇴해야 한다. 내각 개편은 일부 장수 장관 교체 카드로는 성난 민심을 잠재울 수 없다. 1년 넘은 장관, 청와대 참모 중 성과를 내지 못한 인사들은 전부 교체해야 한다. 인사 기준은 성과가 되어야 한다. 장관 시절 성과를 낸 경험이 있는 인사를 총리로 임명해야 한다. 내각과 청와대, 민주당이 일사불란하게 협력하고 소통해야 성과를 낼 수 있다. 태도 쇄신이다. 국민의 민심과 동떨어진 발언을 자제하고 자중하고 겸손해야 한다.

셋째, 변화와 혁신해야 한다. 故 이건희 회장이 1993년 제창한

"마누라, 자식 빼곤 다 바꿔"와 같은 결단이 필요하다. 아는 사람만 쓰는 인사 스타일, 방향이 맞다고 실패한 정책기조를 유지한다면 정권 재창출은 불가능하다. 대통령이 바뀌고 청와대가 혁신되어야 국무위원이 따르고 공무원들이 움직인다. 머리부터 발끝까지 전부 바꿔야 한다.

넷째, 정책 성과다. 방향이 맞더라도 성과가 없는 정책기조는 전환해야 한다. 남은 1년간의 국정 운영방향과 정책기조를 변혁하지 않는다면 정권 재창출은 불가능하다. 정부는 단기간에 성과 낼 수 있는 과제에 선택과 집중해야 한다. 빨리 빨리 DNA를 활용하면 'Speed Korea', 'Safety Korea', 'Jobs Korea' 만들기 100만 개 일자리 창출 프로젝트로 'Success Korea'를 1년 내 실현할 수 있다.

다섯째, 책임정치 실현이다. 민주당은 국민의 뜻을 받들어 개혁 입법을 추진해 성과를 낸다고 매번 밝혔다. 이번 선거는 민주당이 공언한 책임정치에 대한 심판이다. 책임정치를 하지 못하면 국민의 분노 투표를 막을 수 없다. 이제는 민생에 집중하는 입법을 해야 한다. 국민의 삶에 도움을 줄 수 있는 입법에 초점을 맞춰야 한다. 지지자들만 바라보는 오만한 정치에서 벗어나 그간의 노선을 변혁해야 한다. 친문 강경파의 입김과 다수 의석에 기댄 독선적 국회운영에서 벗어나야 한다.

여섯째, 과감한 정책전환이다. 민심과 괴리된 정책은 버리고 시장경제에 맞게 정책기조를 바꿔야 한다. 기업의 협조를 끌어내 경제 회생과 민생안정에 전력을 쏟아야 한다. 성과 중심, 민생 중심으로 국정 과제 우선순위를 조정하지 않으면 민심이반은 더 가속화된다. 부동산, 일자리, 경제 회생, 백신접종 등 난제가 도사리고 있어 정책기조를 바꾸지 않는다면 성과를 내기는 어렵다. 정책은 국민들이 피부로 느낄 수 있는 성과가 있어야 한다. 방향이 맞더라도 우격다짐으로 추진한다면 실패는 예견된 것이다. 국정 쇄신 없이는 정부가 국정 과제를 차질없이 수행한다는 것은 불가능하다.

마지막으로, 정권 재창출을 위해서는 명분이 중요하다. 추진 중인 국정 과제를 연속적으로 추진해야 한국경제가 발전될 수 있다고 국민을 설득할 수 있어야 한다. 설득의 본질은 성과가 토대가 되어야 가능하다. 어떤 후임자도 실패한 정책을 물려받고 싶지 않을 것이다. 정책에 대한 성과가 중요한 이유다.

쇄신과 혁신 경쟁에서 이기는 진영이 차기 대선에서 승리할 것이다. 민심은 배를 띄울 수도 있지만, 언제든 뒤집을 수도 있다. 여야 모두에 해당된다. (내외통신 2021. 04. 08.)

정권 재창출이냐 vs 정권 교체냐

더불어민주당은 2016년 20대 총선부터 전국단위 선거에서 4번 연속 승리했다. 2022년 3월 9일 치러지는 20대 대선이 1년 채 남지 않았다. 정권 재창출될 것인가, 정권 교체가 될 것인가 관심이 집중된다. 앞으로 1년 내에 정책 성과를 내느냐에 달려 있다. 그 핵심은 사람이다. 정권 창출 해법에 대해 Q&A 형식으로 풀어보자.

Q: 4·7 선거

A: 대선으로 가는 길목의 첫 번째 분기점은 4·7 보궐선거다. 승패에 따라 정국이 요동칠 것이다. 만약 야권이 승리하면 내년 대선은 사상 처음으로 5년 만에 집권 세력 교체 가능성이 높아진다. 여권이 승리하면 야당은 자멸할 것이다. 여당이 패배하면 인적 쇄신, 국정 쇄신 하겠다고 나올 것이지만, 국정 장악력은 급속히 떨어진다. 여·야 모두 4·7 승리를 대선의 지렛대로 삼는 사활이 걸린 선거다.

Q: 민심이반

A: 지지율 변화가 감지된다. 여권은 확실하게 하락세다. 집권 초 84%의 역대 최고치를 기록했던 대통령 지지율이 30%대로 굳어지는 모양새다. 부동산 문제, 일자리 참사에 엎친데 덮쳐 공정을 강조해온 정부의 신뢰도에 치명타를 가한 LH 사건이 민심이반을 가속화하고 있다. 현재의 경제 상태로는 정권 재창출은 어림없다. 국민들의 삶이 팍팍해지면 민심은 뒤돌아선다. 역사를 돌이켜보면 정권 창출은 잘해서가 아니라 무능의 반대급부로 이루어졌다.

Q: 정책 실패

A: 정부의 부동산·일자리 정책이 신뢰를 잃었다. 전문성·현장 경험이 없는 참모들로 인해 줄줄이 정책실패로 귀결되고 있다. 정책 실패 인정을 적폐세력에 굴복하는 것으로 인식하면 안 된다. 당초 목표가 나오지 않은 정책은 실패를 인정하고 방향을 전환하

는 것이 정권 재창출에 도움이 된다. 그렇지 않으면 누적된 정책 실패가 정권 심판으로 이어져 정권 교체를 부를 수 있다. 정책 전환을 해야 하는 시점이다. 성과를 내지 못하는 경제 정책이 적폐다.

Q: 국민 실망

A: 한마디로 답답하다. 개혁하라고 촛불 밝혔더니 무엇 하나 해결되는 것이 없다. 국정 기조인 적폐청산이 과거와의 싸움으로 변질되어 미래는 사라졌다. 남북문제, 나라 곳간 걱정, 일자리 대란, 부동산 폭등 등 더 팍팍해진 서민들의 삶, 공정과 정의에 대한 내로남불 등으로 대다수 국민은 실망했다. 21대 총선에서 180석의 거대 여당을 만들어 주었지만 무엇 하나 깔끔하게 해결되는 것이 없이 질질 끌려가고 있다. 이제 개혁의 결과를 기다리는 데 지쳤다. 코로나 접종이 속도를 내고 있지 못해 더욱 답답하고 짜증이 난다. 웬만한 상식과 정의 민주적 절차 따위는 거의 실종되어버렸다. 그래서 실망한 나머지 지지층은 하나 둘 등을 돌리는 상황이다. 이는 정권이 자초한 결과다.

Q: 정권 재창출

A: 정권 재창출은 1992년 노태우→김영삼, 2002년 김대중→노무현, 2012년 이명박→박근혜 3번 10년 간격으로 있었다. 정권 재창출의 중요 요인은 변화였다. 재창출을 위해서는 현직 대통령 지지 세력의 지지를 끌어내는 것도 중요한 요소다. 정권 재창출은 근본적으로 국민의 지지에 의해 결정된다. 진정한 국민의 지지를 어떻게 얻을 수 있는가 하는 근본적인 문제 고민에 해법이 있다.

Q: 정책 컨트롤 타워

A: 정권 재창출을 한 정부의 장관들은 활동이 두드러졌다. 하지만 실패한 정부에서는 장관이 보이지 않고 청와대만 쳐다봤다. 노태우 정부는 주택공급 200만호 공급 국토부, 김대중 정부는 IT 인프라를 주도한 정통부와 남북회담의 통일부, 이명박 정부는 4대강을 추진한 국토부 등이 활약이 두드러졌다. 정부가 추진하는 한국판 뉴딜의 핵심 추진 부처의 장관들과 정책 책임자들이 보이질 않는다. 정책이 성과를 내려면 정책 컨트롤 타워에서 방향을 잡고 디테일한 추진은 부처에 일임해야 한다. 문제는 답은 현장에 있다.

Q: 정권 창출 해법

A: 첫째, 노블레스 오블리주 실천이다. LH 사건 책임자는 즉시 경질하고 도덕적 문제가 있는 인사들은 전부 물갈이를 해야 한다. 도덕, 공정, 상식, 정의가 바로 서는 사회를 만들어야 국민의 지지를 받을 수 있다.

둘째, 정책 성과다. 성공한 정책에 의해 국민의 삶이 나아질 것이라는 기대가 무너졌다. 국민의 지지를 이끌어 내려면 성과를 보여줘야 한다. 앞으로 1년 안에 당·정·청이 개혁적인 성과를 만들어 내느냐에 성공 여부가 달려있다. 성과를 낼 수 있는 프로젝트를 선택하고 집중해야 한다.

셋째, 지지층을 결집하고 중도의 지지를 받는 세력이 정권을 창출한다. 부동한 시장 안정, 청년 일자리 문제, 빈부격차 및 자영업자를 포함한 약자 고통 등을 어떻게 효과적으로 해결할 것인지 실질적 방안을 내놓아야 한다. 부동산과 경제는 심리다. 시장을 안정시키는 심리 정책을 입안하는 정당이 유리한 고지를 점령할 것이다.

넷째, 당내 경선에서 감정의 골을 피해야 한다. 정치는 명분이고 진영 대결이지만 감정싸움이 더 중요하다. 아군이라 생각했던 진영에서의 참기 힘든 비판이 나와서는 곤란하다. 서로 치열하고 멋있게 싸워서 컨벤션 효과를 최대화 끌어내야 본선에서 경쟁력이 높아진다. 같은 당내에서 후보들끼리 상대에게 감정의 상처를 주면 본선에서 협력할 수 없게 된다. 같은 편끼리 지나치게 감정을 상하게 하거나 골이 생기는 것을 조심하는 진영이 승기를 잡을 수 있다.

다섯째, 인재 발탁이다. 발상의 전환의 핵심은 사람이다. 대선 캠프 출신들은 줄선 사람들이지 대한민국의 슈퍼급 인재는 아니다. 과감하게 새로운 인재들을 중용해야 유능한 국정 운영이 가능하다. AI 경제 패러다임을 이끌고 정책 성과를 내려면 현장 전문가 도움을 받아야 한다.

여섯째, 국민의 원하는 어젠다 발굴이다. 보조금 지급, 백신, 검찰 개혁은 이제 식상하다. 포스트 코로나 시대 민생안정과 경제 회복, 미래비전에 대한 국민적 요구가 어느 때보다 높은 상황에서 대선을 앞두고 코로나 종식 선언이 대선 향방을 바꿀 수 있을지 미지수다. 새로운 어젠다를 제시해야 한다.

마지막으로, 결단력이 있는 리더가 필요하다. AI 시대 세계는 빠르게 변화한다. 우물쭈물하다가 시기를 놓친다. 그래서 리더십이 중요하다. 실패한 리더의 공통된 점은 일이 터지면 남 탓을 하고 전면에 나서지 않으며 시간이 지나면 사과하고 슬쩍 넘어 간다. AI 시대 한국호(號)를 이끌 새로운 리더가 나오는 진영이 정권 창출을 한다. (경기매일 2021. 03. 21.)

정권 교체 희망이냐 vs 정권 재창출 기대냐

4·7 재·보선에 나타난 민심은 국정기조를 바꾸라는 것이다. 하지만 문 대통령은 참패 5일 만에 주재한 회의에서 정책기조 전환 등에 대한 발언을 내놓지 않았다. 지난 8일 대변인을 통해 "코로나 극복, 경제 회복과 민생 안정, 부동산 부패 청산 등에 매진하겠다"고 밝힌 것은 사실상 정책기조 전환 없는 마이웨이를 선언한 것으로 해석된다. 부동산·코로나·일자리 문제를 어떻게 해결하느냐에 따라 차기 대선의 승패가 갈라진다. 해법을 Q&A 형식으로 풀어보자.

Q: 정권 창출

A: 임기 1년 남은 대통령에게는 레임덕이 여지없이 찾아왔다. 임기 말까지 국정 장악력을 유지하는 유일한 해법은 정권 창출의 가능성을 높이는 것뿐이다. 국민의 요구는 지난 4년간 추진한 정책에서 성과가 없기에 국정 쇄신을 하라는 것이다. 차기 대선까지 남은 11개월 동안 정권재창출에 대한 기대감을 보여주지 못하는 여권이나 정권 교체에 대한 희망을 보여주지 못하는 야권은 차기 대선에서 패배할 것이다.

Q: 정권 교체

A: 정권 교체는 1997년 김영삼→김대중, 2007년 노무현→이명박, 2017년 박근혜→문재인이다. 공통된 키워드는 거부감·안정감이다. 중도층의 거부감이 덜한 후보가 승리할 수 있었다. 김대중은 준비된 경제 대통령과 DJP 연합, 이명박은 실적과 경제, 문재인은 국민통합으로 당선됐다. 차기 대선도 스윙보터인 중도층 표심이 승패를 결정지을 가능성이 높다. 이번 선거에서 중도층의 지지를 받은 야권이 대권 레이스에서 한 발 앞서가고 있다.

Q: 정권 재창출

A: 대통령 직선제 이후 정권 재창출은 1987년 전두환→노태우, 1992년 노태우→김영삼, 2002년 김대중→노무현, 2012년 이명박→박근혜 총 4번이다. 공통된 키워드는 차별화다. 현직 대통령이 차별화를 용인하고 차별화에 성공한 대권 후보들이 승리했다. 노태우는 보통사람이라며 군인 전두환과 차별했고, 김영삼은 강한 대통령으로 노태우(세간에서 물태우)와 차별화에 성공했다. 노무현은 계승이 아니라 새로움, 박근혜는 정권 재창출이 아니라 정권 교체를 내세워 승리했다. 현직 대통령이 차별화를 용인하지 않았던 1997년 김영삼-이회창, 2007년 노무현-정동영으로 모두 패했다.

Q: 부동산 정책의 자신감

A: 문 대통령은 지난 2019년 국민과의 대화에 출연해서는 "부동산 문제는 우리 정부가 자신 있다"고 말했다. 하지만 올해 신년사에서는 "주거 문제의 어려움으로 낙심이 큰 국민들께는 매우 송

구한 마음"이라고 언급했다. 불과 5개월 전 지난해 8월 수보회의에서도 "주택 시장이 안정화되고 집값 상승세가 진정되는 양상을 보이기 시작했다"고 했다. 지난 12일 회의에서는 "백신 수급의 불확실성을 현저하게 낮추고 있다고 자신 있게 말씀드린다"고 했다. 이제 국민은 자신 있다는 말만 들으면 가슴이 덜컹 내려앉는다. 5개월 후 원활한 백신 수급으로 마스크를 벗고 고향갈 수 있을까. 1차 민심의 바로 미터가 추석이 될 것이다.

Q: K-방역

A: 문 대통령은 K-방역 성과를 강조하는 기존의 태도를 반복했다. 일부 당국자들이 특이도, 민감도 등 통계 숫자 놀음을 가지고 현혹하는 것은 아닌지 따져봐야 한다. 대체로 제대로 된 정책을 추진하지 못하는 사람들이 통계 숫자를 내세우는 경향이 강하다. 정권이 끝나면 정부가 그렇게 제시한 통계 숫자를 기억하는 국민은 한 사람도 없다. 국내 백신 치료제 개발이라는 잘못된 믿음, 조기 백신 확보 실패, 1년이 넘도록 오로지 거리두기 방역만 외치는 방역당국의 무능이 복합된 결과 4차 유행이 코앞으로 다가온 것은 아닐까.

Q: 백신 수급

A: 현재 정부가 새로운 백신 확보를 한다는 것은 어려운 게 현실이다. 외교력과 정치력을 발휘해야 하는데 가능할까. 국내 위탁생산 백신은 확보한 것이 아니다. 단순히 국내에서 생산한다고 우선 한국에 배정한다는 것이 가능한가. 현실 가능성이 떨어지고 막연한 기대일 수도 있다. 국제 계약에 따라 생산을 하기 때문

이다. 대안으로 대기업이 나서야 한다. 삼성 경영진에게 기회를
주는 것은 어떨까.

Q: 전수검사

A: 미국과 유럽 선진국에서는 전 국민 조기 간이검사를 끝내고 백
신 접종에 집중하고 있다. 백신이 최고의 경제 부양책이다. PCR
업체, 진단학회와 의대 교수, 일부 정부 당국자와 이해관계가
맞아 떨어진 것은 아닌지. 전 세계 국가가 선금 맡기며 국산 키
트를 사가지고 가는데 왜 국내는 제공 못하는지 의문이 가는 이
유다. 신속 항원 검사 키트를 도입하면 셀프 검사가 가능하다.
정확도 문제가 아니다. 항체·항원 검사든지 PCR 검사든지 신속
하게 감염 원점을 찾는 게 우선이기 때문이다. 단순한 거리두기
의 방역을 언제까지 해야 할까. 자영업자·소상공인들의 일방적
희생을 더 이상 강요해서는 안 된다. '경제 활성 방역'으로 패러
다임을 바꿔야 한다. 국민은 이제 지쳤다. 혁신적인 방역 체계
가 절실한 시점이다.

Q: 기다려 달라

A: 역대 청와대 정책실장은 "단기간에 고용 상황이 개선되지는 않
을 것"이라며 "정부 정책이 효과를 내기 시작하면 고용 상황도
개선될 것으로 확신한다. 정부를 믿고 조금만 기다려 달라"고
반복해서 말했다. 일자리 정부에 일자리가 없는 심각한 상황이
다. 국민은 지난 4년을 기다렸다. 앞으로 얼마를 기다리면 정책
성과를 낼 수 있을까. 국민의 인내심은 한계에 달하고 있다. 통
계청이 14일 발표하는 3월 고용상황에서 나아졌을 것이라고 홍

보할 것이다. 그것은 1분기 90만 개 세금 일자리 착시다. 청년은 가짜 일자리가 아니라 양질의 일자리를 간절히 원하고 있다. '180일 일자리 100만 개 창출 프로젝트'에 올인 해야 하는 이유다.

Q: 정권 재창출은 가능할까

A: 역대 민심을 이기는 정권은 없었다. 국민이 요구를 겸허히 받아들이는 진영이 승리했다. 지난 4년 간의 정책기조를 이어간다면 국민은 어떤 선택을 할까. 아마도 심판의 날을 기다.리고 있을 모른다. 그렇다면 어떻게 해야 할까.

첫째, 국정 기조를 바꿔야 한다. 현재의 정책 패러다임을 전면 전환하는 길밖에 없다. 정권 재창출을 원한다면 지금부터라도 국민이 원하는 대로 국정기조를 혁신적으로 전환하는 것이 유일한 해법이다. 정책도 결국 사람이다. 기존 정책을 입안한 정책실장으로 과연 정책 수정이 가능할까. 최근의 여당과 청와대 일련의 움직임을 보면 정책기조 변화는 기대하기 어려울 듯하다. 시간은 1년 밖에 남지 않았다. 얼마나 혁신된 모습을 보이고 국민의 요구를 정책으로 실현해 성과를 내는지에 따라 승패가 갈릴 것이다.

둘째, 인적쇄신이다. 국정 쇄신의 의지를 표명하려면 인적개편을 해야 한다. 인사는 성과를 원칙으로 타이밍이 중요하다. 전격적 물갈이로 국민의 불만을 해소하겠다는 의지를 보여줘야 한다. 참신한 인재를 발탁하느냐에 따라 인적쇄신의 효과가 나타날 수 있다. 이번에도 친문·회전문 인사를 한다면 어떻게 될까. 마지막 인적쇄신은 이전과는 달라져야 한다. 또다시 내편만 기용하다간 더 매서운 민심의 심판을 부를 뿐이다. 현장 전문가를 널리 구해야 한다. 단기간에 성과를 내지 못한다면 이번 선거에서 들끓는 민심을 달랠 수 있을까.

셋째, 정치는 정직해야 한다. 왜 참패했는지 성찰하지 못하면 내년 대선, 지방선거, 총선까지 참패가 이어질 가능성이 높다. 국회의원 임기가 3년이 남았다고 남의 일로 치부해서는 안 된다. 의원 참회록 또는 반성문 릴레이라도 당장 해야 한다. 반성 없이는 미래가 없기 때문이다. 좀 더 정직하고 변화와 혁신하는 진영이 국민의 마음을 사로잡을 것이다. 얄팍한 꼼수로 위기를 모면한다고 생각하면 오산이다.

마지막으로, 대권주자와 당권의 역할 분담이다. 여당은 청와대와 차기 대권주자의 역할 분담을 해야 한다. 청와대는 기존 정책의 핵심 보완점을 찾아 메워야 한다. 차기 대선후보는 청와대와 차별화를 통해 미래 전략으로 승부해야 한다. 야당도 마찬가지다. 당권과 대권의 역할을 분담해 일사분란하게 대선을 준비해야 한다. 자중지란과 각자도생하는 진영은 패하고 대선 승리를 목표로 똘똘 뭉치는 진영은 국민의 선택을 받을 것이다.

(내외통신 2021. 04. 13.)

02

민심잡기

MZ 세대 민심

대선승리 핫이슈 '젠더 갈등'

현재 우리사회는 지역·세대·빈부·젠더·정치 성향 등 다양한 분야에서 갈등이 심화되고 있다. 그 중에서도 젠더 갈등은 2030 세대와 긴밀한 관계에 있는 주제이자, 그 입장이 분명히 갈리는 이슈다. 문제는 새롭게 대두된 젠더 갈등은 쉽게 해결할 수 없다는 점이다. 지난 대선에서 87%에 가까운 20대 남성들이 문재인 후보를 지지했다. 하지만 지난 4월 서울시장 선거에서 이대남의 72.5%가 야당에 몰표를 던졌다.

기성세대의 진영논리가 지역과 이념의 갈등이었다면 청년은 젠더 갈등을 겪고 있다. 2030 세대는 경쟁사회에서 살아남을 수 있는 나의 생존과 현실이 더 중요하다고 생각한다. 젠더 갈등의 주요 원인은 계급, 불평등의 심화, 세대갈등, 지역갈등에서 나온다. 이런 갈등은 증오와 혐오로 이어지며 사회적 문제로 심화되고 있다.

갈등 과정에서 핵심은 해결 방법과 이 과정을 통한 사회 발전 방향성이다. 2030 세대 남녀 누구도 이제는 성별 우대정책을 공정하다고 생각하지 않는다. 성평등을 앞세워 여성만을 우대하는 정책을 추진한다면 청년들은 결코 동의하지 않는다. 2030 세대는 젠더 갈등을 공정성 문제로 인식하고 있다.

젠더는 사회적 성(性)의 구별이다. 젠더 갈등은 사회 갈등이다. 남녀에 대한 혐오라기보다는 각자 역할에 대한 혐오다. 사회갈등은 개인의 갈등과 다르다. 여성혐오(女性嫌惡, Misogyny)와 남성혐오(男性嫌惡, Misandry)는 각각 남성과 여성에 대한 혐오(嫌惡)·멸시(蔑視)·편견(偏見)이다.

젠더 갈등은 단순히 남녀 차별로 인해 발생하는 것이 아니다. 취직, 주거 등 다양한 문제들이 복합적으로 얽혀서 생긴 문제다. 지금 이대남은 고정적인 성(性)역할이나 전통적인 남성상 혹은 여성상에 얽매이지 않는다. 가족 내에서 양성평등을 체험하며 성장하기 시작한 세대이기 때문이다.

20대 남성은 일자리 부족의 피해를 가장 직접적으로 입은 세대로 성평등, 성차별에 유독 민감하다. 이들 이대남은 취업난에 허덕이는데 여성들에게 일자리를 빼앗기고 있다고 상대적 상실감이 분노로 변해가고 있다. 가장 분노하는 것은 여성 등 사회적 약자가 아니라 혜택은 전부 누린 기성세대들이 왜 젊은 세대에게 배려를 요구하느냐는 것이다. 이대녀는 아직도 우리 사회에 뿌리 깊게 박힌 가부장제를 없애야 한다고 주장하지만 이대남은 오히려 각종 여성 우대 정책 등으로 역차별을 받는다고 인식하고 있다.

젠더 갈등의 근본적인 원인은 첫째, 서로의 불편을 이해하지 않고 각자 편향된 시각을 갖고 대화를 시도하기 때문이다. 둘째, 여성가족부의 페미니즘 정책으로 남성이 역차별 받는다고 느낀다. 셋째, 양성평등 기준이 모호해지고 있다. 넷째, 사회갈등의 중재자 역할이 미흡하다. 다섯째, 온라인에서 젠더 갈등과 혐오가 확대 재생산되고 있다. 익명성이 강하기 때문에 책임지지 않는 말을 유포하고 있다. 워마드(Womad)는 남성을 혐오하고 극단적 여성 우월주의를 표방하는 사이트다. 성인지 감수성을 높이려는 많은 사람들의 노력에 찬물을 끼얹고 있다. 마지막으로, 정치권이 정쟁의 도구로 활용하고 있다.

2020년 12월 기준으로 세대별 인구수를 살펴보면 20대 6,806,153명, 30대 6,873,117명, 40대 8,294,787명, 50대 8,645,014명, 60대 6,744,506명, 70대 이상 5,680,130명이다. 2030 세대의 표심을 얻지 못하면 대선에서 승리할 수 없다는 구조라는 것을 알 수 있다. 9개월 남짓 앞으로 다가온 대선에서 20대 청년 표심이 '스윙보터(Swing Voter)' 역할을 할 것이다. 그렇다면 젠더 갈등의 근본적인 해결을 위해서는 어떻게 해야 할까.

첫째, 젠더 갈등을 사회 통합의 문제로 인식해야 한다. 노동, 실업문제 등 다양한 극면에서 접근해야 근본적 해결이 가능하다. 청년 취업난, 주거 문제에 대한 총체적 해결책이 수반되어야 한다. 여성할당제, 군대 등 젠더 갈등으로만 보면 해결책이 나오기 어렵다.

둘째, 일자리 부족이다. 무엇보다 비정규직이 급증하고 상시 해고가 일상화하면서 일자리를 둘러싼 경쟁이 치열하기 때문이다. 이대녀 고용률 44.6%는 이대남 고용률 40.8% 보다 높다. 양질의 일자리를 많이 만들고 경제 파이를 키워야 한다.

셋째, 이분법적인 성별 프레임에서 벗어나야 한다. '여자는 다 그래, 남자는 다 그래' 이런 것은 버려야 한다. 서로가 소통하면서 살아갈 수 있는 소중한 파트너로 여겨야 한다. 그러기 위해선 가정과 학교에서의 교육이 중요하다.

넷째, 페미니즘(女性主義, Feminism)이다. 동등한 권리를 요구하면 동일한 책임을 요구받는 것조차 거부한다. 능력 미달로 인해 발생하는 문제를 여성 차별적이나 약자로서 당연하다고 생각하며 자신들에게 특혜가 주어져야 한다고 생각한다.

다섯째, 정책 전환이다. 지금까지의 정책 방향은 여성의 지위를 끌어올리는 것이었다. 여성 중심, 여성만을 위한 성평등 정책을 펼쳤다. 정부가 성평등이라는 큰 담론에서 여성만을 중요시했다. 정부의 페미니즘 정책은 국가주도 페미니즘이다. 여성가족부, 여성인권진흥원 등 여성만을 위한 공공기관이 너무 많아 여성만을 위한 정책에 너무 많은 예산을 투입하고 있다. 향후는 사회 전체 공정성 수준을 높이는 정책으로 전환해야 한다. 성별을 구별하는 입법이나 정책 말고 공공정책으로 가야 한다. 모든 세대가 포함되는 보편적 정책이야말로 젠더 갈등을 줄일 수 있다.

여섯째, 양성평등 사회를 만들기 위한 제도적 리더십의 부재다. 양성평등 노력 조사에 의하면 개인 78%, 가정 57%로 높은 반면 행정부 43%, 지방자치단체 34%로 제도적 리더십 노력이 약하다. 양성평등 사회를 만들기 위해 개인 차원뿐 아니라 주요 기관들의 노력이 동반되어야 한다. 법원 30%와 국회 27%로 양성평등 노력에 대한 평가는 더 인색했다.

일곱째, 정치권은 더 이상 젠더 갈등을 조장하지 말아야 한다. 정치권은 문제해결보다는 문제로 인해 발생하는 분노를 자극해서 표를 얻겠다는 시도를 하고 있다. 정치권이 남녀 대결구도를 제로섬 방식이 아니라 모두에게 이익이 되는 포지티브 섬을 만들어야 한다. 정치인들은 젠더 갈등 해결을 위해 노동, 인권 등 다양한 측면에서 제도를 마련해야 한다.

여덟째, 언론의 선동이다. 정확한 정보 제공으로 올바른 여론을 형성해야 할 언론이 정치인 차별과 혐오발언을 중개하듯 보도하고 있다. 사실보다 자극적인 보다가 우선시했다. 사회가 논의해야 할 방향에 무관심하고 심도 깊은 분석을 보도하지 않았다. 자극적이고 서로 부딪치게 만드는 기사는 자제해야 한다. 이런 것들이 젠더 갈등을 증폭시킨다. 언론은 정책의 실효성을 분석하고 따져봐야 한다. 방송윤리강령을 강화해야 한다.

아홉째, 시민사회의 올바른 행동이다. 잘못된 정치와 언론에 현혹과 선동에서 벗어나야 한다. 본질적 원인을 성찰하고 올바른 성평등 사회로 나아갈 수 있도록 젠더 갈등에 적극적으로 목소리를 내야 한다.

마지막으로, 대권주자들이 설익은 정책이다. 젠더 이슈는 표심을 쫓는 대권후보에게는 뜨거운 감자다. 대권주자들은 잇따라 이대남 표심을 겨냥한 공약을 내놓고 있지만 지지율이나 득표를 위한 도구로 활용되어 진정성이 보이지 않고 있다. 문제의 본질은 청년들이 직면한 어려움이 무엇인지를 제대로 파악하지 못한 채 표 계산에만 급급해 설익은 정책을 내놓는다는 것이다.

한국사회의 근간이 되는 입법, 사법, 행정 전 영역에서 성평등 사회로 나아가기 위해서는 제도적, 정책적 노력은 젠더 이슈를 바라보는 현실인식에서 나타나는 생각의 격차를 줄이는 것에서부터 출발해야 한다. 이대남이 불공정하다고 느끼는 부분에 제도적 지원이 필요하며 이에 대한 정책적 논의가 선행되어야 한다.

(경기매일 2021. 06. 03.)

대선 승리 2030 표심에 달렸다

2030 세대는 1980년대 중반에서 2000년대 초반에 태어났다. 산업화와 민주화, IT화 수혜를 받고 성장했기에 역사상 가장 높은 학력을 보유한 엘리트 집단이다. 2030 세대의 특징은 정직함과 공정이다. 인터넷에 익숙하며 모든 것이 투명하게 공개된 공정한 쌍방향 사회에서 성장했기 때문이다. 2022년 대선에서 20대 Z 세대와 30대 밀레니얼 Y세대는 자신의 삶에 도움을 주는 정책을 지지할 것으로 보인다. 공정, 불평등 해소가 중요한 시대적 과제이지만 무엇보다도 청년 일자리를 누가 만들 수 있느냐에 따라 표심이 쏠릴 것이다. 2030 세대는 상황·이슈에 따르는 스윙보터(Swing Voter)다. 청년층이 스윙보터가 되는 최초의 대선이 10개월 앞으로 다가왔다. 2030 세대 표심을 잡을 경쟁은 이제부터 시작이다.

2030 세대는 그동안 정부에 큰 지지를 표명했지만 정부와 여당에

등을 돌리며 분노하고 있다. 이유는 간단하다. 집도 살 수 없고 일자리가 없어서다. 문제의 본질은 기대했던 정부에 대한 불공정, 박탈감, 배신감에 있다. 입시전형 다변화로 정보와 부의 격차가 학력 격차로 이어졌다. 힘들게 대학을 졸업해도 취업길마저 막혀버린 상황에 절규(絶叫)하고 있는 것이다. 대기업에 취직하기는 하늘의 별 따기고 웬만한 일자리 기회조차 얻기 힘들다. 한마디로 먹고 살기 힘들다. 집권 세력의 불공정과 내로남불, 위선에 대한 실망은 차후 문제다.

2030 세대는 정부의 부동산 대책 실패로 벼락거지가 된 좌절감에서 지푸라기라도 잡는 심정으로 돌파구를 찾고 있다. 부동산이 폭등하자 자신의 근로소득을 모아 재산을 형성하기 어렵다고 판단했다. 신용대출, 전세 보증금을 총동원해 주식 투자에 뛰어 들었다. 동학개미가 1년 만에 코인개미로 변신해 가상화폐 투자 광풍을 견인하고 있다. 집을 사는 것은 불가능하고 주식 열풍도 꺼지고 일자리도 없다보니 생존하기 위해 어쩔 수 없이 가상화폐에 투자하는 것이다. 월급만 모아서는 기성세대만큼 경제적으로 안정된 삶을 누리기 힘들다는 깊은 좌절감(挫折感)이 기저에 깔려 있다.

2030 세대는 미래를 준비를 해야 되는데 올라갈 사다리가 사라지고 있다. 부동산, 일자리 정책이 내년 대선의 승부의 분수령이 될 것이다. 그렇다면 2030 세대의 표심을 잡으려면 어떻게 해야 할까.

첫째, 일자리 창출이다. 청년층에서 여성보다 남성 고용이 더 악화된 흐름이 포착된다. 2030 세대에서 남성 지지율 낙폭이 여성보다 조금 더 컸던 이유다. 2017년부터 2020년까지 25~29세 남성 고용률이 1.4%포인트 떨어지는 동안 여성은 0.9%포인트만 떨어졌다. 청년들은 알바 임시직 일자리가 아니라 홀로서기가 가능한 양질의 일자리를 원하고 있다.

둘째, 내로남불이 아닌 공정한 사회다. 기회는 평등, 과정은 공정, 결과는 정의라는 말뿐이 아닌 실질적 내 삶에서 피부로 체험하고 싶을 뿐이다. 엄마, 아빠 찬스 없는 공정한 사회를 원한다.

셋째, 정책 실패 책임이다. 부동산 정책 실패로 인한 피해를 왜 우리가 입어야 하느냐며 분노하고 있다. 기성세대처럼 직장에 취업하고 결혼해 10여 년 성실하게 모으면 내 집 마련을 할 수 있는 그런 평범한 일상을 원하는 것이다. 평생 모아도 집 한 칸 마련하기 힘든 현실에 절망하고 있다. 정권 출범 전 부동산 가격으로 돌려놓으라고 요구하고 있다.

넷째, 노력하면 성공할 수 있는 사회를 원한다. 졸업하면 누구나 취업이 가능한 일자리 넘치는 사회를 만들어 달라는 것이다. 정부의 역할은 시대 변화에 맞는 제대로 된 정책 추진으로 사회 진출할 때 경쟁력 있도록 해주는 것이다.

다섯째, 2030 세대에 맞는 눈높이다. 아날로그 시대에 살아온 5060 세대의 생각, 체제, 관습을 디지털 시대 트렌드에 맞게 변혁해 맞춰 달라는 것이다. '나 때는 말이야'와 같은 꼰대 사고가 아니라 AI 시대에 맞게 바꾸라는 것이다.

마지막으로, 사회적 성취감이다. 성실히 노력하고 열심히 살면 사회적 성취감을 가질 수 있는 환경을 만들어 달라는 것이다. 그러기 위해선 공평하고 공정한 사회가 우선이다. 혜택은 기존 세대가 전부 누리고 미래의 짐은 청년층에게 떠넘기느냐는 것이다. 2022년 대선의 승패는 2030세대 맞춤형 정책에 달려있다고 해도 과언이 아니다. 청년들의 표심을 얻는 정책이 나오기를 기대한다.

(경기매일 2021. 05. 16.)

대선 뒤흔들 가상화폐 2030 민심

가상화폐 광풍이 휘몰아쳤다. 2030 청년들이 지푸라기를 잡는 간절한 심정으로 가상화폐 투자에 매달리고 있다. 최근 폭등과 폭락을 거듭하는 가상화폐에 대한 해법을 Q&A 형식으로 풀어보자.

Q: 용어 구분

A: 디지털 화폐(Digital Currency)

가상화폐와 암호화폐 등을 모두 포함하는 개념이다. 화폐의 형태가 디지털이다. 금전적 가치를 디지털 암화화해 저장한 후 디지털 방식으로 사용하는 화폐다. 일반적으로 IC 카드에 디지털 형식으로 저장해 사용한다. 화폐구분은 법정화폐다.

전자화폐(Electronic Money)

IC 카드 혹은 인터넷 등 모발일 기기에 현금을 대체해 전자적으로 저장한 화폐다. 디지털 캐시, 사이버 머니, E-머니 등으로 불린다. 네이버페이, 삼성페이, 카카오페이, 티머니 등이 해당된다. 사용처는 가맹점이며 발행기관은 금융기관이다. 법정통화로 충전하고 잔액은 법정통화로 환급이 가능하다.

가상화폐(假像貨幣, Virtual Currency)

가상화폐는 가상공간에서 쓰이는 돈을 의미한다. 가상화폐는 디지털 화폐의 일종인데 특정 집단에서만 별도로 운영되고 있는 화폐다. 기존 개발자나 개발업체가 신뢰를 상실 하거나 서비스를 종료할 경우 화폐의 가치도 사라진다는 한계(限界)가 있다. 이러한 이유로 진짜 화폐처럼 널리 통용되기는 어렵다. 사용처는 인터넷 공간이며 발행기관은 비금융기관이다. 가상화폐를 법정통화로 교환할 수 없다.

암호화폐(暗號貨幣, Cryptocurrency)

인터넷에서만 존재하는 디저털 화폐로 암호화 기술인 블록체인 기반의 가상화폐다. 실물 없이 컴퓨터 정보의 형태로만 존재하며 인터넷으로 거래되는 전자화폐의 일종이다. 법정화폐와 달리 처음 디자인한 사람 혹은 기관에 의해 정한 규칙에 따라 가치가 달라진다. 정부, 중앙은행이 관리하지 않고 블록체인 기술을 활용해 유통됨으로 정부가 가치를 보장하지 않는다. 비트코인, 이더리움 등을 말한다. 사용처는 가맹점이고 발행기관은 없다. 법정통화와 자유로운 교환이 가능하다.

법정화폐와 암호화폐의 차이

법정화폐는 실물이 존재하고 중앙은행이 통제하며 온라인 이체 과정에서 제3자(은행)가 필요하다. 또한 공급에 제한이 없다. 하지만 암호화폐는 실물이 존재하지 않고 누구에게도 통제받지 않으며 개인과 개인간 거래인만큼 제3자가 필요 없다. 그리고 공급 제한이 있다.

용어 사용

비트코인도 가상의 공간에서만 거래된다는 의미에선 가상화폐이며 디지털 환경 내에서 사용하기에 디지털 화폐라고 볼 수 있다. 대부분 언론사들은 가상화폐나 암호화폐를 상대적으로 많이 사용하고 있다. 하지만 정부 공공기관에서는 화폐라는 용어는 사용하지 않고 가상통화라고 한다. 이는 Currency가 화폐가 아닌 통화라고 해석하기 때문이다. 거래소마다 암호화폐, 디지털 화폐, 비트코인 등 다른 용어를 사용하기도 한다. 외국에서는 암호화폐가 가장 널리 사용되는 용어다.

Q: 현황

A: 최근 전 세계 암호화폐 시장규모는 2.22조 달러(약2480조 원)로 집계됐다. 미국 뉴욕 증시 시가 총액 1위인 Apple(2조 1100억 달러) 규모를 뛰어넘는 수준이다. 비트코인, 이더리움, 리플 등 주요 가상화폐가 줄줄이 폭등해 글로벌 시장규모가 대폭 확대됐다. 그중 비트코인이 1.17조 달러로 과반 수 이상을 차지한다. 2022년 1분기 국내 암호화폐 신규 가입자 249만여 명 중 20대가 816,000명, 30대가 769,000명으로 총 63.5%를 차지한다. 이미 가상화폐 거래액은 코스피를 훌쩍 넘었고 1, 2월에 445조 원이 거래됐다. 하루 가상화폐 거래액은 2018년에 비해 3배로 급증한 상태다.

Q: 문제점

A: 투기과열

미국 전기자동차 기업 테슬라가 암호화폐 결제 허용을 계기로 온라인 결제기업 페이팔도가 가세했다. JP 모건, 블랙록 등 글로벌 굴지의 기관 투자가들이 잇달아 투자의향을 밝히면서 전 세계 유동 자금이 가상화폐 시장으로 빠르게 유입되어 투기 과열을 부추기고 있다. 최근 주식시장에서 가상화폐시장으로 영끌 투자자들이 이동해 이른바 코인 광풍이 불고 있다. 문제는 코인은 누구도 그 가치를 보장해 주지 않는 상품이라 그 피해를 고스란히 개인이 진다는 것이다. 증시가 출렁이고 금리가 들썩여 갈 곳 잃은 돈만 700조 원에 이른다. 지금은 5대 시중은행에서 떠도는 30조 원이 가상화폐 대기 수요로 기다리고 있는 투기과열 상황이다. 코인 대박을 꿈꾸는 사람에게는 가상화폐가 제2의 봄이라고 인식하고 있다. 지난 2017년과 이번 가상화폐 광풍 간 가장 큰 차이는 개인 투자자뿐 아니라 기관 투자자들이 시장에 들어왔다는 것이다.

김치 프리미엄(Kimchi Premium)

한국 암호화폐 거래소에서 원화로 매입할 때와 외국 거래소에서 달러화 혹은 달러 기반 스테이블 코인으로 암호화폐를 살 때 가격 차이를 말한다. 국내 가격이 비싸면 김치 프리미엄, 국내 가격이 낮으면 김치 디스카운트라고 부른다. 주로 비트코인 가격이 기준이 되는 데 이런 거래를 재정거래(Arbitrage)라고 한다. 투기 열기가 과열되면서 국내 가상화폐 가격이 국외보다 높게 형성되는 김치 프리미엄 현상이 심화되고 있다. 일부 투자자는 국내외 가격 차이를 이용해 국외 거래소에서 산 뒤 국내 거래소로 이전하는 방식으로 차익 거래에 나서고 있다. 통상 5% 정도 시세 차이를 김치 프리미엄의 적정 수준으로 본다. 2017년과 2018년 가상화폐 광풍이 불 때 50%까지 오르기도 했다. 하지만 김치 프리미엄은 시장의 매수·매도 불균형으로 발생하기에 매도세가 매수세보다 강해지면 언제든지 사라진다.

2030 투자열풍

2030 세대에 가상화폐 투자 열풍이 불고 있다. 대표적인 가상화폐인 비트코인뿐 아니라 고수익 고위험인 도지 코인(Dogecoin), 알트 코인에도 투자자들이 몰리고 있다. 문제는 가격 등락이 워낙 커 원금 손실 피해를 보는 사례가 급증하는 데 있다. 현재의 가상화폐는 하루 1,000만 원 이상 롤러코스터를 타고 있는 최고 위험 투기 상품이라 거품이 꺼지는 날에는 그 피해를 가늠할 수 없다. 가상화폐에 투자해 막대한 수익을 올리는 투자자는 극소수이고 원금을 잃은 사례가 계속해서 나타나 사회적 문제로 대두되고 있다. 2030 세대는 부동산 대신 국내 주식, 국외 주식에서 암호화폐로 눈을 돌렸다.

2030 분노

정부 당국자가 가상화폐를 화폐로도 금융상품으로도 인정하지 않고 제도권 편입 의사가 없음을 분명히 하면서 투자 심리를 급격히 위축시켰다. 또한 가상화폐 과세 및 거래소 폐쇄 가능성을 시사해 젊은 층의 분노가 커지고 있다. 2030 세대는 가상화폐가 현실적인 투자 대안으로 부상했지만 정부는 방치에 가까운 가상화폐 정책에 비난의 목소리가 높아지고 있다. 특히 소득에는 과세한다면서 투자자는 보호할 수 없다는 논리에 배신감과 억울함을 드러내고 있는 실정이다. 청년 세대는 고용불안으로 아예 주거 사다리에 오르지도 못해 코인이 마지막 기회라고 생각하고 있다. 올라갈 사다리가 없어진 상태에서 2030세대는 마지막 희망의 사다리가 가상화폐라고 생각하고 있다.

투자자 보호

가상화폐 거래계좌가 900만 개인데 투자자 보호 장치는 제로다. 청년층의 투자자 관심이 폭증해 사기 및 사건이 빈번해지고 있다. 최근에도 700억 대 암호화폐 투기 사기가 발생했다. 문제는 금융자산이 아닌 가상화폐라 사고가 나더라도 금융 사고로 보기 어렵다는 것이다. 가상화폐 보호는 사각지대에 놓여 있는 상황이다. 특정금융정보법이 시행되면 거래소가 집중 관리될 전망이다. 현재는 대형 거래소를 제외하고 200여 개 넘는 영세 거래소들은 시중은행의 실명계좌를 사용하지 않고 있다.

Q: 해법

A: 2030 세대에서 가상화폐가 현실적인 투자 상품으로 자리 잡고 있다. 2022년 대선에서는 2030 세대 민심을 누가 잡느냐에 승패가 갈릴 수 있다. 그렇다면 가상화폐 투자자 보호를 위해 어떻게 해야 할까.

첫째, 가상화폐의 성격 규정과 개념부터 정립해야 한다. 자산과 가상화폐를 인정할 것인지 우선 결정해야 한다. 금융 당국은 암호화폐를 미술품과 비교하면서 금융 소득이 아닌 기타소득으로 분류했지만 현실과는 동떨어진 시각이다. 가상화폐의 법적 지위를 확립한 후 단계적으로 투자 과열에 따른 불법 행위와 사기 피해를 막기 위해 제도가 필요하다.

둘째, 가상화폐 법정 지위 인정 이후를 대비해야 한다. 거래 익명성을 없애야 한다. 거래소에 등록되는 모든 거래에 대해서 누구의 소유인지 분명히 해야 한다. 허가 거래소와 비허가 거래소를 분명히 구분해야 한다. 이를 통해서 허가 거래소 안으로 유입되어 거래가 되도록 만들어야 한다. 주식도 거래소 거래와 사적인 거래를 구분하듯이 가상화폐도 마찬가지다. 법 정비를 해야한다. 법적 지위를 통해 규제와 통제가 이루어져야 투기로 변하지 않는다.

셋째, 제도적 장치를 통한 보호에 나서야 한다. 정부는 가상 자산을 금융상품으로 보지 않기에 은행법이나 보험법, 자본시장법 등처럼 법을 만들지는 않고 있으며 아직까지 구체적인 법규 제정 움직임도 보이지 않는다. 하지만 금융 선진국에선 제도화를 시행하고 있다. 싱가포르는 지불 서비스법을 통해 가상자산 사업과 시장을 규제하고 있다. 일본은 암호화폐를 금융 상품으로 지정해 금융 규제를 적용하고 불공정 거래 행위를 금지토록 하고 있다. 미국은 지난해 암호화폐 수탁을 은행권에 공식 허용했다. 신뢰성이 높은 대형은행이 수탁을 맡아 암호화폐 시장의 신뢰도를 제고하고 기관 투자자의 시장 참여도 이끌어 내고 있다. EU는 2024년까지 가상화폐 포괄적 규제안을 마련할 계획이다.

넷째, 가상화폐 4대 거래소를 철저히 감독해야 한다. 대형거래소는 시장 점유율이 93%, 하루 거래량이 16조 원이 넘으며 이미 은행에 실명 확인 계좌를 갖고 있기에 폐쇄는 현실적인 대안이 아니다. 중소 거래소만 없어지면 대형 거래소에 몰려 결국 폭탄 돌리기가 될 수 있다. 문제는 가격 변동성이 큰 잡 코인이다. 국내에 상장된 가상화폐가 178개로 너무 많다. 미국의 코인 베이스는 50여 개, 일본 비트 플라이는 5개에 그친다.

다섯째, 과세유예. 개정 소득세법에 따르면 내년 1월 1일부터 가상 자산(암호화폐)을 양도 대여해 소득이 발생하면 기타 소득으로 간주해 과세한다. 연 250만 원까지 기본공제하고, 세율 20% 분리 과세한다. 2030세대의 분노하는 민심을 고려해 제도가 정비될 때까지 유예하는 것이 바람직하다.

여섯째, 정책 당국자는 언행에 신중해야 한다. 설사 정책 방향이 맞더라도 시장에 충격을 주고 코인에 물린 청년세대에게 불안 심리를 안겨줘서는 안 된다. 또한 책임회피 발언은 곤란하다. 하루 20조 원이 넘는 금액이 거래되고 대다수 청년세대가 관심을 갖고 있는 상황에서 제도권 안이나 밖이냐는 무의미하다. 정부가 나서야 하는 이유다. 청년 세대가 왜 이렇게 가상화폐 투자에 매달리는지에 대한 사회·경제적 통찰과 공감 능력이 절실하다.

일곱째, 공직자 재산신고에 넣어야 한다. 현재 공직자 윤리법에 규정이 없다. 이는 법적 실체와 지위가 불명확하기 때문이다. 공직자가 거액의 가상화폐를 보유하고 신고하지 않아도 공직자 윤리법 위반이 아니다. 가상화폐가 공직자 윤리법에서는 사각지대에 놓여 있다. 정부가 가상화폐를 금융자산으로 인정하지 않는 것과 별도로 이해충돌 방지 차원에서 가상화폐 거래 현황을 신고해야 한다.

여덟째, 변동성 위험이 없는 K-스테이블 코인을 보급해야 한다.

스테이블 코인(Stable Coin)은 가치인정 화폐다. 여러 방식으로 안정화를 꾀하기 때문에 비트코인이나 이더리움보다 안정적이다. 미국 통화 감독청은 은행이 결제 및 송금에 스테이블 코인을 활용할 수 있다는 법률 해석을 내놔 스테이블 코인에 힘이 실리고 있다.

아홉째, 블록체인 산업을 발전시켜야 한다. 블록체인 기술 발전에 따라 암호화폐 시장 규모는 엄청나게 커지고 있다. 디지털 트랜스포메이션 시대에 한국경제 미래 먹거리 한 축으로 집중 투자해 블록체인 생태계를 구축해야 한다. 한국판 디지털 뉴딜의 주요 프로젝트로 추진해 양질의 일자리 창출에 기여해야 한다.

마지막으로, 가상화폐 거래소를 만들어 안전한 거래환경을 구축해야 한다. 가상화폐 투자를 제도권 안으로 들여와 안전한 시스템 정착이 필요하기 때문이다. 정부가 가상화폐를 법정화폐로 인정하지 않더라도 안정된 시장 거래와 규율을 세워야 한다. 증권 거래소처럼 시장을 양성화해 지속 가능하게 암호화폐가 상장 거래될 수 있다면 금융 시장 규모도 키울 수 있다. 또한 시중 5대 은행에 가상자산 수탁서비스를 혁신금융서비스 형태로 도입해야 한다.

AI 혁명 시대에 블록체인 기술은 핀테크 사업의 핵심이며 가상화폐 산업의 육성은 양질의 일자리 창출로 이어진다. 청년들이 원하는 일자리는 블록체인 기술을 이용한 양질의 일자리다. '블록체인 강국 대한민국' 만들어 일자리 넘치는 'Jobs Korea' 되기를 기대한다.

(내외통신 2021. 04. 26.)

MZ 세대 사로잡는 '메타버스' 소통

코로나19 팬데믹으로 비대면 사회가 확산되고 대용량 정보를 고속으로 전송할 수 있는 5G 통신망이 확충되면서 가상 세상인 메타버스 붐이 일고 있다. 메타버스는 초월과 변화를 나타내는 메타(Meta)와 우주를 의미하는 유니버스(Universe)의 합성어다. 1992년 출간된 SF 작가 닐 스티븐슨의 소설 '스노 크래시'에서 처음으로 등장했다. 30년이 흐른 현재 3차원(3D) 가상과 현실을 자유롭게 넘나 들 수 있도록 가상(VR)·증강(AR)현실 기술을 활용하고 있다. 현실 사회를 디지털로 만든 가상의 온라인 세상이 펼쳐지고 있다.

메타버스의 특징은 첫째, 영속성(Be Persistent)이다. 리셋하거나 중단되거나 종결되지 않고 무한하게 계속된다.

둘째, 동시적이며 실시간(Be Synchronous)이다. 메타버스는 진행되고 있는 경험이며 이는 모두에게 일관된 방식으로 실시간으로 존재한다.

셋째, 동시적 참여에 제한이(Have no real cap to concurrent participations with an individual sense of presence) 없다. 누구라도 메타버스의 일부를 구성할 수 있고 특정한 행사, 장소, 활동을 동시에 참여할 수 있다.

메타버스의 새 시대를 MZ 세대가 열고 있다. MZ 세대(밀레니얼 + Z세대, 1981~2004년 생)일수록 전통 미디어를 접하는 비중은 점점 작아지고 있다. 인터넷과 모바일에 익숙한 채 성장한 MZ 세대는 사회적 관계를 구축함에 있어 오프라인보다는 온라인을 더 중요시 하는 경향이 있으며 SNS나 메타버스 속에서 더 많은 시간을 보내고 있다. MZ 세대가 메타버스의 열풍을 이끌어 주목을 받고 있다. MZ 세대 마음을 잡으려면 메타버스 안에서 소통해야 한다.

메타버스 공간의 가치와 힘은 더욱 커지면서 정치·경제·사회 등 각 분야에 영향력이 확대되고 있다. 정치인은 지금까지 유권자와 소통하기 위해 TV토론, 방송, 미디어, 현장 방문 등 전통적 방식을 활용했다. 미래 가치를 주장하는 정치인도 메타버스를 유세에 활용하기 시작했다. 이제는 선거 유세도 가상 세상 안에서 하는 시대다.

2016년 미국 대선에서는 힐러리 클린턴 민주당 대선 후보가 포켓 몬고를 선거 캠페인에 사용했다. 지난해 바이든 후보는 메타버스에 선거 캠프를 차렸다. 닌텐도 게임 '모여봐요 동물의 숲' 안에서 선글라스를 끼고 산책을 즐기면서 바이든 이름이 새겨진 티셔츠를 입고 "헛소리는 그만(No Marlakey)"라고 외쳤다. 그렇다면 차기 대선에서 메타버스를 어떻게 활용해야 할까.

첫째, 소통 능력이다. 메타버스 세상에선 기존의 정치 구조가 전혀 힘을 쓰지 못한다. 권위, 지역, 자본, 인맥보다 실력이 우선이기 때문이다. 막강한 자금력, 조직 동원력, 다선 따윈 전혀 중요치 않다. 당내 경선도 새로운 변화가 불어 닥칠 것이다. 메타버스 가상 세상 안에서는 공정하게 소통하며 마음을 얻는 능력이 있는 후보가 대세가 된다.

둘째, 정책 공간을 만들어야 한다. 유권자와 진정한 소통을 원한다면 정치인은 기존의 오프라인 방식에서 벗어나 메타버스 속으로 들어와야 한다. MZ 세대와 소통하기 위한 터전은 현실 공간이 아닌 메타버스가 될 것이다. 메타버스 안에서 정책별 공간을 만들어 국민이 쉽게 이해할 수 있도록 홍보해야 한다.

셋째, 메타버스 여론 장악이다. 어떤 후보보다 앞서 메타버스를 선점하는 것이 중요하다. 가상 세상 여론을 장악하면 현실로 전달되고 현실 여론은 다시 메타버스 공간과 융합해 대세를 형성할 수 있다.

마지막으로, 메타버스 정치혁명을 리드해야 한다. AI 시대 메타버스 정치 혁명을 이해 못하고 활용도 하지 못한 대선 주자는 경쟁에서 멀어질 것이다. 과거의 정치에 얽매여 변화를 모색하지 못한다면 본선 진출은 요원해질 수 밖에 없다. 메타버스 정치혁명을 리드할 지도자는 정권을 잡게 될 것이다.

메타버스의 물결이 하루가 다르게 거세지고 있다. 내년 대선 승기를 잡기 위해서는 메타버스 정복은 선택의 아닌 필수다. 메타버스 공간에서 대선 후보 1위가 된다면 현실의 대통령보다 더 큰 영향력을 갖는 그런 가상 세상이 다가오고 있다. '바보야 문제는 메타버스야!'

(경기매일 2021. 06. 07.)

중장년층 민심

세금정치 내년 대선 흔든다

공시가 세금폭탄으로 국민은 속이 문드러질 상황이다. 민심이반의 본질적 이유는 집값 폭등으로 공시가격이 뛰며 세금폭탄을 맞은 시민들의 분노 표시라는 풀이가 많다. 정부 여당의 내로남불 논란이 폭발의 시발점이었지만 기저에는 세금에 불만이 있다는 분석이 더 설득력 있게 다가온다. 세금정치 실패는 정권 교체로 이어진다. 해법을 Q&A 형식으로 풀어보자.

Q: 세금

A: 헌법에 따르면 모든 국민은 납세의 의무를 가진다. 국가를 운영하고, 정부 정책을 추진하기 위해 상당한 재원이 필요하기 때문이다. 세금은 국가와 같은 공공의 공동체가 구성원에게 부여하는 일종의 경비다. 따라서 세금 책정과 징수에는 공동체 구성원이 동의할 수 있는 명확하고 합리적인 기준과 원칙이 필요하다.

Q: 세금 제도

A: 정부의 세금 지출은 기업의 경쟁력과 개인의 삶에 엄청난 영향을 준다. 헌법 제59조에 '조세의 종목과 세율은 법률로 정한다'고 규정한 것은 국회 논의를 거쳐 신중하게 증세를 결정해야 한다는 의미. 세금은 정치적 폭발성을 지니고 있다. 정권은 유한하고 세금은 무한하다. 정권의 입맛에 맞게 세율을 조정하거나 세금제도를 손질할 때는 정권의 운명을 걸어야 한다.

Q: 세금 정치

A: 정치란 세금을 거둬서 예산을 편성하고 새로운 사용처를 입법으로 정하는 것이다. 세금 문제를 논할 때는 효율성이나 형평성, 그리고 편의성 등 조세 논리로 접근해야지 정치적 이해가 개입되면 조세제도가 왜곡된다. 세금을 정치 논리와 이념 논쟁의 수단으로 삼아서는 안 된다. 그러나 현실은 세금이 갈라치기 정치의 수단으로 전락하고 말았다. 국가의 조세제도를 보면 지향하는 정치의 단면을 엿볼 수 있다. 그래서 세금 정치라고 한다. 세금 정치를 만만하게 다뤘다가는 정권이 바뀐다.

Q: 정권 교체의 법칙

A: 세금 부담이 늘면 정권 교체

역사를 돌이켜보면 국민이 세금에 대한 불만이 커지면 정권이 바뀌었고, 가벼워지면 정권 재창출된 것으로 나타났다. 김영삼 정부는 교통세·농어촌특별세법 제정, 금융소득종합과세 시행 등 세금부담을 늘렸고 결국 외환위기로 국민의 삶을 피폐하게 만들어 정권 교체가 됐다.

김대중 정부는 신규 주택에 대한 양도소득세 면제, 취·등록세 감면 확대 등 세금 경감조치를 취해 정권 재창출을 이뤄냈다.

노무현 정부는 부동산 정책 실패로 인한 집값 폭등과 실질적 부자세로 불리는 종합부동산세 신설로 민심을 잃고 정권을 내줬다.

이명박 정부는 법인세율 인하, 종합소득세율 인하, 종합부동산세 과세 기준 상향 조정, 기업 상속 공제 확대, 법인의 주택 및 비사업용토지 양도 시 법인세 중과제도 완화 등으로 세금부담이 가벼워진 국민들은 재집권을 허용했다.

박근혜 정부는 대기업 등 최저세율 상향조정 및 고소득 개인사업자 최저세율 인상, 담배소비세율 인상, 법인 소득세율 인상 등 국민부담을 높여 위기를 초래했고 결국 국정농단으로 정권 교체가 됐다.

문재인 정부의 운명은 어떻게 될까. 부동산 가격 폭등과 공시지가 현실화가 겹쳐 세금폭탄을 맞은 국민의 선택이 1년 앞으로 다가왔다.

조세부담률과 국민부담률이 늘면 정권 교체

조세부담률은 국민들의 조세부담이 어느 정도인가를 보여주는 지표다. 국세와 지방세 세수가 경상 GDP의 몇 %를 차지하느냐를 보는 지표다. 국민부담률은 세금뿐 아니라 사회보장기여금까지 합친 것이다. 세금뿐 아니라 건강보험료 등의 부담이 크다는 점을 감안해 실질적인 국민 부담을 파악해보는 지표다. 노무현 정부는 17% 수준이던 조세부담률이 임기 말에는 19.6%까지 올라 정권 교체가 됐다. 이명박 정부 2010년에는 17.9%까지 낮아져 정권 재창출에 성공했다. 박근혜 정부의 마지막 해인 2016년에는 19.4%까지 치솟아 정권 교체가 이뤄졌다. 문재인 정부에서도 상승 기조가 유지되어 2021년 20.4% 수준이 될 것으로 전망된다.

Q: 종부세 논란

A: 종합부동산세는 재산에다 고가 주택에 부유세를 더해 부과되고 있다. 노무현 정부시절, 부동산 투기 광풍이 불자 2005년 종합부동산세를 도입해 고가 주택, 다주택자에게 재산세에 더해 종합부동산세를 도입한 게 시초였다. 첫 도입 당시 대상은 3만 가구였는데 현재 52만 가구로 늘었고 서울은 무려 24.2%가 대상 주택이다. 마·용·성은 20평형대도 포함되어 지난해 28만 가구에서 올해 41만 가구로 늘었다. 정부 계획대로 공시지가를 시세의 90%까지 반영하면 서울 아파트 대부분이 종부세 대상이 된다.

Q: 공시가격

A: 예년에 연 4~5%씩 올렸던 공시가격이 올해 19.08% 폭등해 곳곳에서 곡소리가 터져 나온다. 급격히 인상된 재산세·종부세 등을 감당할 수 없는 1주택자나 월급쟁이들은 밤잠을 설친다. 특히 세종 70% 등 지방을 대폭 올려 보유세 부담도 커질 전망이다. 문재인 정부에서 지난 4년간 서울 아파트 공시가격이 평균 73% 올랐는데 최근 2년간 집중적으로 올렸다. 올해 공시가격은 아파트 실거래가의 70.2%를 반영하고 매년 일정하게 올려 2030년에는 90%까지 올리겠다는 게 정부의 계획이다.

Q: 해법

A: 집값 폭등에 따른 공시가격 인상으로 보유세가 지난해의 2배가

될 것이라는 전망이 나오면서 세금폭탄에 대한 불만이 여기저기서 나오고 있다. 공시가격이 기초연금 건강보험료 등 60개 분야에 연동되어 서민 생활에 직접 영향을 미치고 있다. 특히 근로소득 없이 연금으로 생활하는 은퇴자나 새로 종합부동산세 납부 대상이 된 1주택자들 불만이 거세다.

첫째, 1가구 1주택자 재산세는 감면해줘야 한다. 은퇴자로서 연금을 받아 생활하는 데 종부세 대상이라면 현실적으로 세금을 낼 방법이 막연하다. 세금을 내기 어려운 사람들에게는 나중에 집을 매도할 때 세금을 부과하는 '과세이연' 제도도 검토해야 한다. 또한 보유연수와 연령에 따라 세금을 감면해줘야 한다.

둘째, 종부세 부가 기준을 상위 1%로 한정해야 한다. 서울의 종부세 대상이 24.2%다. 전국적으로 원래 취지대로 상위 1%에만 부과되도록 해야 한다. 방법은 간단하다. 전국 주택 가격 순위대로 나열해 상위 1%를 기준으로 산정하면 된다. 설사 주택가격이 변동된다하더라도 1% 기준은 변하지 않는다.

셋째, 매년 인상 폭을 5%로 제한해야 한다. 임대차 3법에서도 전세가 인상률을 5%로 제한하고 있다. 부동산 시장 안정을 통해 집값 잡는 것이 먼저지, 공시가격 현실화를 우선해서는 국민의 부담만 가중시킨다. 2030년까지 매년 일정한 비율로 올린다는 계획은 집값이 떨어져도 공시가격은 올라가는 구조다. 법률에 의거해 공시가격을 정하도록 해야 한다. 현실화율(시세 대비 공시가) 인상 로드맵을 법률에 의거 제정해야 한다.

넷째, 코로나19 팬데믹으로 가뜩이나 경제가 어려운데 당분간은 공시가격 인상을 멈추는 것은 어떨까. 코로나 집단 면역으로 경제가 원위치를 돌아가기 전까지 한시적으로 2021년 공시가격을 작년 기준으로 제정해서 세금을 부과하는 것도 고려해야 한다.

다섯째, 부동산 관련 세제를 종합 재설계하고 공시가격 산정을 제대로 해야 한다. 우리나라의 고령화 진행 속도는 세계에서 가장 빠른 수준이다. 초고령화 사회로 사회보장비 지출이 급증하고 장기간 지속된 저성장으로 국가 세입 기반이 정체하고 있다. 향후 생산연령인구 감소 및 세계경제 불확실성 등으로 인한 세수 감소 우려가 있다. 장기적인 관점에서 재원 확보 방안과 세재 개편 논의를 할 필요가 있다. 양도세, 취득세, 종부세, 거래세 등 현실에 맞게 세율을 전반적으로 재조정해야 한다. 윗집 아랫집 다르게 엉터리로 공시가격을 산정한 것을 재조정해야 된다.

여섯째, 복지제도 운영을 전면 손질할 필요가 있다. 소득변화가 없는데 공시가격이 올랐다고 건보료를 올리고 피부양자를 탈락시켜 기초연금 등을 박탈하는 것은 불합리하다. 1가구 1주택자나 고령 은퇴자는 재산 기준을 폐지하고 소득 중심으로 부담금 부과 체제를 혁신해야 한다. 거주하는 집을 소득으로 환산하는 것은 시대착오적 제도다. 과거 소득 파악이 불투명했던 제도로서 이제는 폐기해야 한다. 이번 공시가격 상승으로 약 127만 세대의 건강보험료가 오르게 된다. 2019년 공시가격이 5.23% 올랐는데 16,000명이 수급자에서 제외됐다. 올해는 공시가격이 3배 이상 올랐으니 약 5만 명이 제외될 것으로 예측된다.

마지막으로, 세금 정치를 배제해야 한다. 재산세의 경우 매년 7

월과 9월, 종합부동산세는 12월에 납부한다. 내년 3월 9일이 대선이고 6월 1일이 지방선거이다. 서울에서 6억 원에서 9억 원 사이 중산층이 약 28만 가구다. 새로 종합부동산세 대상 가구가 13만 가구가 늘어났다. 합하면 대략 41만 가구다. 내년 대선에서 4인 가족으로 보면 160만 표가 훌쩍 넘는 민심은 어디로 갈까. 또한 집값 폭등으로 오른 세금 고지서를 받은 국민은 과연 누구를 선택할까.

대선 판도 뒤흔들 집단 면역

COVID-19 백신 수급에 불안이 커지고 있다. 여기에 더해 국내에 도입되었거나 도입될 예정인 백신의 안전성 논란도 이어지고 있다. 하지만 정부는 백신 접종을 계획대로 하면 올해 11월까지 집단면역이 이뤄진다고 국민에게 밝혔다. 과연 내년 대선 3월 9일까지 집단면역은 가능한지 Q&A 형식으로 풀어보자.

Q: 미국 상황

A: 4월 19일 미국에선 전 국민의 39.5%가 적어도 1차 접종을 마쳤다. 조 바이든 대통령이 19일(현지시각) "미국의 모든 성인이라면 누구나 오늘부터 코로나 백신을 맞을 수 있다"고 선언했다. 집단 면역을 6월쯤 달성해 7·4일 독립기념일을 축제로 이끈다는 전략이다. 현재 인구 두 배에 달하는 6억 회 분의 백신을 확보해 놓고 있다. 더 나아가 백신의 효과를 보강하기 위한 추가 접종을

뜻하는 '부스터 샷'을 가을부터 하겠다며 더욱 백신 물량 확보에 나서고 있다. 백신접종 가속으로 프로야구 관중 100% 허용, 음식점, 엔터테이먼트 시설 등 영업 규제 완화가 이어져 미국 경기가 예상보다 빠르게 회복될 것으로 보인다. 국제통화기금(IMF)은 지난 6일 미국의 경제성장률 전망치를 6.4%로 지난 1월 전망치 5.1%보다 1.3% 올려 잡았다.

Q: 영국 상황

A: 세계 최초로 화이자가 개발한 백신을 승인한 국가다. 지난해 12월 8일 세계 최초로 백신 접종을 시작해 4월 19일 현재 48.51%, 고령자 95%가 적어도 1차 접종을 마쳤다. 신규 사망자와 확진자 수는 올해 1월 고점과 비교할 때 각각 95%, 90% 이상 감소했다. 12일 부터는 봉쇄 조치 완화를 통해 상점, 미용실, 체육관, 야외 술집과 식당 등의 영업을 재개했고 내달 17일부터 국외여행을 허용하는 국외여행 지침을 발표했다. 또한 모든 영국인에게 1주일에 두 차례씩 무료로 신속 진단검사를 제공한다고 밝혔다. IMF가 전망한 경제 성장률 전망치는 5.3%로 이전 전망치 4.5%보다 0.8% 상향조정 됐다.

Q: 이스라엘 상황

A: 인구 대비 백신 보급 속도가 가장 빠르다. 4월 19일 현재 61.89%가 적어도 1차 접종을 마쳐 세계 1위다. 다음달 23일부터 접종받은 외국인 단체 관광객 입국을 재개할 방침이다. 군부대를 대상으로 집단면역 실험을 위해 야외 훈련때 마스크를 착용하지 않기로 했다. 폐쇄됐던 상업시설과 공공시설의 문을 다시 열었고

백신 그린패스를 시행해 스포츠·종교·호텔 분야가 활기를 띄고 있다. 시내 곳곳에서 마스크를 벗고 축제를 즐기고 있다. 초·중·고 수업은 완전 정상화됐으며 내달에는 12~15세 청소년 접종도 시작한다. 지난 15일 73주년 독립기념일을 맞아 시민 수만 명이 마스크를 벗고 텔아비브 거리와 해변에 몰려나왔다.

Q: 칠레 상황

A: 4월 19일 기준 40.46%로 접종률 세계 3위 수준이다. 하지만 접종 시작 후 확진자가 3배로 급증했다. 중국 백신을 1회 접종한 후 섣부르게 봉쇄를 완화한 게 문제였다. 중국 백신 1회 접종 효과는 16%, 2회 접종 효과는 67%로 나타났다. 접종을 시작하자마자 1월부터 상업 시설, 체육관, 극장 등 정상 영업에 들어가자 마스크를 쓰지 않는 사람들로 넘쳐났다. 엎친데 덮쳐 여름 휴가철을 맞아 관광객도 몰렸다. 보건 당국은 부랴부랴 방역을 강화하고 국경을 다시 폐쇄했지만 이미 20~30대 젊은 층 감염이 급증한 상태였다. 칠레는 코로나 백신 접종이 방역조치를 대체하는 게 아니라는 것을 보여주는 사례다.

Q: IMF 권고

A: 포스트 코로나 시대의 경제회복을 위한 핵심은 백신보급이다. 백신 공급이 많고 접종률이 높은 선진국들이 경제회복을 주도한다. 반면 접종률이 낮은 개발도상국과 일부 아시아 국가는 오랜 기간 코로나 확산 방지에 집중하면서 경제회복이 더뎌질 것이라는 우려가 현실로 다가오고 있다. 집단면역이 늦어질 경우 경제회복의 속도는 더뎌져 재정 부양책 효과도 떨어진다. 델타변이

가 확대되어도 거리두기와 손 위생, 환기 등을 해야 한다. 예방 접종과 방역조치가 동시에 유지되어야 효과가 있다고 권고하고 있다.

Q: 백신 격차

A: 개발 국가가 먼저 공급받겠다는 선점 논리를 내세워 국가 간 백신격차는 더 벌어지는 모양새다. 전 세계 백신 생산량은 11억 4200만여 도즈 수순으로 추산된다. 미국과 중국을 포함한 강대국이 개발과 생산·유통을 독점하고 있다. 미국·영국·EU·중국·인도 등 5곳에서 전 세계 백신 87%를 생산하고 있다. 자국 내 생산 백신 수출량은 미국 2억 3800만 도즈로 1%가 조금 넘는 300만 도즈, EU는 7000만 도즈로 36%, 중국은 1억 6600만 도즈로 50%를 수출하고 있다. 선진국은 화이자 백신 73.4%, 모더나의 97.1%를 독점했다. 반면 후진국은 스푸트니크V를 69.5%, 중국 시노팜 백신을 56.22% 구매했다.

Q: 백신 전쟁

A: 미국은 화이자와 모더나를 앞세워 백신 패권전쟁에서 앞서 나가고 있다. 영국은 아스트라제네카, 러시아는 스푸트니크V, 중국은 시노팜 백신, 코로나 백신을 중동, 아프리카 37개국에 기증하고 70여개국과 공급계획을 맺는 백신 외교전을 펼치고 있다. 백신 전쟁의 피해는 결국 약소국에 돌아간다. 국력과 자본을 앞세운 선진국이 백신을 싹쓸이 해가고 있기 때문이다. 전 세계적으로 과학은 승리했지만 국제적 공조는 실패한 것이 백신이다. 유럽에서도 영국과 EU간 백신 전쟁으로 비화됐다. 백신의 핵심은

유효성과 안정성, 생산과 물량 확보다. 어느 국가가 국민의 생명과 건강을 지키고 경제활동을 재개할 것인가를 두고 치열한 백신 패권경쟁은 이미 진행 중이다.

Q: 백신 확보 실패

A: 백신은 과학이다. 과학적 사고가 부족했다. 안정성을 따지기 전에 코로나 사태의 유일한 해결책은 백신에 의한 집단면역 밖에 없다는 것을 선진국은 미리 알고 있었다. 청와대 정책실 주관 백신회의에서 백신도입 오판(誤判)과 비전문가로 구성된 참모들의 무지(無知)가 빚어낸 결과다. 실패한 원인으로 K-방역 성공 도취, 안정성, 저가입찰, 공무원 책임회피, 국내 치료제 과신 등 일일이 나열하지 않겠다. 가장 안타까운 것은 위기 때마다 리더가 보이지 않는다는 것이다. 미국의 바이든 대통령, 이스라엘 네타냐후 총리, 싱가포르 리센룽 총리는 직접 최전선(最前線)에서 회의를 주재하고 백신확보를 위해 진두지휘(陣頭指揮)하고 있다. 늦어도 내년 초에는 국내 백신이 나올 수 있을 것이라는 소식이 들린다. 하지만 작년에 국내 치료제가 나오면 해결된다고 믿었던 실수를 반복해서는 안 된다.

Q: 해법

A: 백신 접종이 시작된 지 21일로 55일을 맞았다. 전체 국민의 2.7% 정도다. 이는 정부가 계약한 전체 물량에 비해 공급이 절대 부족하기 때문이다. 앞으로 상황도 불투명하다. 한국은 현재 126개국 중 92위권 수준이다. 우리나라는 백신 확보에서 세계 경제 규모 10위에 걸맞은 역량을 발휘 하지 못하고 있다. 정부는 5대 백

신을 골고루 계약했다고 했지만 수급상황이 불투명해 전 국민 접종률 70%, 11월 집단면역이 가능할지 의문이다. 그렇다면 어떻게 백신을 확보할 수 있을까.

첫째, 백신 수급에 대한 국민 불안 해소다. 백신은 심리다. 정부가 백신 계약 상황과 수급계획, 연령대별로 언제쯤 접종할 수 있는지 정확한 정보를 투명하게 밝혀야 한다. 전 국민에게 문자로 언제쯤 백신을 맞을 수 있는지 정보를 알려줘야 한다. 매주 백신 공급에 따라 달라지는 백신 접종 정보를 안내해 줘야 한다. '백신 AI 접종 알림 앱'을 통해 해결할 수 있다.

둘째, 정책은 정직하고 투명해야 한다. 백신은 정치가 아니라 과학이다. 핑계를 대지 말고 솔직히 전후 사정을 밝히면 국민은 이해한다. 정부가 백신 계약에 대한 정보를 낱낱이 국민에게 공개해야 하는 이유다. 외신을 통해 접하는 무작위 정보에 국민은 혼란스럽다. AZ나 얀센 백신의 혈전증 문제에 신뢰도가 떨어지고 있는 게 현실이다. 가짜 뉴스를 차단하고 신뢰할 수 있는 정보를 정부가 앞장서 제공해야 수급과 수용도 잡아 집단면역을 형성할 수 있다. 모더나 빈셀 사장과 영상 통화까지 했는데 미국부터 제공하겠다고 해서 어쩔 수 없다는 식으로 해명한다면 정부에 대한 신뢰가 떨어진다.

셋째, 국민에게 선택권을 줘야 한다. 백신 확보 실패에 대해 왜 국민이 피해를 봐야 하나. 지금은 비상 상황이다. 유럽에서도 러시아 백신 승인여부가 5월에 결론이 나온다. 식약청은 중국·러시아 백신을 입수해 사전 승인 절차를 밟아야 한다. 화이자, 모더나를 공급받기는 현실적으로 어려움이 많은 게 사실이기 때문이다. 정부의 역할은 다양한 백신을 들여와 국민에게 백신 접종 선택권을 줘야 한다. 백신 개발국 대사는 각국의 코로나 대처 상황과 백신 정보를 입수해 정부에 보고해야 한다.

넷째, 방역 및 접종체계를 혁신해야 한다. 거리두기 방역체계도 현실에 맞게 변혁해야 한다. 접종도 일괄적 65세 이상 등이 아니라 병행 접종 즉, 노약자와 공동 생활하는 가족이 접종되어야 효과가 있다. 획일적인 접종 방식이 아니리 유연성을 갖고 현장에 맞게 바꿔야 한다. 영국은 1주일에 두 차례씩 무료로 신속 진단 검사를 제공하고 있는데 우리도 실시하는 것은 어떨까.

다섯째, 변이 바이러스에 확산에 대비해야 한다. 기존 코로나19에 비해 전파력이 더 강한 변이 바이러스의 지역사회 전파가 급속도로 확산될 수 있다. 벌써 일본은 변이 바이러스가 광범위 하게 전파되어 애를 먹고 있다. 국외에서 입국하는 외국인의 자가 격리를 강화해 외부인과의 접촉을 원천 차단해야 한다. 변이 바이러스의 가장 큰 문제는 전파력이 2배 이상 지속력이 강하며 치사율이 높다는 점이다. 구체적으로 살펴보면 변이 바이러스 N501Y는 감염력이 높고, E484K는 백신효과가 떨어진다.

여섯째, 백신 3년 수급 계획을 세워야 한다. 화이자와 모더나는 내년 이후 생산능력은 올해와 비슷한 40억 회 분이다. 선제적으로 미리 백신 확보에 나서야 한다. 지금 당장도 중요하지만 내년 이후 백신을 계약한다면 백신 스와프 가능성도 높아질 수 있다. 벌써 선진국 제약 회사들은 변이 바이러스 백신개발에 나서고 있는 상황이다. 도입 계약을 서둘러야 한다.

일곱째, 백신 국내 위탁생산이다. 외교·경제적 협상을 통해 국외 백신 생산기술을 습득해야 한다. 전략물자 반도체와 배터리 보유국 한국의 위상을 활용한다면 백신 수급에서 뒤엉킨 문제를 풀 수 있다.

여덟째, '백신 확보 TF단' 출범이다. 국외 인적 네크워크가 막강한 전 유엔 사무총장을 백신 수급 단장으로 임명하고 재계와 최고의 민간 전문가, 학계 교수들을 총동원해 '민간 백신 확보 TF'를 가동해야 한다.

마지막으로, 국민 여론을 헤아려야 한다. 지난해 총선에서는 마스크 파동을 겪었지만 대다수 국민은 코로나를 극복하기 위해 정부에 힘을 실어 주었다. 결과는 180석의 거대 여당이 탄생했다. 하지만 불과 1년 만에 국민의 민심은 180도 달라졌다. 지금 선진국은 마스크를 벗고 경제가 회복되고 있다. 11개월 앞으로 다가온 대선에서도 마스크를 쓰고 거리두기를 하며 투표를 한다면 국민은 어떤 선택을 할까. (내외통신 2021. 04. 21.)

중·장년층 민심을 잡아라

급격한 노인 인구 증가에 따라 2024년 치매 인구는 100만 명을 훌쩍 넘을 것으로 예측하고 있다. 치매는 더 이상 개인의 문제만으로 여길 수 없는 상황에 직면해 있다. 대선판도에서 중·장년층 표심을 얻을 수 있는 'AI 치매예방 시스템 구축' 해법을 Q&A 형식으로 풀어보자.

Q: 통계

A: 2020년 노인 인구가 813만 명 중 치매 환자가 약 84만 명으로 10.33%를 차지한다. 10명 중에 1명꼴로 치매를 앓고 있는 셈이다. 85세 이상인 경우에는 35%로 3명 당 1명꼴이다. 65세 이상에서는 남성보다 여성이 훨씬 더 치매를 많이 겪고 있다. 여성이 62.3%, 남성이 37.7%다. 치매는 환자 가족의 고통이 54.8%로 가장 크고 치료 대안이 26.4%로 위협적인 질병이다. 치매 환자 수는 20년마다 두 배로 나타나는 경향이 있다. 2040년에는 168만 명이 예상됨에 따라 가족까지 포함하면 1,000만 명이 돌봄 치매에 매달려야 하는 상황이 벌어진다.

Q: 비용

A: 의료비 지출 부담이 34.3%로 가장 높다. 2018년 치매 관리 비용이 15조 3천억 원으로 GDP의 0.8% 정도였지만 올해 예산은 20조가 넘을 것이다. 2050년은 134조 8천억 원으로 GDP의 3.8%를 차지할 것이다. 2018년 노인 부부 가족 소득 평균은 3,915만 원인데 치매 관리 비용이 2,042만 원 정도가 든다. 노인 부부 평균 소득 대비 약 52.5%가 치매 관리 비용으로 지출되고 있다. 상당히 많은 부담을 가질 수밖에 없는 상황이다.

Q: 건망증과 치매 차이

A: 행동한 것을 기억하고 있는 건망증은 노화에 의한 건망증이다. 행동한 것 자체를 기억하지 못하는 건망증은 인지증에 의한 건

망증이다. 기본적으로 기억력 장애는 유사하지만 일상적인 생활에 방해가 되느냐에 따라 구별된다. 건망증 같은 경우는 쉽게 회복이 되기 때문에 일상 생활하는데 크게 무리가 없다. 하지만 치매는 정상적으로 생활하던 사람이 기억 자체를 잃고 두 가지 이상의 인지 기능 장애가 생겨 일상생활에 상당한 지장이 있는 상태를 말한다.

Q: 우울증과 인지증 차이

A: 우울증은 오전 중에 증상이 나타나고 인지증은 오후부터 밤까지 증상이 나타난다. 우울증은 자신의 증상을 자각하지만 인지증은 자각할 수 없다. 우울증은 일상생활에 지장을 주지 않지만 인지증은 일상생활에 지장이 많다. 우울증은 뇌에 이상이 없지만 인지증은 뇌에 이상이 있다.

Q: 퇴행성 신경질환

A: 신경계의 한 부분 혹은 여러 부분에서 서서히 끊임없이 진행하는 신경세포 사멸로 인한 병을 통칭한다. 알츠하이머는 뇌에서 발병하는 퇴행성 뇌질환으로 주로 인지기능 장애를 일으켜 치매의 주요 요인으로 70%를 차지한다. 진행성 인지기능 장애로 알츠하이머병, 루이치매, 전두측두치매, 피질기지 퇴행증이 있다. 진행성 운동실조는 파키슨병, 근력저하 및 근 위축은 루게릭병 등이 있다.

Q: 인지증

A: 인지증은 병의 증상으로 지적 능력이 정상적인 수준 이하로 떨어져 일상생활에 장애를 동반한다. 이상행동증상(BPSD, Behavio

-ral and Psychological Symptoms of Dementia)을 수반한다. 지적능력(사고, 계산)저하, 마음(흥분, 불면, 환각, 망상)과 행동(배회, 폭력) 장애, 일상생활(식사, 목욕, 화장실, 환복능력) 저하, 신체(보행, 몸 떨림, 언어) 장애가 나타난다.

알츠하이머병은 뇌가 위축되고 뇌세포에 유해한 단백질인 아밀로이드 베타가 침착되어 뇌의 신경전달 체계가 망가져서 생긴다. 알츠하이머병 유병률은 65세부터 5년 단위로 2배로 늘어난다. 실제로 고령 사회에서 가장 우려되는 질병은 바로 알츠하이머병이다. 혈관성 인지증은 뇌혈관 손상에 의해 발병하는데 주로 젊은 층에 나타나며 20%를 차지한다. 레비(루이) 소체형 인지증은 뇌의 신경세포 속에 레비 소체(작은 원형의 단백질이 모인 것)가 생겨 뇌의 기능에 장애가 발병하며 파킨슨병과 비슷한 증세를 보인다.

Q: 예방 수칙

A: 예방수칙 3·3·3은 3권(勸) 3금(禁) 3행(行)이다. 운동은 일주일 3번 이상 땀나게 걸어야 한다. 식사는 생선과 채소를 골고루 섭취해야 한다. 부지런히 읽고 쓰기를 해서 뇌에 어떤 자극을 주는 활동을 하면 도움이 된다. 술을 적게 마시고 담배를 피우지 않고, 머리를 다치지 않게 하는 게 가장 중요하다. 정기적 검진을 통해 혈압, 혈당, 콜레스테롤을 체크해야 한다. 가족 친구들과 자주 연락하고 만나서 즐겁게 살아야 한다. 매년 보건소에서 치매 조기 검진을 받아야 한다.

Q: 치료

A: 알츠하이머병과 레비, 소체형 인지증 그리고 전두측두형 인지증은 치료가 어렵다. 알츠하이머병은 갑자기 발병하지 않고 점진적으로 뇌에 장애가 진행되어 생기는 병이다. 간병으로 증상을 개선하거나 진행을 늦추는 것이 가능하다. 약보다는 간병이 중요하다. 과거에는 원예, 독서, 서예, 주산 등을 활용했으나 최근에는 디지털 치료제를 통해 뇌 활성화에 도움을 주고 있다. 비약물 요법으로는 레크레이션, 음악, 예술, 운동, 애니멀 테라피 등이 있다.

Q: 진단

A: 치매는 아직 근본적 치료제가 없다. 길게는 10여 년 이상에 걸쳐 병세가 악화되기 때문이다. 조기에 찾아내 발병 속도를 늦추는 게 최선이다. 하지만 뇌 영상촬영, 척수액 검사 등 현재의 진단 방식은 대부분 치매 증상이 나타난 뒤에야 진단이 가능하다. 뇌 영상의 경우 회당 200만 원 이상 비용이 든다. 치매 증세 정도가 나타난다는 것은 뇌 3분의 1 정도 뇌세포가 죽었다는 의미다. 최근 들어 혈액으로 치매를 조기 진단하는 기술이 개발되고 있으며 망막을 촬영해 베타아밀로이드 단백질이 빛 파장에 미세하게 바뀌는 현상을 감지해 치매 진단에 성공했다고 학술지에 실린바 있다. 최근 미국 제약사는 알츠하이머 치료제 '도나네맙'의 임상 2상 시험에서 치매환자의 증상 진행을 32% 늦추는데 성공했다고 밝혔다.

Q: 간병

A: 환자의 생활환경 등을 가급적 바꾸지 말아야 한다. 생활의 리듬

을 개선하고 주위의 도움을 받아 가사나 일을 계속하게 해야 한다. 웃는 얼굴로 즐겁게 생활하는 환경을 만들어야 한다. 환자를 한 사람의 인간으로서 존경하는 마음을 갖고 대해야 한다. 환자의 입장에서 이해하고 환자를 잘 관찰해야 한다. 발병 이전의 환자의 생활을 파악해야 한다. 증상은 사람마다 각각이기 때문이다. 서두르지 않고 듣기 좋게 말하고 불안을 덜어줘야 한다. 인지증의 고지는 환자의 성격과 주위 상황을 고려해 신중하게 해야 한다. 진단 결과를 일방적으로 알리는 것은 삼가야 한다.

Q: 경도인지장애(輕度認知障礙, Mild Cognitive Impairment)

A: 인지기능 장애는 있지만 사회생활에는 큰 지장이 없는 장애다. 동일 연령대에 비해서 인지기능이 조금 저하되어 치매 판정을 받지는 않았지만 인지 기능이 상당히 떨어진 경우다. 경도인지장애는 184만 4천 명으로 전체 인구 중 유병률이 22.69%에 이른다. 이 수치는 그냥 방치했을 경우에 치매로 넘어갈 가능성이 굉장히 높다는 의미다. 경도인지장애 노인을 어떻게 치매로 연결시키지 않을 것이냐가 사회적 문제다.

Q: 초고령 사회

A: 유엔은 만65세 이상 비율이 7% 이상이면 고령화 사회, 14% 이상이면 고령사회, 20% 이상이면 초고령 사회로 분류하고 있다. 우리나라는 2000년에 노인 인구비율 7%를 넘어 고령화 사회, 2014년에는 14%로 고령사회에 진입했다. 고령화 사회에서 초고령 사회로 진입하는데 일본 36년, 미국 94년, 독일 77년이나 걸렸다. 하지만 한국은 2025년이면 초고령 사회에 진입하게 된다. 우리

나라는 2045년 되면 세계적으로 가장 고령 인구가 많은 나라가 된다.

Q: 해법

A: 우리는 고령사회에 대비하고 건강하고 품위 있는 노후 생활을 꿈꾸는 사회를 만들어야 한다. 치매가 있어도 살기 좋은 지역을 만들어야 한다. 그렇다면 차기 대선에서 중·장년층 표심을 잡을 'AI 치매예방 시스템' 구축을 어떻게 해야 할까.

첫째, 치매 인력 확충이다. 2020년 7월 기준 치매안심센터 운영 인력이 충족한 센터 수는 전국 256곳 중 10.9%인 28곳에 불과하다. 인력 기준은 치매관리법 시행규칙에 근거한다. 시행 규칙에는 간호사, 1급 사회복지사, 작업치료사, 임상심리사를 각각 1명 이상 두고 다만 보건복지부장관이 필요하다고 인정하는 경우에는 그렇지 않다고 명시되어 있다. 전국 치매 안심센터에 인지재활지도사를 파견하면 인력부족도 해소된다.

둘째, 치매안심센터 역할 재정립이다. 치매는 예방이 중요한데 센터별 실적 경쟁에만 치우쳐 전문성은 갖추지 않은 상태에서 무분별한 조기 검진으로 치매환자만 양산하는 실정이다. 검사실적 평가 방식을 바꿔 본래 목적인 국가 돌봄 서비스가 정착되고 치매 예방에 집중해야 한다.

셋째, 조기검진보다 예방이 중요하다. 치매안심센터에서 무증상 고령자 대상 무작위 조기 검진이 이뤄지고 있다. 치매를 진단하는 것이 아니라 인지기능에 이상이 있는 환자를 선별해 정밀 진단을 받도록 하고 있다. 불특정 다수를 대상으로 인지기능을 검사하고 치매 의심자는 병원에 의뢰해 혈액검사, 뇌파, MRI 등을 시행하고 있다. 문제는 조기 검진 이후 과정이 더 중요하다. 발굴 치료가 아닌 예방에 중점을 두고 AI·BigData와 ICT 기술을 활용한 AI 디지털 치료제(치매예방프로그램) 확산에 집중해야 한다.

넷째, 양질의 일자리 창출이다. 현재의 치매국가책임제는 공공 중심 정책의 실행만을 내용으로 하고 있다. 치매 예방과 같은 사회서비스 복지 정책은 민간의 협조를 받아야 성공할 수 있다. 공공 중심으로 하면 서비스 범위와 접근성이 떨어지기 때문이다. 양질의 일자리 창출을 위해서는 치매환자 진단과 예방 및 돌봄까지 커버하는 '인지재활지도사' 30만 명 육성은 6개월 내 가능하다.

다섯째, 초고령 사회에 대비해 노인 연령을 조정해야 한다. 우리나라 노인들이 생각하는 노인의 연령은 평균 72.5세로 현재노인 기준 65세와 차이가 매우 크다. 노인 연령기준을 상향하려면 단계적으로 해야 하기에 시간이 걸린다. 노인 연령 기준 상황은 더 이상 미룰 사안이 아니다.

여섯째, 비대면 사회에 자택 예방서비스 제공이다. 코로나19 사태로 인해 치매환자 입장에서 치매안심센터를 방문할 수 없어 상당히 많은 어려움에 봉착해 있다. 복지관이나 경로당 등이 정상적으로 운영되지 않다보니 활동량이 굉장히 줄어들어 치매가 더 심화되는 부작용이 발생하고 있다. 비대면 인지재활프로그램을 활용해 뇌에 자극을 주어 뇌 활동을 활성화 시킬 수 있도록 인지재활지도사 방문 서비스가 필요하다.

일곱째, '치매조기 진단과 예방 정부 AI 시스템 구축'이 시급하다.

전국 보건소와 치매안심 센터를 묶어 치매진단 빅데이터를 수집 분석해 활용해야 한다. 대상자별 맞춤형 치매예방 프로그램 서비스를 제공해야 한다. 서비스의 이용자인 환자들이 생활하는 지역사회의 상황에 맞게 유연한 지침을 마련해 각 지역 특성에 맞는 시스템을 운영할 수 있도록 지원해야 한다. 또한 치매안심센터와 치매 안심병원을 포함한 지역 사회 내 치매 유관기관 간의 네트워크 구축을 통해 상호 상생할 수 있도록 원활하게 조정해야 한다.

여덟째, 세밀한 추진 계획이 필요하다. 정책 방향이 맞더라도 성과를 내지 못하면 당초의 정책 취지와 목표를 달성하지 못하게 된다. 정책 추진에 앞서 좀 더 촘촘한 계획을 세워 추진해야 한다. 포스트 코로나 시대 과감한 발상 전환과 창의력으로 치매 예방 사업에 전력을 쏟아야 한다.

마지막으로, '치매관리청(가칭)'을 설립해야 한다. 질병관리본부처럼 치매관리본부를 만들어 향후 치매 대책을 세우고 실행하는 것이 필요하다. 그래야 치매 극복을 위한 지원이나 돌봄이 강화되어 치매 환자와 가족들이 안심하고 편안하게 살 수 있는 치매 걱정 없는 세상이 실현된다. (경기매일 2021. 04. 20.)

03

정권 교체
vs
정권 재창출

쇄신 경쟁

특단의 국정 쇄신책 내놔야

국민 신뢰가 흔들리고 있다. 민심이 심상치 않다. 민심이반은 레임덕과 직결된다. 부동산 값 폭등, 고용 참사, 코로나 경제위기, LH 사건에 이어 정책실장 사태는 민심이반을 가속화하고 있다. 민심이 등을 돌리고 있어 온 힘을 경제 살리기에 쏟아 부어도 모자랄 판에 정부는 LH 수렁에 빠졌다. 뿔난 민심을 잠재울 해법을 Q&A 형식으로 풀어보자.

Q: 상황

A: 내로남불 김 정책실장 쇼크는 선거판을 단숨에 흔들었다. 4·7선거 후보를 대상으로 한 여론조사에서 야권 후보가 절대 우세한 것으로 나타나며 정부·여당 선거 전략에 비상등이 켜졌다. 임기가 1년 채 남지 않은 시점에서 대통령 지지율이 30%대로 굳어지고 여권 콘크리트 지지층인 40대도 돌아서고 있는 모양새다.

Q: 위기

A: 공정이라는 민심의 역린을 건드려 자칫 부동산 적폐 청산 추진 동력마저 떨어뜨릴 수 있다. 연이은 정책실패로 인해 이렇다 할 성과 없는 게 위기를 초래했다. 성공한 정부의 전제조건이나 다름없는 국민의 신뢰가 흔들리고 있는 것이 가장 큰 위기다. 민심을 얻지 못하고서는 국가와 사회의 개혁을 달성할 수 없다. 국민은 정책 실패에 대한 진솔한 반성과 성찰을 기대하고 있다. 요동치는 민심을 돌리지 못하면 국정 동력은 떨어진다. LH 여파가 내년 대선까지 이어진다면 정권 재창출은 물거품이 될 수 있다.

Q: 잔인한 4월

A: 4·7 선거 결과에 따라 정국이 요동칠 것이다. 만약 여권이 패한다면 레임덕은 현실화된다. 북한의 잇단 미사일 발사로 압박을 높이고 있어 한반도 정세의 분수령이 될 전망이다. 4·15 태양절을 맞아 대미 압박 수위를 더욱 높이기 위해 추가 도발할 가능성이 높다. 미국 바이든 행정부의 북한 압박 또는 협상 등 새로운 대북 정책을 내놓을 것으로 보인다. 미·중 패권 다툼 속 북·중 밀착이 한반도 평화 프로세스에 영향을 미친다. 4·21일 '김복동 사건' 선고에 따라 한·일 관계가 중대한 기로에 서게 된다. 미국의 한·일 관계 개선 압박에 대비해야 한다.

Q: 문제점

A: 국민은 부동산 정책 실패로 집값을 폭등시킨 책임자를 모아놓고 반부패정책협의회에서 공직기강 다잡기에 나선 것을 보여주기라고 인식한다. LH 사태를 책임질 국토부 장관, 무리한 궤변으로 계속 부동산 정책을 발표한 경제부총리 등이 참석한 회의

에서 무슨 새로운 해법이 나오겠는가. 유체이탈·갈라치기로 부동산 적폐 프레임 전환을 꾀하고 있지만 여론은 싸늘하다. 일자리도 집도 없는 청년·서민은 절망감에 빠졌고 중도는 배신감을 느끼고 있다. 정부정책에 불신을 더욱 키우는 요인이 됐다.

Q: 필요성

A: 포괄적이고 혁신적인 쇄신책을 강구하지 않고서는 악화되는 민심을 덮을 수 있을지 미지수다. 국민 대다수가 전형적인 내로남불이라고 분노하고 있다. 하지만 위기를 헤쳐 나갈 컨트롤타워는 작동하지 않고 흔들리는 민심을 안정시킬 리더십도 보이지 않는다. 성난 민심이 어디로 향하겠는가. 민심을 수습하기 위한 방안 찾기에 골몰해야 하는 이유다.

Q: 해법

A: 집권 5년차를 맞아 당·정·청이 총체적 난국을 맞고 있다. 난국을 타개할 뾰족한 수는 무엇일까.

첫째, 청와대 혁신이다. 문 대통령은 그동안 추진한 핵심 국정 과제를 정리하고 실질적인 성과를 내야하는 집권 5년 차에 정책 신뢰와 불공정 문제에 직면했다. 무너진 신뢰를 다시 회복하려면 국정 전반에 쇄신책을 내놓아야 한다. 정책실패로 민심 이반이 확산되는 상황에서 청와대가 앞장서 쇄신하지 않고서는 국정 운영의 동력을 확보하기란 불가능하다. 무능·무책임한 참모와 국무위원 인적개편을 통해 남은 임기동안 성과를 어떻게 내겠다는 국정구상을 소상히 밝혀야 한다. 현장 방문 같은 이벤트성 보여주기가 아니라 어려워진 경제 살리기와 돌아선 민심을 다독이겠다는 의지를 보여줘야 한다. 국정운영의 동력은 민심에서 나온다.

둘째, 인적쇄신이다. 인적쇄신은 타이밍이 중요하다. 정책실패 논란으로 흔들리는 국정동력을 다잡기 위한 인적쇄신 카드를 꺼내야 한다. 떠난 정책실장만 이슈가 되고 있다. 새로운 실장이 스포트라이트를 받아야 되는데 아무도 관심 없다. 회전문 인사는 실패한 정책기조를 그대로 가겠다는 의미를 알기 때문이다. 존재감 없는 일부 장관이 자리를 지키는 것은 정권에 부담만 줄 뿐이다. 성과가 없으면 즉시 물러나는 게 도리다. 개각은 성과를 최우선 순위에 놓고 정책에 디테일을 입혀 조기에 성과를 낼 수 있는 현장 전문가를 중용해야 한다. 임기 초반의 감동적 인사가 없어진지 오래다. 국민에게 감동을 주는 내각 개편이 이뤄져야 한다. 코드인사와 회전문 인사를 되풀이한다면 민심은 새로운 대안을 찾게 된다.

셋째, 정책 성과다. 정책실패는 정책 성과로 덮으면 된다. 정책실패로 국정의 동력이 떨어지면 그 피해는 고스란히 국민에 돌아온다는 게 문제다. 국민이 원하는 것은 실패한 정책을 전환해 성과를 내라는 것이다. 부동산 성과를 내기 위해서는 정책실패를 인정하고 3기 신도시는 취소해 민심을 달래야 한다. 전수조사를 통해 투기세력을 뿌리 뽑아야 국민이 납득할 수 있다. 범정부 수사 인력을 2,000명으로 늘리는 게 중요한 게 아니라 수사결과가 중요하다. 차명거래와 내부 정보를 악용하지 못하도록 봉쇄하는 대책을 마련해야 한다. 또한 일자리 창출은 '180일 일자리 창출 Jobs Korea 만들기 프로젝트'로 한국판 뉴딜은 추진 체계와 일하는 방식을 혁신해야 성과를 낼 수 있다. 6개월 내에 부동산·일자리·한국판 뉴딜 성과에 정권의 운명이 걸렸다.

넷째, 국회가 달라져야 한다. 지금까지는 당은 청와대 지시만 떨어지면 일사불란하게 움직였다. 국민 눈높이를 외면한지 오래됐다. 의석 수만 믿고 강경 지지층만 보고 가겠다는 오만한 행태를 보였다. 결국 입법 폭주로 인해 중도가 돌아서기 시작해 민심은 야권 우세로 역전됐다.

마지막으로, 분위기 전환이다. 개혁의지를 분명하게 보여주려면 분위기를 쇄신해야 한다. 4·7 선거 결과를 보고 국정·인적 쇄신을 한다면 늦다. 무엇보다 대폭적인 분위기 쇄신책으로 국정의 동력을 되살리는 것이 중요하다. 지금보다 지지율이 더 떨어지게 되면 정책을 집행할 동력을 잃게 된다. 국정 쇄신의 골든아워는 얼마 남지 않았다. AI 시대 세계는 빨리 변한다. 저만치 앞서가는 AI 선진국에 뒤처지지 않으려면 이념을 떠나 정책에서 성과를 내야 한다. AI 강국 도약, 제조업 르네상스, 한국판 뉴딜 정책은 정권 교체에 관계없이 꾸준히 추진되어야 한국경제는 발전한다. AI 시대에 맞는 AI 정부가 되어야 성과를 낼 수 있다.

(경기매일 2021. 03. 30.)

이제는 쇄신 경쟁

대선 전초전으로 불리던 4·7 선거는 여권의 참패로 막을 내렸다. 이번 선거는 문재인 정부와 민주당이 심판받은 선거다. 정책실패와 내로남불에 분노한 민심은 정권심판을 택했다. 11개월 남은 차기 대선까지 여야의 쇄신경쟁이 본격화됐다. 쇄신 결과에 따라 정권 교체냐 정권재창출이냐 결정될 것이다. 쇄신 해법을 Q&A 형식으로 풀어보자.

Q: 쇄신

A: 쇄신이란 나쁜 폐단이나 묵은 것을 버리고 새롭게 한다는 것이다. 쇄신은 주로 한 조직의 사람이나 조직 구성을 새롭게 하는 것을 이른다. 정책기조의 변화를 위해 구성원이나 조직 운영방식에 변화를 준다는 의미다. 비슷한 의미로 기존의 제도나 습관 등을 새롭게 한다는 혁신(革新)이 있다.

Q: 애매모호

A: 이번 선거는 말 그대로 철저한 정권심판 선거였다. 낙제점 성적표를 받은 당·정·청의 최근 발언을 종합해보면 부동산·일자리를 포함 대부분 정책을 변함없이 밀어 붙이겠다는 의지가 비쳐진다. 매번 그랬듯이 이번에도 국민의 요구 실현이라는 애매모호한 표현을 썼다. 국정운영과 정책기조를 바꾸지 않으면서 국민의 질책을 받아들인다는 게 과연 무슨 뜻일까. 국민은 정치인보다 현명하다.

Q: 필요성

A: 지난 4년간 일련의 정책실패에 대해 선거 직후 실시한 '문 정부의 후반기 국정운영 방향에 대해 어떻게 생각하나'라는 여론조사에서 응답자의 86%가 국정운영 방향 일부 또는 전면 수정이 필요하다고 밝혔다. 이제 유권자의 관심은 차기 대선을 향한다. 패자도 승자도 쇄신과 혁신만이 살 길이다. 쇄신경쟁에서 우위를 차지하는 진영이 승자가 될 것이다.

Q: 인적 쇄신

A: 국정 쇄신의 핵심은 인적쇄신이다. 인적쇄신의 목표는 그저 장관 몇 명 교체하고, 회전문 인사로 돌려막는 것이 아니라 국정 쇄신을 전제로 해야 하는 것이다. 지금까지 인사는 정치적 이해관계나 친분에 따라 발탁되는 폐쇄적 인사였다. 한마디로 그들만의 리그였다. 현장을 모르고 전문성도 부족했기에 성과를 내지 못했다. 그렇다면 기업은 어떨까. 능력에 따라 인재를 발탁한다. 내편이 아니라 오로지 성과가 기준이 된다. 미래 지향적 경영철학을 갖춘 리더가 앞장서 지속적으로 쇄신을 이끌기 때문에 글로벌 시장을 공략할 수 있는 것이다.

Q: 쇄신 경쟁

A: 선거란 본질적으로 현 정권을 평가하는 것이다. 집권 여당이 잘하면 야당이 이길 방법은 없다. 이것이 집권 여당 프리미엄이다. 하지만 역대 선거결과를 분석해보면 여당의 자책골로 야당이 승리하는 경우가 대부분이었다. 이번 선거도 마찬가지다. 왜 참패했는지 참회하지 못하면 내년 대선, 지방선거, 2024년 총선까지 참패할 가능성이 높다. 지금까지 여권이 4연승 했지만 이번 선

거를 계기로 앞으로 야권이 4연승 할 수도 있다. 여야는 쇄신경쟁의 출발선에 서있다. 차기 대선은 여야 누가 먼저 쇄신·혁신하느냐에 따라 승패가 갈릴 것이다. 말로만 하는 사과(謝過)나 성찰(省察)은 더 이상 먹히지 않는다. 그렇다면 어떻게 쇄신해야 국민의 마음을 얻을 수 있을까.

첫째, 국정 쇄신이다. 문 대통령은 앞으로 국정운영을 어떻게 할지 직접 밝혀야 한다. 청와대를 포함 대대적 인적쇄신 없이 미봉책에 그친다면 또 하나의 정치 이벤트로 비칠 것이다. 어떻게 쇄신의 모습을 보여주느냐가 중요하다. 혁신과 변화된 모습을 보이고 국민과 어떻게 호흡하고 소통하느냐에 달려있다. 국민의 눈높이에 맞는 특단의 쇄신책을 내놔야 한다.

둘째, 정책 성과다. 대선 일정을 고려해 1년 내에 정책 성과를 내야한다. 집값 안정과 양질의 일자리 창출이라는 성과만이라도 내야 한다. 대통령이 언급한 경제회복, 민생안정을 위해서라도 꼭 필요하다. 성과 내는 해법은 이미 수차례 제시한바 있다. 한국판 뉴딜에서 성과를 내려면 컨트롤타워 정책실장이 방향을 잡고 과기부 장관이 과제를 추진하고 당에서 법안을 뒷받침해주는 3각 편대 구축으로 협력해야 가능하다. 현재의 차관급 추진 체재를 성과 낼 수 있는 Agile 조직으로 변혁해야 한다. 현장에 답이 있다.

셋째, 민생법안이다. 국회에서는 국민의 먹고사는 문제와 직결되는 생활 입법에 대해 성과를 내야 한다. 그동안 추진했던 입법 방향이 맞더라도 국민 생활에 악영향을 끼친다면 개정해야 한다. 살아있는 민심에 맞는 '먹고사니즘' 입법이 중요하다.

넷째, 국민의 마음을 얻어야 한다. 국민이 촛불을 들었지만 정권이 바뀌어도 해먹을 자(者)들은 다 해먹는구나 생각하고 있다. 국민의 요구를 듣지 않는다면 횃불을 들어 심판할 수 있음을 깨달아야 한다. 국민은 불의(不義)를 참을 수 있지만 불이익(不利益)은 참지 못한다. 집값이 오른 것은 정책이 잘못된 탓이라는 인식이 강하다. 공시지가가 올라 세금을 더 내는 것이 상식적이지 않다는 게 바닥 민심이다. 6월, 9월, 12월, 3차례 부동산 관련 세금을 낸 후 치러지는 대선은 누가 유리할까. 세금정치(稅金政治)에 대한 고민이 필요한 이유다. 정치는 생물이다. 1년 후 과연 민심이 어떻게 달라질까.

다섯째, 레임덕 걱정이다. 대통령 레임덕의 가속화냐 국정장악이냐 갈림길에 선 셈이다. 레임덕은 막는다고 오지 않는 것이 아니다. 밀리면 레임이 오고 밀어 붙이면 안 올까. 강경파의 주장대로 개혁이 미비해서 졌다는 식으로 가면 다 망하는 길이다. 오기(傲氣)정치는 더 이상 안 통한다. 민심이 원하는 대로 하면 레임덕은 오지 않는다. 국민이 원하는 정책에 선택과 집중해 성과 내면 레임덕은 올 수가 없다. 지난 4년간 정책실패 기조를 밀어 붙인다면 어떻게 될까.

여섯째, 세대별 맞춤 정책이다. 이대남이 돌아선 이유에 해답이 있다. 20대는 젠더 갈등이 지역갈등보다 더 관심이 크다. 진영논리가 아니라 정책이 미치는 이해득실을 따진다. 일자리 참사와 부동산 문제는 전 세대에 영향을 끼친다. 공정과 정의, 상식이 통하는 사회를 만들어야 한다.

일곱째, 코로나 백신 확보다. 4차 유행이 코앞이다. 방역과 백신 정책이 동시에 꼬인 상황이다. 당면한 위기와 혼선을 수렴하고 특단의 대책을 제시해야 한다. 지난해 백신 확보 전략 판단 미스에 있던 인사들은 자진해서 그만둬야 한다. 지금은 위기상황이다. 백신 추가 확보에 사활을 걸어야 한다. 기업의 도움이 절실한 시기다. 백신 선진국의 여유분인 화이자·모더나 등 빌려오고 나중에 갚으면 된다. 세계는 반도체 패권전쟁 중이다. AI 시대 미래 먹거리는 AI 반도체다. 반도체는 한국경제를 위해 양보할 수 없다. 반도체 전쟁의 키를 쥐고 있는 삼성의 국외 인적 네트워크를 통해 백신 수급에 뛰어 들게 환경을 조성해줘야 한다. 삼성의 경영진 사면을 통해 백신을 확보하도록 기회를 주는 것이 어떨까.

마지막으로, 국민의 준엄한 심판은 국정 전환할 마지막 기회를 준 것이다. 과감한 인적쇄신과 정책전환의 실천은 대통령의 몫이다. 문 정권은 차기 대선까지 결코 달라지지 않을 거라 믿는 국민이 많은 게 현실이다. 우려스럽다. 국민은 더 이상 실패한 대통령을 보고 싶지 않다. 상상을 뛰어 넘는 창의적인 국정 쇄신책으로 성공한 대통령이 되기를 기대한다.　(경기매일. 2021. 04. 11.)

국정 쇄신 해법 제시

문재인 대통령은 "국민의 질책을 엄중히 받아들이고, 더욱 낮은 자세로 국정에 임하겠다. 코로나 극복, 민생 안정, 부동산 부패 청산에 매진하겠다"고 했다. 민주당 지도부는 일괄 사퇴했다. 국정 쇄신책을 Q&A 형식으로 풀어보자.

Q: Naeronambul

A: 미국 일간지 NYT가 참패원인을 '내로남불' 키워드로 뽑았다. If they do it, it's a romance, if others do it, they can it an extramarital affair.(내가 하면 로맨스, 남이 하면 불륜)이라고 해석했다. 금수저 (Gold-Spoon) 엘리트와 흙수저(Dirt-Spoon) 계층의 불공정에 대해 2030은 분노하고 있다고 전했다.

Q: 참패

A: 4·15 총선 180석 대박이 4·7 보궐선거 쪽박 참패로 돌변하는 데 채 1년이 걸리지 않았다. 여권에서 참패의 진짜 원인을 지적하는 사람이 없다. 참패 원인은 구구절절하게 나열할 필요도 없다. 지난 4년 동안 국정운영에서 보인 무능, 독선, 오만, 위선, 남 탓에 대한 심판이었다. 한마디로 이번 선거는 민주당 후보를 심판한 것이 아니라 지난 4년을 심판한 것이다. 그렇기 때문에 참패는 예견된 일이다.

Q: 착각

A: 4차 지원금, 가덕도 공항 등을 내세웠지만 먹히지 않았다. 너무 안이하다. 바닥 민심을 오독(誤讀)하면 참패로 이어진다는 것을

보여주는 선거였다. 분노한 민심에 샤이·집콕 진보 지지층은 없다. 가정을 잘못하니 결과가 맞겠는가. 문 대통령은 가덕도 신공항 예정지를 둘러보며 "가슴이 뛴다"고 했다. 하지만 부산시민의 표심은 62.67% vs 34.42%로 냉정했다.

Q: 민심

A: 민심은 천심(天心)이다. 세간에는 이번 서울시장은 박 때문에 오, 부산시장은 오 때문에 박이 됐다고 한다. 선거에 표출된 민심을 제대로 해석해야 한다. 정책 실패에 대한 엉뚱한 처방을 바로잡으라는 것이 민심이다. 그런데도 정부는 정책 실패를 인정하려 하지 않고 기존 정책 기조를 유지하겠다고 밝히고 있다. 방안은 정책 입안자를 바꾸면 된다. 새로운 전문가가 국민이 원하는 정책을 추진하면 된다. 새 술은 새 부대에 담는 법이다. 남은 임기 동안 민심을 역행하면 어떻게 될까.

Q: 해법

A: 첫째, 반성과 참회다. 참패한 당일 당·정·청 지도부는 총사퇴로 국민에게 사과하고 책임지는 모습을 보여줘야 했다. 당·정·청 원팀이 국민에게 고개 숙여 사과하는 사진 한 컷이 필요했다. 대통령도 국민 앞에 정식으로 나와 국민의 질책을 엄중히 받아들이고 정책 성과를 내기 위해 매진하겠다고 말하는 게 짧은 문장보다 훨씬 좋았을 것이다.

둘째, 인적쇄신이다. 청와대가 먼저 혁신해야 한다. 대통령을 보좌하는 참모들의 책임이 크다. 참모들은 전원 사퇴해 분위기를 쇄신해야 마땅한데도 책임지고 물러나겠다는 참모가 한 명도 없다는 현실이 더 어이없다. 그냥 내 자리만 보전하겠다고 하는 참모하고 안정적 국정 운영이 가능할까. 임기 1년이 남았는데도 이러니 퇴임 후 무척 외로울 것 같다. 정책 실패에 대해 책임지는 모습을 보여주는 것은 고사하고 무능을 넘어 비겁하다. 내각 개편이다. 원래 예정되어 있던 장수 장관뿐만 아니라 성과를 내지 못하고 자리만 지키는 장관들은 전부 바꿔야 한다. 지역안배, 여성비율, 안정적 마무리를 따질 때가 아니다. 최우선적으로 고려해야 할 것은 성과를 낼수 있느냐 없느냐다. 국정동력을 회복하기 위해서는 새로운 개혁적 인물을 내세워야 한다. 이번에 제대로 된 쇄신 인사란 평가 받기를 바란다. 민주당은 환골탈태(換骨奪胎)해야 한다. 지도부는 일괄 사퇴했지만 정착 쇄신을 위한 움직임이 없다는 게 문제다. 벌써 차기 당권을 놓고 계파 간 물밑 대결 조짐이 보인다. 이 와중에 밥그릇 싸움하는 것으로 비쳐지고 있다. 쇄신한다는 시늉에 그친다면 결과는 불을 보듯 뻔하다. 국민의힘 초선의원 56명은 "우리가 잘해서 이긴 선거가 아니라는 것을 잘 알고 있다"고 정확한 진단을 내리고 구태에서 벗어나야 한다고 선언했다.

셋째, 정책 성과다. 늦어도 연말이면 정국이 차기 대선국면으로 넘어간다. 남은 시간은 1년 밖에 남지 않았다. 선거에서 드러난 국민의 뜻에 맞게 정책기조를 전환해야 한다. 단기간에 성과를 낼 수 있는 프로젝트에 선택과 집중해야 한다. 180일 100만 개 일자리 창출 프로젝트를 추진해야 한다.

넷째, 기업의 기(氣)를 살려줘야 한다. 지금 세계는 반도체 패권

다툼 중이다. 자칫 머뭇거린다면 한국경제의 주력 수출품 반도체가 위협받을 수 있다. 기업 총수가 타이밍에 맞게 투자 결정을 할 수 있어야 한다. 미국 백악관에서 반도체 회의를 한다고 삼성을 초대했다. 비즈니스는 Give and Take다. 반도체 투자와 백신을 Deal 한다면 어떨까. 역사를 돌이켜보면 올림픽 유치를 위해 대기업이 나선 사례는 얼마든지 있다. 백신 수급이 불안정한데 삼성에게 기회를 주는 것은 어떨까.

마지막으로, 민심잡기다. 성난 민심을 다독거려주고 달래야 한다. 민심이 들끓는 엄중한 상황에서 대통령이 내놓은 쇄신이 미봉책으로 그친다면 국민은 더 이상 기대를 접을 것이다. 민심을 외면하는 대통령은 반드시 실패한다는 것이 역사적 교훈이다. 당·정·청의 쇄신된 모습을 보여주지 않는다면 떠난 민심은 심판의 날을 기다릴 것이다. 맛없다고 소문난 식당은 아예 업종 전환해 간판을 바꿔야지 메뉴만 바꿔서는 떠난 손님은 돌아오지 않는다. (경기매일 2021. 04. 11.)

정책 성과

정책은 성과로 말한다

디지털 트랜스포메이션 시대 생존 경쟁 와중에 불어 닥친 코로나19 여파로 한국 경제에 비상등이 켜졌다. 코로나 확산 저지와 함께 민생을 지키고 경제를 살리는 일이 중요하다. 그러기 위해선 정책에서 성과를 내어야 한다. 2021년 한국 경제가 침체를 딛고 회복하느냐, 계속 침체의 늪에서 허우적거리느냐의 갈림길에 선 시점이다. 경제를 살리려면 정책에서 성과를 내야 한다. Q&A 형식으로 해법을 풀어보자.

Q: 한국경제 역동성이 너무 떨어졌다.

A: "우리 경제가 성장 동력을 잃고 기존의 수출 주력품에 의존하고 있다. 미래 먹거리를 확보하지 못했기 때문이다. 지금부터라도 AI 시대에 맞는 산업 구조로 변혁해 나가야 한다. 한국경제의 미래 먹거리는 AI+X 산업에 있다. 제조업 중심에서 AI 산업 위주로 전환해야 한다. 한국경제의 역동성과 활력을 되살리기 위

해서는 산업혁신을 해야만 한다."

Q: 현재 한국경제가 처한 상황은 위기다.

A: "CES2021 전시회에 출품된 제품의 트랜드를 살펴보면 AI 응용
분야가 압도적이다. AI는 우리 삶에 슬며시 녹아들어와 있다.
미래는 AI다. 한국경제는 미래를 준비해야 하는 절박한 생존 문
제에 직면해 있다."

Q: AI 한국경영 지도자편, 정책제언편을 한마디로 설명한다면.

A: "디지털 트랜스포메이션 시대 대한민국 사용 설명서, AI 시대
한국경영 지침서다."

Q: 누가 읽어야 하나.

A: "정책의 계절이 돌아왔다. AI 시대에 정치를 통해 사회에 기여
하고 봉사하는 모든 사람들에게 전범(典範)이 되고자 집필했다.
정책에 관심 있는 모든 사람이 꼭 읽어야 할 필독서다."

Q: 무엇을 제언했나.

A: "미래학자로서 AI 시대의 한국경영에 대한 해법과 나아갈 방향
및 비전을 제시했다. 국정 전반의 문제와 현실적 과제를 조목조
목 짚고 AI 전문가 시각으로 분석해 대안을 제안했다."

Q: AI 시대에는 무엇이 제일 중요한가.

A: "경제다. 경제는 일자리 창출과 직결된다. 일자리는 양질의 일
자리여야 한다. 양질의 일자리는 IT 산업과 AI 산업 융합에 있
다. 국민이 원하는 것은 안정된 좋은 일자리다."

Q: 정부의 일자리 정책에 대해 조언한다면.

A: "정부는 공공, 임시직 일자리 만들기에 중점을 두고 있다. 정책

방향을 전환해야 한다. 정부 역할은 일거리를 제공하는 것이다. 일거리와 일자리는 엄연히 다르다. 일자리는 기업이 만든다. 정부는 일거리를 발주하고 기업은 일자리를 만든다. 역할이 분담이 되어야 한다.”

Q: '한국판 뉴딜'의 성공 조건은.

A: “핵심은 '일자리 뉴딜'이 되어야 한다. 새로운 정책 발표는 그만해야 한다. 기존에 발표한 AI 강국 도약 전략을 디지털 뉴딜의 핵심으로 추진해야 한다. 정부와 지자체가 합심해 대형 프로젝트를 발주해야 한다.

Q: 일자리 창출 정책이 성과를 내려면 어떻게 해야 하나.

A: “역대 정부의 실패원인을 반면교사로 삼아야 한다. 5년마다 바뀌는 정권, 경제 환경 변화에 따라 달라지는 고용정책, 임기 내 가시적 성과를 내기 위한 조급성과 일관성 부족 등으로 일자리 정책의 실효성이 떨어지고 있는 게 현실이다.”

Q: 양질의 일자리를 창출하기 위해서는 무엇을 해야 하나.

A: “경쟁력을 갖고 있는 산업을 선택, 집중해야 한다. 글로벌 경쟁력이 있는 곳만 살아남는 시대다. 신사업에 투자할 수 있도록 과감히 규제를 걷어내고 M&A 시장도 열어줘야 선순환 프로세스가 작동한다. 기업의 기를 살려줘야 양질의 일자리가 창출된다.”

Q: 성공한 정책이란 무엇인가.

A: “정책은 성과를 내어야 한다. 방향이 옳다고 하더라도 성과를 내지 못한 정책은 소용없다. 정책 성공은 국민의 삶과 직결되기 때문이다.”

Q: 정책이 성과를 내려면 어떻게 해야 할까.

A: "국민과 기업의 협력이 필수다. 기업의 협력 없이는 성과를 내기 어렵다. 현장을 토대로 정책을 입안해야 한다. 문제의 답은 현장에 있다. 다양한 시각을 가져야 한다. 이해집단의 상충적인 가치들을 모두 반영해 이루어져야 하며 그 안에서 발생한 모순을 슬기롭게 조정해 협력을 끌어내야 한다. 철조한 분석과 근거 확보도 중요하다."

Q: AI 한국경영 지도자편에는 무엇을 담았나.

A: "정부 경제 정책에 대한 평가와 과제, 일자리 창출 해법, 디지털 트랜스포메이션 시대 IT 산업 전략을 실물 경제와 미래 산업 분야는 물론 국제 외교, 통일, 환경 등 국가 경영 전 분야에 걸쳐 AI 시대에 한국호(號)가 나아가야 할 방향을 제시했다."

Q: AI 한국경영 정책제언편이란.

A: "앞서 펴낸 AI 한국경영 지도자편의 후편이다. AI 시대에 대응해서 각 분야에 대한 정책 제언 110개를 정리했다. 포스트 코로나 시대의 경제부터 시작해 한국판 뉴딜 성공 조건, 일자리 창출, AI 산업, 미래 먹거리, 선도외교, 국가 균형 발전 부동산, 혁신 정책 등을 제언했다."

Q: AI 시대 한국경영 지도자의 조건은.

A: "경제, 일자리, 외교, 통합, 정책, 통일, 디지털 트랜스포메이션 시대를 이끌어갈 AI 리더가 절실하다."

정책 성과만이 살길

최근 한국이 이탈리아를 제치고 사상 최초로 1인당 국민총생산 (GNI) G7 국가가 됐다. AI 시대에 접어든 올해는 한국의 미래 100년 좌표를 설정하는 중요한 원년이 되어야 한다. 한국이 디지털 트랜스포메이션 시대에 세계를 선도하는 국가로 올라서려면 정책에서 성과를 내어야한다. 그렇다면 어떻게 해야 할까.

첫째, 코로나19 접종이다. 혁신적인 'K-접종 시스템'을 구축해야 한다. 드라이브 스루 접종 방식을 도입해서라도 접종 속도를 끌어올려야 한다. AI 시대는 데이터가 세상을 지배한다. 백신 접종 후 항체가 형성되는 모든 데이터를 수집해 공개하면 바이오 벤처 창업 분위기를 조성할 수 있다.

둘째, 부동산 시장 연착륙이다. 25번째 특단의 대책이 성공하려면 우선 토건세력 이익을 대변하는 탁상공론 대책은 걷어내어야 한다. 정부의 역할을 재정립하고 새로운 주택정책으로 전환해야 한다. 부동산은 심리다. 집값을 잡으려고 대책을 쏟아 낼 때마다 계속 올랐다. 부동산의 심리를 파악하지 못한 것이 집값 상승의 본질적 요인이다. 주택임대차보호법 시행에 따른 부작용을 해소하는 개정안이 필요하다. 법 개정이 필요 없는 분양원가공개를 시행해야 한다. 분양가 상한제, 후 분양제를 도입하면 집값은 연착륙된다. 주택 관련 각종 경제지표가 위험하다. GDP 대비 가계부채 비율은 101.1%, 가계대출은 약 1600조 원으로 세계 최고 수준이다. 집값 폭락에 대비해 다양한 대책을 준비해야 한다.

셋째, 경제 활성화를 촉진하는 일자리 정책이 필요하다. 경제 활력의 원동력은 일자리 창출이다. 일자리는 한국경제를 활성화시키는 역할을 한다. 하지만 지난해 취업자는 외환위기 이후 최대 폭으로 감소했고 실업자는 역대 최대를 기록했다. 재원을 많이 투입해 일회성 알바 만들기에 집중했기 때문이다. 민간 투자를 유도해 기업이 양질의 일자리를 창출할 수 있도록 정책기조를 바꿔야 한다. 기업의 기(氣)를 살려줘야 양질의 일자리가 창출된다.

넷째, 한국판 뉴딜 성공이다. 성과를 내기 위해서는 중국판 뉴딜에서 배워야 한다. 중국은 AI 선도국가 목표를 위해 재정을 AI 산업에 집중 투입하고 있다. 중앙과 지방 정부가 합심해 성과를 내는 시스템이 작동하고 있다. 우리도 정부와 지자체가 합심하고 경쟁력을 갖고 있는 산업을 선택해 집중해야 한다. 글로벌 경쟁력이 있는 곳만 살아남는 시대다. AI 관련 산업에 투자할 수 있도록 규제를 과감히 걷어내야 한다.

다섯째, AI 벤처 붐 조성이다. 중국은 하루 평균 22,000개가 창업되고 있다. 코로나19 사태에도 창업이 더 늘어나는 이유는 정부의 일관된 창업정책 때문이다. 장기적 관점에서 지원하는 정부의 창업시스템이 성과를 내는 핵심 이유로 꼽힌다. 한국은 새로운 정권이 들어설 때마다 정책을 바꾼다. 중국은 지난해 벤처 기업이 대학생 49만 명을 포함해 약 450만 명의 고용창출한 것으로 집계됐다. 우리도 AI 벤처 붐을 조성해 청년 일자리 문제를 해결해야 한다.

여섯째, 기업 협력이 필수다. 기업의 협력 없이는 성과를 내기 어렵다. 현장을 토대로 정책을 입안해야 한다. 문제의 답은 현장에 있다. 정책을 추진할 때는 다양한 시각을 가져야 한다. 우리 기업이 잘 할 수 있는 산업 분야는 기초기술이 아니라 융합분야다. IT와 AI 융합 산업에 투자가 이루어지도록 기업하기 좋은 환경을 조성해야 한다.

마지막으로, 정책의 컨트롤타워의 리더십 부재다. 지난 4년 동안 수많은 정책이 입안되고 추진됐지만 눈에 띄는 성과는 찾아보기 힘들다. 설익은 정책 추진에 그 누구도 책임을 지지 않았다. 현장을 모르고 전문성도 부족했다. 이미 학문적 이론과 연구, 실패사례가 많은데도 외면하고 이념으로 정책을 결정했다. 단기적인 사고로 조급하게 우격다짐으로 밀어붙이기에 부작용이 발생했다. 성과를 내기 위해서는 인적교체와 추진 조직을 단순화해야 한다. 앞으로 1년은 정책 성과를 낼 수 있는 골든아워다. 코로나19 극복과 AI 벤처 붐 조성으로 일자리 창출과 경제 활성화라는 두 마리 토끼를 잡아야 한다. 지금이 위기를 기회로 만들 때다. (내외통신 2021. 01. 31.)

04

AI·DX 리더

포스트 코로나 시대 리더

리더의 자질

　바야흐로 대통령 선거의 계절이 본격적으로 시작될 전망이다. 대통령은 국민이 직접 뽑는다. 국민은 대통령을 선출할 권리를 갖고 있을 뿐만 아니라 훌륭한 대통령을 선출해야 하는 막중한 의무도 갖고 있다. 그렇기 때문에 우리는 대통령의 무능과 독선을 비판하기 전에 어떤 대통령을 선출해야 하는가 깊이 생각해야 한다. 대통령이 실패하면 궁극적으로 그 책임은 국민 자신에게 있다. 왜냐하면 무능한 대통령을 선출한 사람은 바로 국민 자신이기 때문이다.

　대통령을 잘 못 선택하면 임기까지 그 피해를 고스란히 국민이 입는다. 그렇기 때문에 자질을 갖춘 대통령을 선출하는 것이 무엇보다 중요하다.

　그런데 제대로 된 대통령을 선출하기는 굉장히 어렵다. 왜냐하면 대통령이 되는데 필요한 자질과 대통령이 된 후에 국정운영에 필요한 자질은 다르기 때문이다. 대통령이 되기 위해서는 정당 내의 후보 경선을 거친 후 본선에서 이겨야 한다. 이런 일련의 과정에서 필요한 자질은 무엇보다 대통령이 되고야 말겠다는 정치적 야심과 집념, 필요한 자금과 조직을 동원할 수 있는 능력, 상대방을 패배시킬 수 있는 승부 본성 등이 필수 조건이다. 한마디로 당내 기반이 탄탄해야 하고, 정책비전보다 경쟁의식이 더욱 강해야 하며, 전 국민의 통합보다 당내 지지가 더 중요하게 작동된다.

여기에 더해 일반 유권자들은 후보의 과거 경력과 외모를 중요시한다. 가령 지연, 학연, 과거 경력에 대해서는 중시하면서도 앞으로 대통령으로 국정운영에 필요한 자질을 갖추었는지에 대해서는 유심히 살피지 않는 경향이 많다.

포스트 코로나 시대에 변화될 글로벌 새로운 국제 질서 체제에 필요한 관리능력과 한국경제 미래 먹거리 확보 등은 생각하지 않고 있다는 것이다.

대통령은 과거의 공적에 대한 보상이 아니라 대한민국 미래를 책임지는 자리다. 국민은 AI 시대 대통령이 해야 할 과제가 무엇인지 그러한 일들을 하기 위해 필요한 자질은 무엇인지에 대해 생각해야만 한다.

현재 대통령이 되려는 사람들의 면면과 그들의 언행을 듣고 보면 국가 당면과제 해결에 대한 구체적인 방안과 미래 비전이 부족하다. 오직 권력을 잡기 위해 정파적 진영과 지역에 기반한 정치 공학적 계산만 하고 있다. 이들은 앞다투어 공정과 정의, 복지확대, 경제회복, 국민통합 등을 말하지만 실현 방안이 없는 구호에 머물러 있다.

지금까지 여야는 일관된 정치적 입장과 정책을 가지고 국민들의 선택을 받는 것이 아니라 오로지 표를 얻기 위해서 전력을 쏟아왔다. 정권 재창출을 하려는 정부여당은 친문만으로는 안 되니 외연을 확장하기 위해 중도를 잡아야 한다고 한다. 반면에 정권 교체를 외치는 야당은 분열하면 안 되니 통합해야 한다고 외친다. 그렇지만 국민들은 자기들의 이익을 쫓아 정치놀음에 골몰하는 그들을 더 이상 지지하지 않을 것이다. 많은 국민들 저변에는 AI 시대에 걸맞은 새로운 제3세력이 등장해 세상을 바꾸어 주기를 염원하고 있는지도 모른다.

차기 대선에서 선출될 대통령은 코로나19 종식, 경제회복, 일자리 창출과 경제성장, 저 출산과 고령화, 양극화와 빈부격차 해소, AI 혁명에 대응, 북핵 문제와 통일, 새로운 세계 질서에서의 국제외교, 주변 4대 강국 관계 설정, 공정한 사회 등 그 어느 시기보다 국가의 운명을 좌우할 중차대한 과제들을 해결해야 할 책무를 가지게 된다. 그렇다면 대통령이 갖추어야 할 자질은 무엇일까.

첫째, 코로나19 극복과 경제회복을 할 수 있는 능력을 갖추어야 한다. 코로나19를 종식시키는 유일한 해법은 백신 접종이다. 향후 백신 확보를 어떻게 하느냐에 따라 대한민국 운명이 달려 있다. 백신 선진국들은 벌써 마스크를 벗고 코로나19 이전 일상생활로 돌아가고 있다. 경제도 V자 성장을 하고 일자리도 증가하고 있다. 전문 보건인력 양성과 신종 바이러스 감염증에 대한 대응 기술 개발 연구 지원 강화와 국제협력의 적극 참여로 선제적으로 대응하는 방역체계 구축이 시급하다. 포스트 코로나 시대는 백신 접종이 최고의 경제정책이다. 백신 확보가 많고 접종률이 높은 선진국들이 경제회복을 주도할 것이다. 백신 접종이 늦어질 경우 재정 부양책의 효과도 떨어져 경제 회복 속도는 더뎌진다. 부동산 폭등으로 좌절한 중산층과 서민, 청년의 손을 잡고 양극화를 해결해가는 자질이 필요하다.

둘째, 공정하고 정의로운 대한민국을 만드는 사명감이 있어야 한다. 국민 모두에게 기회는 평등하게 주어져야 하고 내로남불이 아닌 누구나 공정하다고 인정되는 사회 체제를 구축해야 한다. 구호만 공정이 아닌 일상생활 속의 공정을 실현해야 한다. 국민은 공정하고 정의로운 대한민국의 시대정신을 보여줄 새로운 리더십을 원하고 있다.

셋째, 헌법 제정의 철학 및 가치를 올바로 인식하고 지켜나가는 의지가 있어야 한다. 헌법에 의해 국민기본권이 침해당하고, 법을 이용한 불의가 많이 발생하고 있다. 대통령이 될 사람은 우리나라 헌법의 철학과 가치를 분명하게 이해해야 한다.

넷째, 도덕적이고 윤리적이며 품격이 있어야 한다. 한국 정치의 가장 큰 문제는 정치 지도자와 고위 공직자, 사회지도층의 내로남불이다. 절대 권력은 절대 부패한다. 대통령 및 측근들이 청렴하고 자기관리를 철저히 하며 언행에 올바름이 있어야 한다.

다섯째, 국민을 존경하는 마음 자세가 필요하다. 대한민국은 국민에 의한 정부다. 국민을 섬기고 국민의 뜻에 따르며 국민을 위한 정치를 해야 한다는 의미다. 위대한 지도자는 얼마나 오랫동안 권력을 잡고 있었느냐, 얼마나 많은 업적을 남겼느냐에 따라 결정되는 것이 아니다. 국민을 어떤 자세로 섬겼느냐, 존경했느냐, 사랑했느냐, 국민의 행복을 위해 무엇을 했느냐에 따라 결정되는 것이다. 또한 국민이 원하는 정책을 실현시키기 위해 얼마나 많은 노력 했는가, 진심으로 민생을 위해 무슨 정책을 실행하는가 그것이 무엇보다 중요하다.

여섯째, 국민통합을 이루겠다는 사명감이 있어야 한다. 국민통합은 모든 대통령들이 내세웠지만 누구도 성공하지 못한 과제다. 국민통합이란 갈등을 줄여 나가는 것을 말한다. 정부와 여당과 야당 모두 힘을 합쳐야 한다. 적폐청산은 마무리하고 이제는 통합의 리더십이 필요한 때다. 이념에 따라 좌, 우로 분열되고, 지역에 따라 동서로 쪼개진 국민 분열을 통합해야 한다. 세대와 계층 갈등을 어떻게 해결하느냐는 국론 통합과 관련해 중요한 부분이다.

일곱째, 의사소통과 공감 능력, 책임감이 필요하다. 국민 눈높이에 맞춰 호흡할 수 있는 지도자는 위대하다. 국민이 원하는 것을 정확히 알고 있다는 의미다. 대통령이 국민과 의사소통을 얼마나 격의 없이 효율적으로 하고 있는지가 중요하다. 청와대와 국회, 여당과 야당, 대통령과 국민 등 다양한 소통이 필요하다. 투명하면서 정확한 메시지 전달력을 갖춘 소통의 리더십이 필요하다. 대통령 또한 항상 국민과 소통하며 민심을 이해하고 국민이 원하는 것이 무엇인지 그들의 목소리에 귀를 기울여야 한다. 그것이 비록 자신을 비판하는 것일지라도 겸허히 받아들이는 자세가 필요하다. 대통령은 단순히 그에게 주어진 권한과 권력만을 사용하는 것이 아니라 그에 따른 결과에도 책임을 져야 한다. 대통령이란 직책은 행정부의 수장이자 우리나라 안보, 외교, 경제 등 사회 모든 분야의 총 관리자이자 책임자이다.

여덟째, 포용과 빠른 의사 결정할 수 있는 통찰력과 판단력이 있어야 한다. 코로나19와 같은 전대미문의 위기 상황에서는 포용의 리더십이 중요하다. 왜냐하면 걱정과 두려움이 팽배하고 불확실한 상황일수록 국민들은 지도자를 바라보고 의지하게 된다. 진정한 리더십은 위기 때 발휘된다. 포용의 리더는 혼자서 의사결정을 하지 않는다. 전문가들의 의견을 청취해 더 나은 의사결정을 한다. 자기와 반대되는 생각을 하고 있다고 해서 그 사람을 내칠 것이 아니라 포용하고 감싸줘야 한다. 때론 자신에게 좋은 말만 해주는 사람보다는 비판하는 사람이 더 필요할 때도 있다. 자신이 생각하지 못했던 부분과 바라보지 못했던 시각을 자신의 반대되는 사람으로부터 배우기 때문이다. 대통령은 의사결정을 빠르게 해야 한다. 골든타임을 놓칠 수 없기 때문이다. 급속하게 변화하는 상황을 파악하고 신속한 행동지침을 지시해야 한다.

아홉째, 한반도 평화 통일 추진능력이 있어야 한다. 진전이 없는 한반도 평화 프로세스를 실현할 역량이 필요하다. 구조화된 미·중 갈등 국면에서 한반도 평화를 이끌어내는 능력은 분단국가의 지도자가 반드시 갖추어야할 자질이다.

열 번째, 정치력과 인식능력이 있어야 한다. 대통령의 자질 중 정치력은 기본이다. 국민을 위한 정치 비전에 부응하는 정치력은 대통령이 갖추어야 할 역량이다. 수많은 보고와 정보의 홍수 속에서 옥석을 가려내는 인식능력이 필요하다.

열한 번째, 감성지능(Emotional Intelligent)이 있어야 한다. 대통령이 감성지능이 부족하면 국민은 답답하고 속 터진다. 현실과 괴리된 언행을 하기 때문이다. 국민의 아픔을 함께 아파하고 문제를 해결해야 한다. 대통령은 자기 정서를 관리하고 긍정적 방향으로 나가는 감성지능이 있어야 한다.

열두 번째, 디지털 트랜스포메이션 시대 국가시스템 안정 운영과 미래를 내다보는 혜안을 갖추고 있어야 한다. 세계는 빠르게 변하고 있다. AI 시대 기술의 발전에 따라 정치, 경제, 사회, 산업 등 전 분야에 혁명이 일어나고 있다. 산업 간 융합에 따라 일자리도 변화하고 있다. AI 혁명에 대응하기 위해 기술 트랜드 변화를 감지하는 역량이 필요하다. 4차 산업혁명이 대통령에게 요구하는 기본 능력은 과거와 전혀 다른 능력, 곧 상황맥락 인식능력, 빅데이터 활용능력, 시스템 기술 능력, 복잡한 문제 해결 능력이 필요하다.

마지막으로, 공정한 인사능력이다. 실패한 정부는 대부분 인사가 망사(亡事)가 됐다. 대통령은 적재적소에 탁월한 능력을 갖춘 전문가를 발탁하는 능력이 있어야 한다. 대통령은 임기 5년 동안 본인을 지지하거나 또는 반대하더라도 이것을 잘 조정하면서 오로지 국민들만 위해 헌신해야 한다.

국민은 대통령이 위기상황에서 신뢰할 수 있는 자질을 갖춰 지혜롭게 당면 문제를 해결해 나가고 미래를 준비해 나가는 리더를 기대하고 있다.

노자는 물이 우리에게 주는 일곱 가지 덕목인 수유칠덕(水有七德)을 주장했다. 낮은 곳을 찾아 흐르는 겸손, 막히면 돌아갈 줄 아는 지혜, 구정물도 받아주는 포용력, 어떤 그릇에나 담기는 융통성, 바위도 뚫는 끈기와 인내, 장엄한 폭포처럼 투신하는 용기, 유유히 바다를 이루는 대의를 말한다. AI 시대 대통령이 가져야 할 자질이다.

위기관리 리더 나와야

지금 세계는 백신 확보 전쟁 중이다. 미·중의 전략산업 패권다툼 틈바구니 속에서 국가나 기업이나 위기관리 리더가 필요하다. 자칫 리더가 오판(誤判)한다면 국가는 후진국으로 전락하고 기업은 존폐위기를 맞게 된다. 정부든 기업이든 위기에 대비해야 하는 필요성은 그 어느 때보다 높아지고 있다. 포스트 코로나 시대는 위기관리 리더십의 필요성을 Q&A 형식으로 풀어보자.

Q: 코로나 위기상황

A: 코로나19 사태는 방역·백신접종, 정치·경제·사회·산업·복지 등 다양한 분야에서 매우 복잡한 문제를 동시 다발적으로 해결해야 하는 긴박한 위기 상황이다. 이런 미증유(未曾有)의 위기 상황에서 리더에게 필요한 것은 '메타 리더십'이다. 리더는 메타선택을 해야 한다. 선택을 위한 선택을 메타 선택(Meta-Selection)이라고 한다. 리더의 중요한 역할은 올바른 결정을 내리기 위해 지혜로운 생각을 선택하는 것이다. 메타 선택에서는 메타 인지(Meta-Cognition)가 핵심이다. 메타 인지는 자신을 객관화하여 볼 수 있는 사고 능력이다. 쉽게 말해 내가 무엇을 알고, 또 무엇을 모르

는지에 대한 파악 능력이다.

Q: 과도기 위기상황

A: 차기 대선을 1년여 앞둔 지금 대한민국은 어디로 가고 있나. 정책 컨트롤타워 기능은 이미 마비되었다고 해도 과언이 아니다. 당·정·청은 정책 조율이 없이 우왕좌왕(右往左往)하고 있다. 더 나아가 백신 전쟁에서 내각을 진두지휘(陣頭指揮)할 국무총리, 부동산 가격 안정을 추진할 국토부 장관, 반도체 전쟁을 이끌 산자부 장관, 디지털 뉴딜 성과를 내야 할 주무부처 과기부 장관 등은 공석이다. 여당의 대표는 선거 중이며 비대위 체재로 운영되고 있다. 선거에서 민심의 준엄한 심판을 받았는데도 이렇게 헤맨다면 차기 대선은 어떻게 될까. 정책 실패로 인해 피해를 보는 것은 국민이다. 코로나19 위기를 극복하기 위해 지금 우리에게 필요한 리더십은 무엇인가.

Q: 위기관리 리더십 Crisis Management Leadership

A: 위기가 발생했을 때 위기관리 리더십이 절대적으로 요구된다. 위기관리 리더십의 진수(眞髓)는 위기 때 빛난다. 위기상황에서 위기관리 리더십이 어떻게 발휘되느냐에 따라 리더 능력이 평가된다. 위기관리 리더십의 핵심은 판단력(判斷力)이다. 위기 상황을 명확히 규정하고 극복하기 위한 해법을 찾아내는 전략적 판단력이 필요하다. 리더가 초점을 두어야 할 사안은 위기관리 비전을 우선 설정하고 전략적 운영 목표를 수립해 총괄적으로 조정하는 것이다. 그 다음 위기를 선포하고 인력과 물자에 대한 동원령을 내리는 것에 관한 소통 계획을 수립해야 한다. 위기를 극

복할 수 있도록 사전에 위기관리 대응 조직과 시뮬레이션을 통해 가장 적절한 방안을 찾아 추진해야 한다.

Q: 위기관리 리더 Crisis Management Leader

A: 위기 상황은 아무런 경고 없이 느닷없이 다가온다. 국가 리더나 기업의 총수나 위기관리 능력은 선택이 아닌 필수 조건이다. 리더의 능력이란 빠르고 합리적인 판단을 내리는 역량을 일컫는다. 리더는 아무도 못 본 것을 미리 내다봐야 한다. 유능한 리더는 사전 위기관리에 초점을 맞추고 전략적 관점에서 위기를 선제적으로 관리한다. 전략적 리더는 미래를 예측하고 상황을 파악해 바람직한 방향을 정한다. 코로나19 위기를 극복하기 위해서는 위기 관리자(Crisis Manager)가 아니라 위기 이후를 내다보고 폭넓게 대처할 수 있는 위기관리 리더(Crisis Leader)가 필요하다. 위기 관리자는 현재 문제 해결에 힘쓰지만 위기관리 리더는 미래를 준비한다. 최소 6개월 또는 1년 앞에 어떤 상황이 벌어질까 생각하고 대비한다. 메타 리더는 위기상황에 가장 적합한 리더다.

Q: 실패한 리더 vs 성공한 리더

A: 실패한 리더는 첫째, 남 탓만 하며 책임을 남에게 전가한다. 책임의식이 없고 문제가 생기면 남들에게 떠넘기는 성향을 갖고 있다. 둘째, 내로남불이다. 말과 행동이 따로 논다. 말만 앞서고 성과 없다는 유사점이 있다. 셋째, 자기편만 중시하는 계파정치를 한다. 내 사람만 쓰고 갈라치기에 능하다. 넷째, 위기상황이 발생하면 모습은 안보이고 유체이탈 화법을 쓰며 전면에 나서지

않는다. 마지막으로, 자화자찬(自畵自讚)에 빠져있다. 경제지표를 내세우지만 임기가 끝나면 국민 아무도 숫자를 기억하지 않는다. 반면 성공한 리더는 모든 국민들이 따를 만큼 유능(有能)하고, 다른 사람들이 더 훌륭한 결정을 내릴 수도 있다는 것을 알고 겸손하다. 세상의 변화로부터 배우고 끊임없이 학습한다는 공통점이 있다.

Q: 해법

A: 정부나 기업이 위기관리를 할 때 상황에 걸맞은 적절한 의사결정(Decision-Making)과 관련자들과 제대로 소통(Communication)하는 것이 중요하다. 위기상황을 통제하고 관리해 나가려면 리더가 나서야 한다. 정부는 국민의 생명과 안전, 기업에선 근로자가 최우선이다. 코로나19가 불러온 위기는 풀 스펙트럼(Full Spectrum, 전방위) 복잡성을 띄고 있다. 그렇다면 위기관리 리더는 어떻게 해야 할까.

첫째, 위기관리 원칙과 전략 수립이다. 위기관리의 원칙은 개관적이고 정직한 평가(Assess), 위기 확산을 신속하게 통제(Control), 위기 검토 및 대응책 개발(Review), 위기 본질을 이해(Identify)하는 순서로 진행하면 된다. 투명(Transparency), 신속(Speed), 역할과 책임(Role & Responsibility), 협조(Cooperation), 시계(視界, Visibility) 원칙을 지켜야 한다.

위기 상황에 걸맞은 선제적 리스크 대응(Pro-active Risk), 글로벌 균형 전략(Global Balancing Strategy)을 갖춰야 한다.

둘째, 위기관리 능력이다. 위기의 성격과 내용을 정확히 분석하고 진단해 최적의 대책을 강구해야 한다. 대응전략을 효율적으로 집행하기 위해 동맹국, 국제사회 공동 대처 체제를 조성하는 능력이 있어야 한다. 안정하고 일관성 있게 추진하는 위기관리 시스템을 사전 수립하고 운영을 통해 국민적 합의를 이끌어 낼 수 있는 강력한 리더십이 필요하다. 지속적인 성장을 위해 핵심역량으로 집단지성과 리더의 통찰력을 발휘하는 인지력, 위기를 기회로 전화하는 극복력(克服力), 혁신적 아이디어를 과감하고 민첩하게 실행하는 행동력(行動力)이 필요하다. 또한 상황을 인정(Acknowledge), 피해상황을 회복하기 위해 취할 구체적 행동(Action), 실수를 반복되지 않도록 어떻게 하겠다고 말하는(Avoid) 3A가 필요하다.

셋째, 리더와 관리자 역할분담(役割分擔)이다. 리더는 전략적 차원의 통합적 지시는 하지만 세부적인 결정이나 운영에 대해서는 현장 관리자에게 일임해야 한다. 리더는 멀리 봐야 한다. 당장 시급하게 부각하고 빠르게 양상이 변해가는 현장 문제에 리더가 매달리게 되면 그때그때 상황에 계속 끌려 다니게 된다. 리더는 위기를 준비하고 성실하게 대응하며 진행 상황을 투명하게 공개해야 한다. 현장에서 위기관리를 해야 할 담당자에게 각 부처의 책임자들이 똑같은 질문을 반복하기에 제대로 위기관리를 못하는 나쁜 관행은 없애야 한다.

넷째, 리질리언스다. 국가나 기업이나 미래를 결정 짓는 요소는 복원력이다. 리질리언스(Resilience)는 원래의 상태로 회복(Bounce Back)하는 수준을 넘어 위기 이전보다 더 전진(Bounce Forward)해

강한 경쟁력을 갖게 된다는 역동적인 의미다. 리질리언스에 강한 국가나 기업은 생존하고 발전한다.

다섯째, 협업이다. 정부 관련부처 간 위기상황에서 협업해야 한다는 합의가 없으면 위기관리는 실패하게 된다. 기업의 위기관리 조직 역시 통합된 지휘 체계와 공통된 목표 하에 서로 관점이 다른 부서들이 협력해야 한다. 평소 위기관리 시뮬레이션을 통해 어떻게 협업해야 하는지 매뉴얼이 있어야 한다. 동시 다발적으로 정보를 공유하는 훈련이 되어 있지 않으면 위기상황에서 서로가 어떻게 협업해야 하는지 몰라 좌충우돌(左衝右突)하기 십상이다.

여섯째, 훈련이다. 위기관리 훈련의 핵심은 사전 프로세스 훈련이다. 예상치 못한 위기가 발생했을 경우 빠르고 정확하게 대응할 수 있는 능력을 키우기 위해 사전 프로세스 훈련을 해야 한다. 지휘 체계와 협업 과정에 대한 훈련을 하고 그 중요성에 대한 마인드셋(Mindset)을 공유하는 것이 훈련의 요체다.

일곱째, 위기관리 대응 매뉴얼과 시스템 구축이다. 코로나19 사태 대응을 통해 얻은 노하우를 빅데이터로 분석해 활용해야 한다. 국제사회와 공조 거버넌스 구축이 필요하다. 코로나19로 인한 불평등 가속화와 취약계층을 위한 복지, 분배, 불평등을 정책적으로 해소해야 한다. 포스트 코로나 시대에 대응하기 위한 정부, 기업, 노조, 시민단체가 참여하는 새로운 거버넌스 구성이 요구된다.

마지막으로, 위기관리 플랜(Plan)이다. 위기관리 리더는 코로나19 위기 종식을 어떻게 단축시킬 것인지 세밀한 플랜을 밝혀야 한다. 시대를 불문하고 어느 국가나 기업이든 위기를 겪으면서 강해졌다. 지속적인 혁신이야말로 중요한 원동력이다. 변혁의 계기는 외부에서 오지만 개혁의 동력은 내부에서 나온다. 수명이 다한 정책과 추진방식은 전부 거둬내야 한다.

지난 4월 28일은 충무공 이순신 장군의 탄신 476주년이었다. 23전 23승을 이끌어 낸 이순신 장군은 병력·무기·식량 부족과 모함 등 악조건에서도 투명하고 공정한 일 처리, 거북선 건조, 새로운 전투전법 개발로 국가 존망의 위기에서 나라를 구한 위대한 위기관리 리더다. 이순신 장군의 위기관리 리더십을 본받는다면 코로나19 위기를 극복하고 'AI 강국'으로 우뚝 설 수 있다.

(내외통신 2021. 04. 29.)

AI 시대 뉴 리더

새 시대 뉴 리더

변화의 바람이 한국 정치판을 통째로 뒤흔들고 있다. 헌정 사상 첫 30대 야당 당수와 20대 대변인 등장으로 여당은 변화의 경쟁에서 뒤쫓는 처지가 됐다. 이젠 여야 누가 혁신하고 변화하느냐 경쟁의 막이 올랐다. 변화의 바람을 제대로 읽는 진영은 내년 대선에서 승리할 것으로 전망된다. 변화의 바람이 불어오는 것은 AI 시대 대한민국 미래를 위해서는 다행한 일이다. 국민들은 변화의 정치를 염원한다. 여야 구분 없이 쇄신 경쟁에서 밀린다면 그에 상응하는 대가를 치를 수밖에 없는 것이다.

첫째, 구태정치를 확 뜯어 엎으라는 요구다. 그동안 한국정치는 낡은 지역주의, 공천권을 앞세운 줄 세우기 계파정치, 당리당략(黨利黨略)을 위한 정쟁에 몰두하면서 기득권만 챙기고 국민과의 약속을 쉽게 저버리는 구태정치를 보여 온 게 사실이다. 계파정치를 청산하라는 것은 국민의 염원이다. 국정 발목만 잡는 낡은 구태 정치는 이제 설자리가 없다.

둘째, 변화와 쇄신이다. 변혁하라는 국민 요구를 외면한 채 독선적으로 국정 운영을 이어간다면 내년 대선에서 국민의 선택은 불 보듯 뻔하다. 국정 쇄신에 소홀히 하다가는 어떤 정치 세력이든 순식간에 시대의 뒷자리로 밀려날 수 있다는 국민의 엄중한 경고로 받아들여야 한다.

셋째, 세대교체다. 정치 구도는 좌우(左右)에서 신구(新舊)로 세대교체가 이루어질 것이다. 세대교체가 시대정신으로 확인됐다. 내년 대선에서도 젊음과 개혁이 주요 의제가 될 것이다. 내로남불의 대명사가 되어버린 586 정치세력에 대한 국민적 혐오와 염증이 젊은 세대를 내세운 것이다. 여야를 떠나 한국 정치를 근본적으로 바꾸는 정치교체에 나서라는 게 국민의 명령이다. 구태를 뛰어넘는 MZ 세대의 창의적인 생각이야말로 한국정치를 바꿀 강력한 무기다.

넷째, 위선 정치의 종말이다. 속임수 정치는 더 이상 먹히지 않는다. 화려한 구호보다 국민 삶에 도움이 되는 정치와 정책을 앞장서 이끌어 달라는 것이다. 민생을 보듬는 정책을 가지고 경쟁하는 정치구도를 만들어야 한다. 여야를 막론하고 민생을 최우선으로 하는 세력이 승리할 것이다.

마지막으로, 2030 세대와 중도 세력을 얻어야 승리할 수 있다. 여든 야든 MZ 세대와 중도의 마음을 사로잡아야 한다. 합리적 진보·보수를 표명한 강성 진보·보수와 거리를 두는 진영이 유리하다. 꼰대 진보냐 꼰대 보수냐의 프레임 대결이 될 것이다. 기득권 정당의 이미지를 떨쳐내지 못한다면 패배는 확실할 것이다. 혁신과 쇄신만이 중도의 마음을 잡을 수 있다. 쇄신하지 못하는 정당과 진영은 더 이상 미래가 없다. 내년 대선은 누가 더 빨리 누가 더 많이 혁신하느냐의 한판 대결이 될 것이다. 국민의 눈높이에 맞는 정치를 하면 대선에서 승리할 수 있다. 정권 교체든 재창출이든 대한민국은 발전해야 한다. 그렇다면 국민은 새로운 시대에 어떤 정치를 원하고 있을까.

첫째, '내로남로' '남불내불' 정치다. 지난 4년 간 진보적 가치를 표방해온 정부의 국정 운영 전반에서 '내로남불' 지적이 끊이지 않았다. 도덕적 우위를 강조했지만 행동은 반대였다. 뼈아픈 대목이다. 새로운 시대는 공정과 상식, 기회의 평등, 정의로운 정치를 표명해야 국민의 지지를 받을 수 있다.

둘째, 경제 성장이다. 소득 주도 성장은 패러다임 전환은커녕 오히려 산업화 시대의 국가 주도형 성장에 어울렸다고 해도 과언이 아니다. 과도한 시장개입으로 4차 산업혁명 시대보다는 산업화 시대에 맞는 정책이었다. AI 혁명 시대는 'AI 기술주도 성장'이 되어야 한다. 2030 세대가 원하는 미래 산업을 위한 기술 주도 성장할 수 있는 기반을 마련해야 한다.

셋째, 좋은 일자리 창출이다. 정부의 일자리 정책은 계속된 실패에서 벗어나야 한다. 정권이 바뀌어도 임시직 일자리 위주의 대책은 바뀐 게 없다. 청년 일자리 정책에도 획기적 변화가 없다. 일자리 정부를 표명한 정부도 다를 게 없다. 막대한 예산만 투입했지 양질의 일자리 창출의 성과는 없다. 새로운 시대 일자리 해법은 창출, 전환, 격차해소를 위한 패키지를 동시에 추진해야 한다.

넷째, 부동산 안정이다. 가격은 수요와 공급에 의해 결정된다. 정부의 부동산 정책은 실패했다. 부동산이 주거가 아니라 머니 게임으로 변질됐다. 부동산에 대한 철학부재, 뒷북 핀셋 규제 남발, 임대사업자 특혜와 정책 오판, 집을 선택하고 직을 버리는 공직자에 대한 배신감 등이 복합적으로 작용했기 때문이다. 새로운 시대는 2017년 이전 부동산 가격으로 연착륙시켜야 한다.

다섯째, 국가부채다. 현 정부 출범한 2017년 나라 빚 660조 원으로 되돌려야 한다. 기재부의 국가 재정운용 계획을 보면 올해 말에는 410조 원이 늘어난 1070조 원이 될 전망이다. 새로운 시대는 가뜩이나 일자리가 없어 힘든 청년세대의 어깨가 빚으로 으스러지게 하는 것은 멈춰야 한다.

여섯째, 새로운 복지제도다. 코로나19로 경제 재난 위기 상황이다. 가장 큰 피해자는 700만 명 자영업자다. 소상공인과 자영업자는 빚에 눌려 힘든 시간을 보내고 있다. 내수를 활성화 시켜야 자영업자를 살릴 수 있다. AI와 블록체인 기술을 활용해 재원 부담이 거의 없는 'K-행복소득'을 지급해야 한다. 정치권은 복지공방에서 벗어나 민생을 살리는 정책을 가지고 논쟁해야 한다.

마지막으로, 혁신과 미래 비전이다. 한국 정치의 지각변동은 이미 시작됐다. 민생을 보듬는 정책과 미래 비전을 놓고 경쟁하는 정치구도가 만들어져야 한다. 새 시대는 국민 앞에서 선의의 정책 경쟁을 펴는 정치가 되어야 한다. 변화를 요구하는 민심을 받드는 한국정치가 되기를 기대한다. 새 시대 정치는 '한강의 기적', 'IT 강국'을 뛰어 넘는 'AI 강국' 도약을 위한 변화의 바람에 올라타야 한다. (경기매일 2021. 06. 13.)

시대정신 맞춤형 리더

대선 국면이 다가오고 있다. 차기 대선주자들 사이에서 미래 화두를 선점하기 위한 경쟁이 시작됐다. 4·7 선거를 거치며 국민들 여론지형이 완전히 뒤바뀌었다. 민심이반이 극대화된 상황에서 포스트 코로나 시대 새로운 대한민국 비전을 보여주고 시대정신을 선점하는 진영이 승리할 것이다. 결국 승패는 경제정책 아젠다가 될 것이다. 해법을 Q&A 형식으로 풀어보자.

Q: 시대정신

A: 시대정신(Zeitgeist)이라는 용어는 1769년 독일의 철학자 J. G. 헤르더가 처음 사용했다. 괴테와 헤겔 등을 거쳐 19세기에는 역사학, 법학 등의 다양한 분야로 확산되어 현대적인 개념으로 정착됐다. 모든 시대엔 시대를 관통하는 주류적 가치가 존재한다. 시대정신은 한 시대의 정치, 경제, 사회, 문화 등 모든 영역을 대변하는 정신이나 이념 태도를 말한다. 한국에도 대통령의 자질 중 시대정신을 갖춘 후보를 선택하는 것이 국민들 사이에 자리잡았다.

Q: 역대 대선

A: 1992년 대선은 군사독재를 청산하고 문민정부를 세우라는 시대정신 위에서 김영삼 정부가 탄생했다. 1997년은 IMF 고초를 겪은 국민은 변화를 원했다. 김대중 후보는 준비된 대통령과 '경제를 살립시다'로 헌정 사상 최초로 정권 교체를 이뤄냈다. 2002년은 지역주의 극복, 행정수도를 제시해 노무현 후보가 승리했다.

2007년은 참여정부의 부동산 정책 실패로 민심이반이 극심한 상황이었다. 실천하는 경제 대통령 슬로건이 국민의 마음을 흔들어 이명박 후보가 압도적 표차로 당선됐다. 2012년은 경제 민주화와 복지국가 이슈를 선점해 박근혜 후보가 승리했다. 탄핵정국으로 치러진 2017년은 적폐청산과 공정·정의를 내세운 문재인 후보가 당선됐다.

Q: 국민 선택

A: 역대 선거도 그랬듯이 국민은 세계 변화와 국내 상황을 제대로 통찰하고 문제에 대한 해법을 제시하는 리더를 뽑을 것이다. 차기 지도자는 시대정신을 명확히 이해하고 실행력을 갖춘 리더여야 한다. 지금 지지율이 앞선다고 시대정신을 못 읽고 헛발질하면 순식간에 날아간다. 무엇이 국민이 가장 원하는 것이고 그것을 어떻게 달성할 것인가를 해결하는 후보를 선택할 것이다. AI 시대 한국경영을 하겠다면 최소한 각종 현안에 대한 해결책, 한국경제 미래 먹거리 확보에 대한 해법을 준비하고 나서야 한다. 지금부터라도 대선주자들은 시대정신을 구현할 스스로의 정책을 가지고 국민을 설득해야 한다.

Q: 차기 대선

A: 과연 무엇이 차기 대선 시대정신이 될 것인가. 급변하는 세계 경제 질서와 국내 경제 상황에 따라 달라질 수 있다. 무엇보다 중요한 것은 국민의 눈높이와 기대다. 무너진 공정·정의를 복원하고 경제를 살리는 것이야말로 오늘의 시대정신이 아닐까. 경제를 회복시키려면 코로나 종식이 필수다. 아무쪼록 여야를 막론

하고 대선주자들은 시대정신을 잡는 능력을 보여줘야 한다.

공정·정의

4년 전 시대정신이었던 공정·정의가 아직도 해결되지 않고 있다. 문재인 정부가 제시한 공정은 지금까지는 선택적 공정, 내로남불 공정이다. 말로만 공정이었지 실천적 공정이 이루어지지 않았기 때문이다. 최근 2년간 온라인 정치 분야에서 키워드를 빅데이터로 분석했더니 공정과 정의 비율이 67%로 가장 높았다. 최근 몇 년 간 올해의 사자성어를 보더라도 공명정대(公明正大), 언행일치(言行一致) 등이 선정된 것을 봐도 알 수 있다. 차기 대선에서 다시 한번 공정·정의라는 시대정신이 소환된다면 한국사회는 5년 동안 제자리가 아닌 후퇴하였음을 보여주는 것이다. 대권주자들은 사회구조와 경제를 어떻게 만들어야 공정할 수 있는지에 맞춰서 준비를 해야 한다. 차기 대선 시대정신은 보편적 공정·정의가 될 것이다.

경제 회복

백신 접종을 통한 집단면역 형성 없이 방역만으로는 코로나19 종식이 불가능하다. K-방역 선진국에서 백신 접종 후진국으로 전락한 데 대해 국민은 불안하다. 9월이 되면 선진국들은 집단면역으로 마스크 없이 일상생활을 회복하고 경제는 V자로 성장할 가능성이 높다. 백신 거지로 전락한 한국은 백신 확보가 발등에 불이 떨어진 상황이다. 정부는 미국에 SOS로 '백신 스와프'를 타진

했지만 미국 정부는 반중(反中) 전선 쿼드 우선 카드를 꺼내 들었다. 미국이 안보, 경제, 백신을 한 패키지로 묶고 있음이 명백해졌다. 늦었지만 국가 총 동원력을 내려서라도 백신 확보 전쟁에 뛰어들어야 한다. 경제회복은 백신 접종이 유일한 해법이기 때문이다. 차기 대선의 최대 이슈는 경제회복이다.

경제성장 화두

차기대선은 경제 성장이 화두가 되어야 한다. 대선주자들은 저성장 늪에서 벗어날 경제정책을 내놓아야 한다. 경제성장 화두는 경제 민주화, 복지국가 등이 아니다. 기술 주도로 지속적 성장이 되어야 한다. 국민소득 4만 달러를 달성하고, 코스피 10,000 시대를 열어야 한다. 그러기 위해서는 국민들 스스로 혁신적인 마인드와 자부심을 가져야 한다. 정부는 창직과 창업국가로 변혁해야 한다. 2022년 한국경제 주요 화두는 위기극복과 경제 회복이 될 전망이다. 잠재 성장률을 끌어 올릴 수 있는 경제정책을 집중 추진해야 한다. 초고령 사회를 대비해 뒤떨어지는 생산성, 노동의 유연성과 같은 구조적인 문제를 해결해야 한다. 기존에 편중된 수출 구조의 품목 다변화, AI 혁명 시대를 대비해 위기를 기회로 바꿔야 할 때다.

대권주자 이미지

살아있는 권력 수사로 공정·정의 이미지는 윤 전 검찰총장, 기본 시리즈로 복지와 평등의 가치 이미지는 이 경기지사가 각각 선점해 지지율 1~2위를 다투고 있는 모양새다. 중요한 것은 한국경제 살리기다. 일자리 넘치는 대한민국을 만들어 경제를 회복시킬 수 있는 적임자는 과연 누구일까. 코로나 사태와 부동산 문제로 국민 바닥 민심은 변화를 원하고 있으며 경제를 살려내라는 염원이 강하다. 경제를 아는 기업인 출신이 나선다면 흥미로운 대선 각축전이 벌어질 것이다.

과제 및 쟁점

차기 대선 경쟁 과제는 포스트 코로나 뉴노멀 시대에 한국 사회의 발전을 보장하는 경제 정책이 되어야 한다. 경제와 사회 각 분야에서 불평등을 없애고 새로운 국민 통합을 만들어 내야 한다. 차기 대선은 ALL 디지털 시대로 변화되는 경제, 안보, 복지, 산업분야에서 직면한 과제들을 어떻게 해결하지를 결정짓는 선거다. 경제성장, 국가안보, 사회복지를 어떻게 할 것인가 후보들은 밝혀야 한다.

우려

적지 않은 국민들은 기회는 평등하지도, 과정은 공정하지도, 결과는 정의롭지 않다는 데 공감하고 있다. 일자리는 사라져 빈부 격차는 더욱 벌어졌고, 집값 폭등으로 무주택자와 젊은 층은 내 집 마련 꿈을 포기한지 오래다. 지난 4년 동안 국민이 피부로 느낄 이렇다 할 정책 성과는 찾아보기 어렵다. 지금 이대로 성과 없이 마무리 된다면 어떻게 될까. 차기 대선 시대정신이 'ABM'

될 걱정이 앞선다. 미국 대선에서 바이든 캠프는 ABT(ANYONE BUT TRUMP, Anything but Trump) 슬로건을 내세워 승리했다. 차기 대선에서 이와 유사한 ABM(ANYONE BUT MOON) 무조건 문(文)이 아니라면 된다는 반문(反文) 여론과 ABM(Anything but Moon) 문(文) 정부가 추진한 정책과 반대(反對) 정책이 나올 수 있음을 경계해야 한다. 특히 우려할 것은 일부 강성과 대깨문(Daekkaemunism)에 편승해 국민이 원하는 정책기조를 바꾸지 않고 우격다짐으로 추진한다면 국민은 어떻게 받아들일까.

10개월 남짓 남은 대선에서 유능한 리더를 뽑아야 대한민국은 AI 시대 걸맞은 경제 활력을 되찾고 미래로 나아갈 수 있다.

(경기매일 2021. 04. 23.)

디지털 혁신 리더

전 세계적으로 디지털 혁신이 가속화되고 있다. 코로나19 팬데믹으로 디지털 혁신은 단순한 유행을 넘어 거스를 수 없는 숙명으로 다가왔다. 디지털 혁신이란 IoT, 빅데이터, AI, 로봇 등의 디지털 기술을 활용해 기존 사업 모델의 변화를 촉진하거나 새로운 사업을 발굴하는 등 기존에 없던 가능성을 창출하는 것이다. 또한 최신 디지털 기술을 이용해 역동적으로 변화하는 비즈니스 및 시장의 요구에 맞게 비즈니스 프로세스, 문화, 고객 환경을 구축해 조직 운영 방식의 근본적인 변화를 주도하고 내부 리소스를 최적화하며 고객에게 가치를 제공한다.

디지털 혁신을 통해 기업은 빠른 혁신을 주도해 시장을 선점할 수 있다. 디지털 혁신의 장점은 첫째, 인프라 최적화다. 환경에 관계없이 최신 기술로 인프라를 보다 효과적으로 사용할 수 있다. 둘째, 데이터 관리다. 새로운 도구와 기능을 사용해 다양한 기기와 시스템의 방대한 데이터의 효율적 관리가 가능하다. 셋째, 비즈니스 문제 해결이다. 프로세스와 애플리케이션을 최적화해 비즈니스 운영 및 고객 상호 작용 방식과 관련된 문제를 신속하게 파악하고 해결할 수 있다. 넷째, 비용 절감이다. 프로세스를 간소화해 비용을 줄일 수 있다. 디지털 혁신은 비즈니스 발전의 원동력이다. 스타트업에서 글로벌 기업에 이르기까지 변화를 주도하고 디지털 시대에 완전히 적응하기 위해 디지털 혁신을 선택하고 있다. 이를 위해서는 비즈니스와 IT팀 모두의 열정적인 헌신과 혁신으로 변화하려는 의지가 필요하다.

디지털 혁신을 추진하는 조직은 많다. 하지만 디지털 전환에 만족할만한 성과를 거둔 조직은 생각보다 적다. 이유는 간단하다. 고정관념과 낡은 사고방식, 관행을 버리지 못하고 말로만 디지털 혁신을 외치기 때문이다. 진정한 디지털 혁신은 가장 바닥부터 최고까지 사고의 틀을 전환하는 것이다.

우리나라는 디지털 혁신과 전환을 준비하면서 인프라는 잘 갖춰져 있지만 디지털 생태계의 주요 구성 요인 중 잠재력 수준은 그다지 높지 않다. 정책적 지원과 인재 부족, 비즈니스 환경이 열악하기 때문이다. 규제 등 분야에서 대대적 혁신이 이루어져야 경쟁력을

올릴 수 있다. 디지털 혁신 전환을 위해서는

첫째, 디지털 환경에 맞게 혁신해야 한다. 세계 시장에 진출할 수 있도록 정부에서 글로벌 시장 정보를 지원해야 한다.

둘째, 정부 주도가 아닌 기업과 함께 디지털 혁신을 이끌어가야 한다. 정부가 주도하는 지원 사업은 검증 중심의 단기적 관점에서 추진되는 경유가 많다. 의존적 투자에서 산업 주도적 투자, 수요 중심 투자로 전환되어야 한다.

셋째, 정책 전환이다. 정책의 이해 관계자를 새롭게 정립하고 건전하게 상호 거래하는 방식으로 전환해야 한다. 사전적 규제와 진흥 정책보다는 사후적 규제와 수요 중심적 진흥을 위해 노력해야 한다. 그렇다면 성공적인 디지털 사업을 위해서는 첫 번째, 리더가 앞장서야 한다. 디지털 혁신의 책임이 IT 부서에 있다면 디지털 혁신 역시 전체 사업 전략에서 우선순위가 밀리게 된다.

두 번째, 고정관념을 버려야 한다. 디지털 혁신을 통해 글로벌 플랫폼이 운영될 수 있다. 디지털 시대에서는 경제는 더욱 복잡해짐에 따라 기회와 위협 요인이 어디에나 존재한다.

세 번째, 사업을 비관련 분야로 확장하고 고객을 확보해야 한다. 디지털 기술은 기업이 관련성이 없는 산업으로 쉽게 진출할 수 있다. 예를 들면 구글은 인터넷 검색 알고리즘을 자율 주행기술 알고리즘으로 활용해 시장을 넓혔다.

네 번째, 유연성을 높여야 한다. 예기치 않은 상황에서도 즉각 대응할 수 있도록 사업 전략과 의사결정, 투자 등 모든 면에서 유연성을 키워야 한다. 마지막으로, 단순한 시스템 구축이다. 성공한 글로벌 디지털 기업들은 단순함에 있다. 디지털 플랫폼을 통해 모든 사업을 커버한다. 이런 단순함을 통해 경쟁사보다 빠르게 움직여 단가를 획기적으로 낮추고 있다. 고객들에게 신속하게 대응할 수 있다는 점도 단순함이 가진 이점이다.

오늘날 다양한 기업이 여러 분야에서 디지털 혁신을 시도하고 있다. 그 중심에 AI 기술이 활용되고 있다. 디지털 혁신은 AI와 빅데이터 결합으로 만들 수 있다. 이제는 디지털 혁신을 심도 있게 이해하고 업무 프로세스 전반에 적용시켜야 생존할 수 있는 시대다.

(경기매일 2021. 05. 17.)

AI 시대 '대선 출마 선언문'

위대한 국민 여러분!

마스크에 얼마나 답답하십니까.
얼마나 힘들고 지치셨습니까.
장사가 안 되어 얼마나 괴로우십니까.
지난 5년간 살림살이는 나아지셨습니까.

취업 준비에 얼마나 힘드십니까.
세금만 올라 얼마나 화가 나십니까.
학원비를 대느라 얼마나 허리가 휘십니까.
내 집 마련 꿈은 날아가 얼마나 허탈하십니까.
노후 준비에 얼마나 잠 못 이루고 계십니까.

독일에 파견된 광부의 피와 땀
베트남에 파병된 군인들의 희생
사막 건설 현장 노동자의 임금으로
산업화 시대의 '한강의 기적'을 만들었습니다.

외환위기를 국민의 자발적 금 모으기로 극복하며
'IT 강국'으로 우뚝 선 경험이 있는 대한민국입니다.

하지만 작금의 대한민국은 힘들고 지쳐 있습니다.
왜냐하면 국론을 한 곳으로 모아
미래를 향해 나아갈 지도자가 없어서입니다.

1392년 이성계는
고려 말 권문세족의 부패 정치를 척결하고
정도전의 경세론을 토대로 새로운 조선왕조를 건국했습니다.

630년이 지난 내년 2022년 3월 9일은 제20대 대통령 선거일입니다.

포스트 코로나 시대 대한민국의 모든 패러다임을 바꿔야 하는 전환점입
니다. 새로운 새 시대를 이끄는 AI 지도자가 반드시 나와야 합니다.

AI 시대 대한민국을 다시 일으켜야 합니다.
우리 모두 힘내야 합니다.

그러긴 위해선 국민을 신바람 나게 해야 합니다.
그것이 새로운 시대 지도자의 역할입니다.

도전하는 국민 여러분!
저는 낮은 자세로 국민께 봉사하고
국민 뜻을 섬기며 미래를 향해 나아가겠습니다.
새로운 지도자로서 새로운 대한민국을 만들겠다고 약속드리겠습니다.

제가 꿈꾸는 대한민국을 위대한 국민과 함께 만들겠습니다.

하나, '일자리가 넘치는 대한민국(Jobs Korea)'을 만들겠습니다.

하나, AI 시대 'AI 대한민국(Great AI Korea)'을 만들겠습니다.

하나, 코로나19로부터 '안전한 대한민국(Safety Korea)'을 만들겠습니다.

하나, AI 시대 걸맞은 '새로운 대한민국(New AI Korea)'을 만들겠습니다.

하나, '누구나 노력하면 성공하는 대한민국(Success Korea)'을 만들겠습니다.

하나, 뉴 코리아에 맞게 '변화하는 대한민국(Change Korea)'을 만들겠습니다.

하나, 모든 국민께 '행복을 드리는 대한민국(Happy Korea)'을 만들겠습니다.

하나, 시대 흐름에 '빠르게 대응하는 대한민국(Speed Korea)'을 만들겠습니다.

하나, 초고령화 시대에 '생동감 있는 대한민국(Young Korea)'을 만들겠습니다.

하나, 경제 성장으로 '역동성 있는 대한민국(Dynamics Korea)'을 만들겠습니다.

새로운 정부의 비전(Vision)은

'위대한 대한민국(Great AI Korea)'입니다.
미션(Mission)은 '창업국가(Startup Korea)'입니다.

뉴 정부의 국정목표는
'일자리 넘치는 대한민국', '안전한 대한민국' 만들기입니다.

국민께 행복한 미래를 보장하기 위해서
국정방향은 '대한민국 개조'로 정했습니다.
국정운영 정책 기조는
정부주도에서 시장주도로 전환하겠습니다.
핵심 경제 정책은 '시장 주도 성장', 'AI 혁신경제', '데이터 공정경제'의 삼
각편대로 정했습니다.

뉴 정부의 캐치프레이즈(catchphrase)는 'K.F.C(Korea Future Care)'이며 슬로건은
'K.F.C를 그대에게'입니다.
'대한민국 미래 케어(care, 돌봄)를 그대에게 돌려드린다'는 뜻입니다.
여기서 그대는 위대한 코리아(Great Korea)와 모든 국민을 지칭합니다.
대한민국 미래 경제발전을 보장(Guarantee)하며 국민 전체 미래를 케어(Care,
보살핌) 하겠다는 것을 의미합니다.
또한 국민 모두의 미래 불안 요소인 주택, 일자리, 교육, 의료를 케어하
고 보장하겠습니다.

현명하신 국민 여러분!

'Old Korea'를 'New Korea'로 바꾸기 위해서는 우리 모두 기존의 관습과 낡은 체제를 버리고 새로운 패러다임으로 가야합니다.

새로운 대한민국을 만들기 위해 각 분야별 패러다임 변혁 과제를 제시하겠습니다.

하나, 조기에 코로나19를 극복하겠습니다.

코로나19 방역 체계를 전면 개편하고 본질적 치료제인 경구용 치료제 선 계약을 서두르겠습니다.

하나, 낡은 정치 패러다임을 변혁하겠습니다.

경제 발전의 최대 걸림돌은 정치입니다.

정치권력이 시장 경제를 위축시키고

민생을 힘들게 만드는 주범입니다.

무능과 무지의 포퓰리즘 검은 커넥션과 카르텔을 끊어내겠습니다.

하나, 경제의 패러다임을 변혁하겠습니다.

정부의 과도한 시장개입을 멈추고

청와대의 독선적 국정운영 방식을 하지 않겠습니다.

모방경제에서 리드경제로, 제조업 중심의 수출경제에서 AI 기술주도경제와 데이터 경제로 대기업 중심의 경제에서 혁신 창업·창직의 스타트업 경제로 전환하겠습니다.

하나, 정부와 국회의 비효율적 패러다임을 바꾸겠습니다.

AI 시대에 걸맞은 AI 정부, AI 국회로 생산적이며 효율적으로 되도록 하겠습니다.

하나, 외교의 패러다임을 바꿔 강한 외교를 하겠습니다.
　　　동아시아의 네덜란드와 같은 국가 위상을 확립하겠습니다.
　　　중국·일본에 밀리지 않는 레버리지(Leverage)를 확보하겠습니다.
　　　북한에 끌려가지 않는 기술적 외교와 강한 외교를 하겠습니다.
　　　한미 공조를 강화하고 한반도 평화통일을 위해 정진하겠습니다.

하나, 과거 교육에서 미래 교육으로 패러다임을 바꾸겠습니다.
　　　죽은 공교육을 살리고 사교육이 없는 세상을 만들겠습니다.
　　　고등학교만 나와도 잘사는 사회를 만들겠습니다.
　　　AI 시대 맞는 에듀테크 교육으로 학벌 시대에서
　　　능력주의 시대로 전환하겠습니다.

하나, 1가구 1주택을 실현하도록 하겠습니다.
　　　집 때문에 스트레스를 받지 않는 대한민국을 만들겠습니다.
　　　프롭테크 주도의 부동산 성장 정책 추진, 시장 친화적인 토지 활용 제도 도입, 현장에 맞는 부동산 3법 개정을 하겠습니다.
　　　3주택 이상 다주택자 대출금 회수와 법인 특혜 세율을 폐지하겠습니다.
　　　다락 같이 오른 집값을 되돌려 놓겠습니다.
　　　1가구 1주택을 보장하는 '코리아 미래 홈 케어 정책(K.F.H.C Korea

Future Home care)' 프로젝트를 추진하겠습니다.

하나, 양질의 일자리 창출 정책으로 전환하겠습니다.

재정에 의한 알바 일자리가 아닌 AI+X 산업에 의한 양질의 일자리 창출 정책으로 전환하겠습니다.

하나, 탈원전 정책을 폐기하고 친원전 정책을 추진하겠습니다.

이념과 정치성향 위주가 아닌 전문가 위주로 원안위를 재구성하겠습니다.

잘못된 탈원전 정책을 원래대로 돌려놓겠습니다.

한국형 원전의 경쟁력 향상과 수출을 위해 집중 투자하겠습니다.

하나, 사회 안전망을 구축하겠습니다.

전 국민 사회안전망 시스템 구축으로 중산층이 두터운 사회를 만들겠습니다.

AI와 블록체인을 활용한 전 국민 보편복지인 'K-행복복지'를 실현하겠습니다.

육아 문제를 국가가 책임지는 책무성을 강화하겠습니다.

하나, AI 전문 인력을 양성하겠습니다.

AI 시대 전문인재 10만 명 양성을 하겠습니다.

디지털 트랜스포메이션 혁명에 맞는 특화된 AI 산업 육성을 집중하겠습니다.

2025년까지 AI 분야에서 중국을 앞서겠습니다.

하나, 지방균형발전을 추진하겠습니다.

지방분권보다 지방자치가 되도록 하겠습니다.

수도권 집중화로 인한 지방 불균형을 근본적으로 해소하겠습니다.

하나, 누구나 잘사는 농어촌으로 탈바꿈 시키겠습니다.

살고 싶은 행복한 농어촌을 만들겠습니다.

역동적이고 풍요로운 농어촌을 만들겠습니다.

가족이 살기 좋은 교육, 의료 시설을 확충하겠습니다.

AI 기술을 활용한 농어촌 소득의 안정망 구축을 하겠습니다.

하나, 노동시장 대타협을 추진하겠습니다.

노사가 모두 윈윈하도록 만들겠습니다.

동일노동 동일임금을 추진하겠습니다.

노동시장 유연성을 확보하도록 하겠습니다.

AI 시대에 맞는 노동시장을 만들겠습니다.

최저임금, 주52시간제를 전면 개편하겠습니다.

하나, 공공개혁을 추진하겠습니다.

공공부문의 철밥통을 부수겠습니다.

4대 연금개혁을 추진하겠습니다.

공공부문의 대대적인 개혁하겠습니다.

하나, 안보·통일 패러다임을 새롭게 변혁하겠습니다.

　　AI 기술로 무장한 강한 국방을 추진하겠습니다.

　　남북 간 교류를 새로운 방식으로 추진하겠습니다.

　　통일을 대비해 한반도 3D 지도 만들기 프로젝트를 남북 간 공동으로 진행하도록 추진하겠습니다.

　　메타버스를 활용한 남북한 대학생 소통과 이산가족 간 화상 만남을 추진하겠습니다.

하나, 올 디지털 혁신을 이끄는 스타트업 국가를 만들겠습니다.

　　빅블러(Big Blur) 유니콘 기업을 집중 육성하겠습니다.

　　협동노동 조합 활성화로 창업과 창직의 붐을 만들겠습니다.

하나, 디지털 트랜스포메이션, AI 시대 패러다임에 올라타겠습니다.

　　국가 과학기술 역량을 강화하겠습니다.

　　기술 주도의 성장을 위해 국가 R&D 예산 배분을 선택과 집중하겠습니다.

　　2040년 바이오 시대를 대비해 바이오산업에 선제적 투자를 하겠습니다.

　　2050년 우주시대를 대비, 우주산업에 선제적 투자를 하겠습니다.

하나, 문화·관광·의료·환경 패러다임 변화에 적극 대응하겠습니다.

　　비대면 시대 'K-Culture, 한류의 확산을 위해 적극 지원하겠습니다.

　　기후변화에 대응하는 친환경 정책을 추진하겠습니다.

특성화된 의료 서비스를 관광산업으로 육성시키겠습니다.

전통과 미래가 어우러진 문화국가로 발돋움하겠습니다.

주인이신 국민여러분!

세계는 빠르게 변하고 있습니다.

이제는 대한민국을 바꿔야 합니다.

우리 모두 기존의 틀에서 나와 새롭게 바뀌어야 합니다.

비가와도, 눈이 쌓여도, 폭풍우가 몰아쳐도, 새로운 대한민국을 만들기 위해 맨 앞에서 온몸으로 막아내면 미래를 향해 나가겠습니다.

위대한 대한민국!

K.F.C. 그대(그레이트 대한민국)를 만들어 내겠습니다.

모든 국민의 미래를 보장하겠습니다.

위대한 국민 여러분께 New Korea를 만들어 드리겠습니다.

함께하는 국민 여러분!

미래 세대에 '새로운 대한민국(New korea)'을 함께 만들어 물려주도록 하겠습니다.

지금까지 말씀드린 내용을 실현하기 위해 100대 국정 과제를 첨언합니다.

고맙습니다.

PART 2
Statecraft

01

경제

2022년 데이터 경제가 몰려온다

2021년 다보스 포럼 보고서는 코로나19 팬데믹 이후로 데이터 경제가 더욱 가속화될 것으로 내다봤다. 이로 인해 데이터가 소수에게 편중되어 발생하는 디지털 권력 집중과 디지털 불평등을 지적했다. 데이터가 디지털 트랜스포메이션 시대의 중요한 생산 요소로 떠올랐다. 데이터는 모든 산업 분야에서 성장의 촉매 역할을 한다.

포스트 코로나 시대는 데이터 가치 사슬을 토대로 경제적 가치가 창출될 것으로 전망된다. 코로나19 팬데믹 상황에서 핵심 자원인 데이터의 이용 활성화를 통한 신산업 육성과 일자리 창출이 국가적 과제로 대두되고 있다. 코로나19가 종식되는 2022년은 데이터 경제로의 전환이 빠르게 진행될 것이다. 데이터 경제가 미칠 파장에 대해 Q&A 형식으로 풀어보자.

Q: 데이터

A: 컴퓨터가 처리할 수 있는 문자, 숫자, 소리, 그림 따위의 형태로 된 자료다. 데이터는 가공을 거치지 않으면 정보라는 단위가 되지 못한다. 컴퓨터 공학에서는 데이터를 가공 처리(Processing)해

정보를 만든다. 자료를 가공해 얻는 것이 정보(Information)다. 데이터는 DT 시대의 핵심동력이다. 데이터베이스(Database)는 여러 사람이 공유하고 사용할 목적으로 관리되는 통합적인 정보로 데이터가 논리적으로 모인 집합을 일컫는다. 데이터 생태계는 데이터를 생산·수집하고 가공·유통하며 활용함으로서 경제적 효율을 창출하는 가치사슬 체계로 구성된다.

Q: 데이터 혁신

A: 데이터 혁신은 세상을 바꾸고 개인에게 권한을 부여하며 경제를 성장시키고 있다. 하지만 진정한 잠재력은 데이터 파워를 이해할 때에만 가능하다. 방대한 양의 데이터를 수집·저장·분석하고, 변환하는 방식을 바꾸는 기본적인 기술이 데이터 혁신을 주도하고 있다. 데이터 혁신을 하려면 양(Volume), 속도(Velocity), 다양성(Variety), 정확성(Veracity)을 갖춰야 한다. 데이터 혁신은 세계에서 가장 어려운 도전 과제에 대한 해답을 가져 올 수 있다.

Q: 일자리 창출

A: 데이터는 경제성장뿐 아니라 일자리 창출, 사회발전을 위한 필수 자원이다. 데이터 혁신은 경제 성장을 촉진하는 것 이외에도 강력한 신규 양질의 일자리 창출 엔진이다. 데이터 분석가, 데이터 관리자, 소프트웨어 개발자 및 관리자, 시스템 개발자 등 수많은 일자리가 만들어진다. 데이터와 관련된 ICT 직업이 창출될 때마다 ICT 이외의 분야에서 3개의 일자리가 생긴다. 경제적 측면에서 엄청난 파급효과로 광범위한 경제적 혜택을 불러 온다. 인터넷 혁명 시대는 1개 기존 일자리가 사라질 때마다 26개의

일자리가 창출됐다. 데이터 경제 시대에도 유사한 패턴으로 일자리가 늘어날 것이다.

Q: 빅데이터

A: 기존 데이터베이스 관리 도구로 데이터를 생성, 수집, 저장, 관리, 분석할 수 있는 역량을 넘어서는 대량의 정형 또는 비정형 데이터 집합이다. 여러 수단을 통해 수집한 데이터를 토대로 결과를 분석하고 앞으로 나아갈 방향에 대해 예측할 수 있게 해주는 기술이라고 할 수 있다. 간단히 말해 이 세상에 존재하는 모든 정보를 의미한다. 빅데이터는 정치·경제·사회·문화·산업·과학기술 등 전 분야에 걸쳐 가치 있는 정보를 제공함으로써 그 중요성이 주목받고 있다.

Q: 마이 데이터

A: 개인이 정보 관리의 주체가 되어 능동적으로 본인의 정보를 관리하고, 본인의 의지에 따라 신용 및 자산 관리 등에 정보를 활용하는 일련의 과정을 말한다. 정보 주체인 본인이 정보를 적극적으로 관리 통제하고, 이를 신용·자산·건강 등 개인 생활에 능동적으로 활용이 가능하다. 쉽게 말해 여러 기관에 흩어져 있는 자신의 데이터를 주인으로서 능동적으로 관리·활용하는 것을 말한다. 지금까지의 개인 데이터는 개인이 아니라 기업들이 주도적으로 관리하고 활용해 막대한 이익을 얻었다. 개인은 정보 이동권(Right to Data Portability)을 갖고, 데이터 개발을 요청하면 기업이 보유한 데이터를 제3자에게 개방하도록 할 수 있다. 앞으로는 내거인 듯 내꺼 아닌 내꺼 같은 마이데이터를 활용할 수 있게

된다. 데이터 경제시대의 핵심은 마이데이터다.

Q: 데이터 경제

A: 개념은 유럽 데이터 경제 육성책(Building a European Data Economy, 2017)에서 유래됐다. 데이터의 활용이 모든 산업의 발전과 새로운 가치 창출에 촉매 역할을 담당하는 데이터 경제 시대라는 의미다. 데이터 활용이 새로운 제품과 서비스를 창출하는 경제로 정의된다. 데이터가 자유롭게 거래되는 시장이 형성되고 시장 왜곡이 없는 진정한 데이터 경제를 의미한다. 한계 비용 제로 경제와 플랫폼과 양면시장이라는 특성이 있다. 또한 기존 경제에서 금융자본의 역할은 이제 데이터 자본이 대신한다.

Q: 왜 중요한가.

A: AI, Bigdata, IoT, 자율 주행 자동차 등의 디지털 트랜스포메이션 기술들이 모두 데이터 기반 기술이다. 데이터 센터를 통해 온갖 종류의 서비스에 연결되고 운영되는 데이터 경제 시대다. 데이터의 중요성과 역할은 아무리 강조해도 부족하다. 데이터는 국가와 기업의 민첩성, 대응능력 경쟁력을 향상시킨다. 의료서비스는 수명을 연장하고 더 건강하게 생활하는 데 기여한다. 에너지는 에너지 소비량을 줄이고 환경을 개선한다. 운송은 시간 비용 및 연료를 절약한다. 제조는 제품의 설계, 제조 방식을 개선시킨다. 금융은 사기행위를 근절할 수 있다. 농업은 작은 자원으로 더 좋은 식량을 더 많이 생산 가능하다.

Q: 국외 동향

A: 선진국들은 정부 차원에서 데이터 산업 육성을 위한 다양한 정

책수립과 플랫폼 구축을 위한 노력을 기울이고 있다. 미국은 개방과 자유, 오픈 데이터 정책이 핵심이다. 데이터 관련 법 제정 및 시행으로 국가데이터 서비스(NDS)와 국립과학재단의 빅데이터 지역 혁신 허브(Big Data Regional Innovation Hubs)를 활용해 데이터 저장 네트워크 통합망을 구축한 후 대학까지 확대·적용하고 있다.

EU는 개인정보 보호와 데이터 산업 활성화를 동시 추진하고 있다. 2016년 4월 데이터 보호규칙(GDPR, General Data Protection Regula-tion)을 채택해 글로벌 마이데이터 산업을 선도하고 있다.

일본은 데이터 유통과 거래 기반 구축에 총력을 기울이고 있다. 재무행정, 경제, 사법, 안전, 교통, 인구, 정보통신, 과학기술 등 17개 분야 총 2만 5000개의 데이터 세트가 등재되어 있으며 메타데이터를 종류별로 일괄 다운로드할 수 있는 기능을 제공하고 있다.

중국은 신산업 성장 동력으로 빅데이터 산업을 중점적으로 육성하기 위한 정책을 추진하고 있다. 주요정책은 데이터 개방 수준 확대, 플랫폼, 오픈소스 기술 등 기술혁신 지원, 빅데이터 전문 어플리케이션 SW 수준 향상, 정부 지원 시스템 고도화, 필요한 전문 인재 양성 등이다.

싱가포르의 마이인포(Myinfo)는 개인이 공공기관에 저장된 데이터의 사용을 동의할 경우 온라인 거래 시 개인정보를 자동으로 제공하는 서비스를 실시하고 있다. 핀란드는 칸타(Kanta) 시스템을 통해 모든 의료 데이터를 디지털화해 저장하고 있다.

Q: 해법

A: 이제는 데이터 경제 시대다. 데이터, AI, 5G 등 신기술을 기반으로 ALL 디지털 전환은 국가 경쟁력을 결정짓는 핵심요소로 자리매김하고 있다. 코로나19로 인한 비대면 확산으로 데이터 활용의 중요성은 더욱 커지고 있다. 향후 모든 산업과 시장에서 데이터는 선택이 아닌 필수 요소다. 그렇다면 2022년 데이터 경제 시대에 우리는 어떻게 대응해야 할까.

첫째, 양질의 데이터 확보를 위해 종합적 정책 입안을 해야 한다. 데이터는 양(量)보다 질(質)이다. 구조화된 데이터 확보가 중요하다. 데이터 생산·가공·유통·분석 등을 통해 통합적인 관리 시스템을 구축해야 한다. 표준화한 데이터, 보안, 품질관리 체계를 갖춰야 민간 기업이 활용할 수 있다.

둘째, 공공 데이터를 통합하고 표준화 시켜 오픈해야 한다. 데이터 경제 시대에서 가장 중요한 인프라는 정부의 통계 데이터의 신뢰성 확보와 효율적인 관리, 개방이다.

각 부처에서 보유하고 있는 인구, 주택, 의료, 기후, 소득, 교통, 법률, 학습평가 등에 관한 통계 빅데이터를 오픈한다면 벤처 창업 붐을 조성할 수 있다.

셋째, 통계청을 통계처로 격상해야 한다. 통계청은 기획재정부 그늘에서 벗어나 통계 독립으로 정부통계 컨트롤 타워 기능을 해야 한다. 데이터 경제 시대를 맞아 광범위한 공공 데이터와 민간 데이터를 수집하고 융합해 빅데이터를 만들어 과감하게 개방해야만 산업 활성화에 기여할 수 있다. 통계 데이터의 전문성을 유지하기 위해 책임자는 통계 전문가로 임명해야 한다. 통계 선진국인 영국, 프랑스, 이탈리아 등은 중앙통계기관을 독립기관으로 지정해 운영하고 있다.

넷째, 산업별 특화된 데이터 거래소가 필요하다. 농업 특화 데이터 거래소를 농협은행이 추진하는 것처럼 디지털 산업별 특화된 데이터 거래소가 활성화될 필요가 있다. 또한 이들 간의 네트워크 연결을 서비스하는 데이터 중개서비스가 있어야 한다. 금융권이 공동으로 구축한 인프라를 적극 활용하고 신용정보원 등과 협업을 해야 한다.

다섯째, 데이터 생성의 주체를 보호해야 한다. 마이데이터와 마이페이먼트를 추진하면서 정보사업자 입장만 생각하고 데이터를 제공하는 정보주체와 다른 참여자의 입장은 배제하고 있다. 정보수집자는 데이터베이스를 무료로 사용하며 실제 데이터를 생성하는 참여자의 데이터 제공에 대한 보상은 없는 실정이다.

여섯째, 사업자와 교섭할 수 있는 권리를 부여해야 한다. 노동자의 권익을 보장하는 단체교섭권과 임금협상권처럼 데이터 활용에 관한 결정을 할 수 있는 대표 혹은 위원회를 구성해 교섭권을 부여해야 한다. 교섭권은 정보 활용 동의, 비식별화 조치, 개인정보 보호, 정보보안, 정보 주체들의 기여도 평가, 이에 대한 보상, 정보의 판매에 관한 사항 등을 포함해야 한다.

일곱째, 생산 향상 특별조치법을 시행해야 한다. 데이터 공유를 활발하게 수행하는 기업에 세금 감면 혜택을 부여하는 것을 검토해야 한다. 산업 간 데이터 공유와 활용 저변을 확대하기 위한 인센티브 제도를 도입해야 한다.

여덟째, 주요국과 연결하는 통합 DB 구축이다. 글로벌 시장 공략을 위해 주요 선진국의 데이터 플랫폼과 연계해야 한다. 공공과 민간의 데이터를 수집해 공공·민간 통합데이터 포털 구축 후, 전 세계와 연결하는 초국가적 DB를 구축해야 글로벌 시장을 진출할 수 있다.

아홉째, 지방정부와 협력해야 한다. 정부뿐 아니라 지자체 차원에서도 데이터 거래 활성화를 위해 노력해야 한다. 각 지자체는 데이터 거래 시장을 조성하기 위해 빅데이터 종합연구소, 빅데이터 센터 등을 설립해 데이터 활용을 촉진할 생태계를 조성하는 것이 시급하다.

마지막으로, 데이터 전문인력 양성이 시급하다. 기업들이 데이터 관련 인력 부족을 이유로 빅데이터 활용을 기피하고 있기 때문이다. 데이터 관련 인력 비중이 미국 9.3%, 일본 6.3%에 비해 한국은 1.2%로 턱없이 부족하다. 데이터 인력을 양성하고 싶어도 실습할 데이터가 없는 실정이다. 빅데이터 강사진과 산업 특화 교육 커리큘럼도 필요하다. 더불어 빅데이터 전문가 양성을 위해 융·복합 도메인 전문가 양성이 절실하다.

데이터 경제 시대에는 데이터가 국가 경쟁력이다. 세계 각국은 데이터 패권을 잡겠다고 치열하게 경쟁하고 있다. 데이터 경제 시대에 한국경제 성장 돌파구는 마이데이터 사업이 출발점이다. 데이터 경제 시대를 이끌 '데이터 리더'가 나와 '데이터 경제 강국 대한민국'으로 도약시켜 주길 기대한다. (내외통신 2021. 05. 01.)

한국경제 대전환의 원년 되어야

2021년은 하얀 소띠의 해 신축년(辛丑年)이다. 풍요와 부의 상징인 하얀 백소의 기운을 받아 코로나19를 몰아내고 경제가 활성화되는 한해가 되어야한다. 돌이켜보면 지난 한해는 코로나19 팬데믹 영향으로 중소기업과 자영업자, 소상공인은 물론 전 국민 모두가 전례 없는 경제적 고통과 생활의 불편함 등 큰 어려움을 겪었다.

1998년 외환위기 이후 경제는 역성장 했다. 새해에는 전 세계적으로 백신 접종이 이루어지면서 국제 교역이 개선되어 세계 경제는 회복될 것으로 전망하고 있다. 하지만 코로나19 확산세가 지속되고 백신 접종이 지연되면서 사회적 거리두기가 더욱 강화되어 경기 회복이 지체될 가능성이 높아지고 있다.

새로 출범할 미국 바이든 행정 밸류체인이 붕괴될 수 있다(그 당시 미출범). 산유국 간의 갈등으로 인한 국제 유가 변동성 확대 등 불확실한 요소가 산재되어 있다. 코로나19 여파로 수출 기업의 실적 악화가 기업의 파산 확산 및 실업 증가 등 경기 침체가 장기화될 수 있다.

이처럼 어려워지는 경제 환경 상황에서 한국경제가 지속적인 성장을 이뤄내기 위해서는 경제정책이 성과를 내야한다. 지난 4년 동안 부동산뿐 아니라 일자리 등 정부의 핵심 정책 중에 성과를 낸 것은 찾아보기 힘들다. 총체적 정책 실패에 대한 원인 분석이 전제되어야 한다.

대부분 정책실패의 원인은, 첫째, 정부의 개입이다. 시장은 수요와 공급 법칙에 따라 가격을 결정한다. 정부는 시장실패(Market Failure)로 인해 사회 전체적으로 바람직하지 못한 결과가 초래되는 경우만 개입하면 된다. 둘째, 전문성 부족이다. 실패한 정책은 현장 경험이 없고 해당 분야에 대한 전문지식이 없는데도 집착과 고집으로 의사결정을 내리기 때문이다. 셋째, 무책임이다. 설익은 정책 추진과 영혼 없는 공무원, 그 누구도 정책 실패에 책임을 지지 않기 때문이다. 대통령으로부터 담당 공무원까지 정책 실패 책임으로부터 아무도 자유롭지 못하지만 책임을 지는 경우는 없다. 넷째, 엉뚱한 대책 발표다. 문제의 본질적 원인의 외면이다. 이미 학문적 이론과 연구, 실패사례가 많은데도 외면하고 이념적으로 정책을 결정한다. 단기적인 사고로 조급하게 우격다짐으로 밀어붙이기에 부작용이 발생한다.

올해는 한국경제가 생사의 기로에 서는 한해다. 그렇다면 어떻게 해야 성과를 낼 수 있을까.

첫째, 국민과 기업, 정부가 합심해 위기를 극복해야 한다. 경제주체는 민간기업이다. 혁신을 통한 투자로 성장 동력을 만들어 내야 한다. 기업이 마음 놓고 투자할 수 있도록 경영 환경을 조성해야 한다.

둘째, 당·정·청 협치가 필요하다. 이해관계자들 간 숙의는 필수다. 이를 건너뛰는 경우가 많아지면 부작용이 발생된다. 현장의 문제를 해결할 수 있는 정책이 입안되어야한다. 지금까지 민생 관련 정책들이 실패했거나 성과를 내지 못한 데엔 선의만 앞세워 우격다짐으로 추진한 탓이 크다. 협치를 통해 정책이 입안되고 추진되어야 한다.

셋째, 인적 교체(Shift)를 통한 한국판 뉴딜 성과를 내야한다. 정책을 속도감 있게 추진할 수 있도록 조직 전달 체계를 단순화(Simple)해야 한다. 현장 전문가를 발탁(Surprise) 성과를 내야 한다.

넷째, 원화 환율 정책이다. 원화 하락은 수출에 가장 큰 영향을 미치며 기업의 이익과 직결된다. 10%의 원화환율 하락은 수출물량이 10% 이상 감소해 공장 가동률과 고용에 악영향을 미친다. 올해는 원화 환율 강세를 유지해야 기업이 숨통이 트여 버틸 수 있다.

다섯째, 현장에 맞는 정책을 추진해야 한다. 정책은 현실을 반영한 면밀한 기획과 결과에 대해 부작용과 성과를 계산해 입안되어야 한다. AI 시뮬레이션 시스템을 활용하면 정책실패를 줄일 수 있다. 정책 입안의 무능함은 차라리 정책 집행을 하지 않는 것만 못하다. 정책에 대한 무능과 독선은 국민의 삶을 어렵게 한다.

마지막으로, AI 시대 빅데이터를 활용 분석하면 정책의 시행착오를 미연에 방지할 수 있다. AI 시대 정책 혁신이야 말로 한국경제 경쟁력을 향상시키는 지름길이다. 새해에는 독자 모두가 건강과 소망하시는 일들이 모두 이루어지길 바란다.　　　　(경기매일 2021. 01. 01.)

정책 성과를 내는 새해를 바란다

2021년 신축년은 문정부가 경제정책을 펴는 사실상 마지막 해다. 지난 4년 동안 수많은 정책을 발표하였음에도 불구하고 국민이 피부로 느낄 수 있는 성과는 찾기 어려울 정도다. 그동안 발표했던 정책을 정리하고 마무리할 때다. 정부의 역량을 온전히 코로나 극복과 경제 살리기에만 집중해도 시간이 모자랄 판이다. 이제는 국민의 먹고사는 문제를 해결하는데 총력을 쏟아야 한다.

그렇다면 어떻게 해야 성과를 낼 수 있을까.

첫째, 인적쇄신이다. 이미 실패로 판명된 정책을 주도한 인사로는 정책실패만 되풀이할 뿐이다. 기존의 일하는 방식과 사고로는 뾰족한 해결책이 나올 리 만무하다. 경제정책에 대한 신뢰가 땅에 떨어진지 오래다. 인적쇄신의 핵심은 정책 라인이다. 새로운 시각과 창의력, 현장경험으로 무장한 전문가를 발탁해 경제 살리기에 집중하겠다는 의지를 국민에게 보여줘야 한다.

둘째, 코로나19 극복이다. 백신을 제때 들여오는 것이 최우선이다. 접종 로드맵과 콜드 체인을 확보하고 다양한 시나리오에 따른 대책을 마련해야 한다. 백신 접종 5부제 시행으로 세계에서 가장 스피드한 K-접종 시스템을 구축해야 한다. 국시 재응시 통해 2700여 명의 의사 배출로 불충분한 공공의료 체계를 안정화시켜야 한다.

셋째, 부동산 안정이다. 정부의 24번째 대책에도 불구하고 집값은 잡힐 기미가 없고 전세대란은 심화되고 있다. 올해 서울의 신규 아파트 공급은 지난해의 절반 수준이고 전국적으로 아파트 물량은

1/4로 줄어들어 시장은 불안정하다. 규제 일변도의 부동산 정책의 근본적인 변화가 필요하다. 부동산은 심리다. 국민들이 믿을 수 있도록 정부 정책은 신뢰를 줘야 한다.

넷째, 환율안정이다. 불안한 경제상황에도 주가는 급등하고 환율은 하락세가 지속되고 있다. 실물경제와 금융시장이 괴리된 상황이다. 글로벌 금융시장의 풍부한 유동성, 미국의 제로 금리와 양적완화 정책, 바이든 행정부의 출범, 백신 접종으로 원·달러 환율 하락이 지속될 전망이다. 환율하락은 기업경영에 악화 요인으로 작용된다. 중소 수출 기업의 달러 손익 분기점 원·달러 환율은 1118원이다. 현재 환율은 크게 떨어진 상황이다. 추가 하락한다면 중소 수출기업은 채산성 확보가 어렵게 된다. 단기적인 환율 리스크 관리가 필요하다.

다섯째, AI 벤처 붐 조성이다. 벤처 창업을 선도 국가의 핵심과제로 정해 정책역량을 집중해야 한다. 비대면 비즈니스 확대와 AI 시대를 맞는 벤처 붐을 일으켜야 한다. 창업의 불씨를 한국경제 전반으로 확산해야 한다. AI 창업이 투자와 성장으로 이어져 선순환 스타트업 생태계가 조성되면 양질의 일자리를 창출할 수 있다. 의료 인프라의 개방 공유 확대로 R&D 임상 데이터 등 바이오 헬스 창업을 촉진해야 한다. 그린 뉴딜과 디지털 뉴딜을 AI와 접목시키면 AI 벤처 붐은 저절로 올 수 있다.

마지막으로, 정책 성과다. 정책 성적표를 보는 국민의 심정은 참담하다. 갈수록 악화되는 일자리 참사, 코로나 방역도 접종도 다 놓친 대처 등 정책 실패는 수두룩하다. 한국판 뉴딜 추진에서 이렇다

할 성과가 나오지 않고 있다. 정책의 우선순위를 재조정해 혁신을 유발하도록 선택과 집중해야 한다. 경제와 민생분야에 있어서 실패한다면 다른 분야에서 성과를 낸들 아무 소용이 없다. 과감한 정책 전환을 해야 한다.

문 정부는 아직 1년이라는 골든아워가 남아있다. 당·정·청의 협치를 통해 성과를 낼 수 있다. 결국 민생안정이다. 코로나 극복으로 부동산, 일자리, 경제 살리기로 이어지는 새해가 되기를 기대한다.

(경기매일 2021. 01. 03.)

02

일자리

일자리 창출 해법

일자리 해법 '플랫폼 협동노동'

　내년 대선은 그 어느 때보다 정책대결이 펼쳐질 것이다. 코로나 19로 경제적 고통을 받는 상황에서 일자리 해법을 제시하면 국민의 마음을 사로잡을 수 있다. 포스트 코로나 시대에 지속 가능한 일자리 창출 해법으로 '협동노동(協同勞働, Cooperative Labor)'을 제안한다.

　협동노동은 노동자가 출자하고 경영에 참여해 일하는 방식을 말한다. 기존의 주식회사는 주주, 경영, 노동이 분리되어 있지만, 참여자 모두가 경영에 대해 논의, 의견을 제시할 수 있다.

　직장이 없는 소외된 사람들과 비정규직에 대한 불평등이 만연하고 있는 가운데 그들을 돕기에 적합한 일자리 창출 모델이다. 노동자의 이익이 우선이며 고용 보호를 최우선으로 한다. 비정규직 근로자가 부품처럼 일하게 되는 느낌 없이 자아 주체적으로 일할 의욕이 생긴다. 결과적으로 사업장의 실적 향상에 기여할 수 있다.

　협동노동은 국가와 지역 사회, 가정에 의한 안전망이 붕괴되어 사람들이 절망하고 굶주림에 시달리게 될 때 주목을 받게 된다. 도시화에 따른 고립(孤立)과 과소(過疏, Depopulated), 일손 부족으로 고민하는 지방의 일자리 문제를 해결하고 경제 활성화가 가능하다.

협동노동은 원래 실업자가 살아가기 위해 자신이 일하는 일터에서 새로운 일자리를 만드는 것으로부터 시작했다. 계속 일하기 위해서는 단지 뭔가 일을 하고 있는 것만으로는 안 된다. 그 일이 자신에게 만족감을 주지 못하고 사회적으로 지지받지 못하면 지속성이 없게 된다. 보람과 가치가 있는 일이 좋은 일자리다.

플랫폼 협동조합은 좋은 일자리를 만들고 경제 정의의 실현을 목표로 한다. 모든 인간은 행복을 추구하고 존엄 있는 삶을 살 권리가 있기 때문이다. 뛰어난 경쟁력을 가진 엘리트와 기술자, 전문가만이 좋은 삶을 영위한다는 것은 정의롭지 않으며 불공평하다. 정직하고 존엄 있는 생활은 모든 사람에게 가능해야 한다. 노동자와 사용자가 직접 운영하는 앱을 통해 상품이나 서비스를 제공하는 구조이다.

협동노동의 장점은 첫째, 구성원 모두가 찬성하면 새로운 사업에 도전할 수 있다. 출자 금액에 차별을 두지 않고 1인 1표로 구성원의 의견을 존중한다.

둘째, 경영의 효율성이다. 현장에서 필요한 요구를 즉시 수용해 사업화시킬 수 있다. 일반적으로 경비를 30% 이상 줄이는 것으로 나타나고 있다.

셋째, 자구 노력과 자율성, 동료를 중시하는 문화다. 상하가 없는 플랫(Flat)한 인간관계를 구축하기에 일방적 이직율과 결근이 거의 없다. 이익을 극대화하기 위해서가 아니라 동료들의 생계를 지키기 위해 일자리를 보호하는 것이 우선이다.

넷째, 일하는 동료끼리 서로의 장점과 개성을 인정한다. 일하는 사람을 부품처럼 취급하는 것이 아니라, 개개인이 가지고 있는 인격을 존중한다.

다섯째, AI 기술을 활용해 일의 효율성을 높인다. 중간 업체를 거치지 않기 때문에 수익을 2배로 올릴 수 있다. 여섯째, 인터넷을 활용해 비즈니스를 하기에 초기 투자비용이 적게 들며 사업을 확대하기가 쉽다. 마지막으로, 노동자들이 플랫폼을 소유하고 있기 때문에 노동조건이 명확하고, 일하는 방식도 자유롭게 컨트롤할 수 있다.

대표적인 국외 사례로 미국 뉴욕의 홈 클리닝 서비스 'UP & GO'가 있다. 원래 개인 사업주였지만 파견 여성들이 협동노동을 시작했다. 예약을 인터넷으로 통합 관리해 시간당 10달러에서 25달러로 수익이 2배 이상 증가했다.

EU에서는 프리랜서 연주가들이 만든 'Smart.coop'이 있다. 지금까지 연주가들의 출연료 지급은 1년 이상 지연되는 것이 다반사였다. 그러나 3만 명의 무료 연주가가 협동노동 조직을 만들고 급료 지불 창구와 규칙을 정비한 결과 출연료를 1주일 만에 받을 수 있게 됐고 실업 급여도 마련할 수 있었다.

협동고용은 주로 간호 분야, 청소, 교통 그리고 최근에는 농업 분야를 중심으로 활발하게 일어나고 있다. 장애인 취업지원 사업, 보육·개호(介護), 물류 등 다양한 분야에서 좋은 일자리를 창출할 수 있다. 미국에서는 협동노동에서 일하는 사람의 60%가 이민 여성이다. 미국뿐 아니라 플랫폼 협동조합은 47여 개국에 존재하고 적어도 500개 이상이다.

일본은 지난해 12월 국회에서 '노동자 협동 조합법'이 통과되어 2년 내에 시행한다. 협동노동은 지금까지는 법률이 없었기 때문에 NPO나 기업 조합 형태로 운영되어 왔다. 새로운 사업을 시작하려면 업종제한과 시간이 오래 걸렸다. 법률이 시행되면 근로자 파견을 제외한 다양한 사업을 실시할 수 있다. 일하는 조합원은 노동 계약을 체결하고 건강보험 등 사회 보장 대상이 된다.

GAFA 플랫폼 서비스를 협동노동으로 대체하는 움직임이 있다. 그들이 목표로 하고 있는 것은, 수많은 플랫폼 협동조합으로 구성된 연방이다. 협동노동을 하는 사람들이 디지털로 이어져 글로벌 기업 독점에 대항하는 새로운 세계를 만들자는 것이다.

2030 세대가 원하는 지속 가능한 좋은 일자리 창출 해법은 협동노동에 있다. 협동노동이 청년 세대에게 퍼져 나갈 때 새로운 좋은 일자리는 폭발적으로 늘어난다. AI 한국경영을 하고자 하는 CEO는 'K−협동노동'을 일자리 창출 정책으로 도입하길 기대한다.

(경기매일 2021. 05. 27.)

대선 핫이슈 '청년 일자리' 해법

여야의 대선주자는 2030 세대 마음을 잡기위해 청년 일자리 문제

해결에 대한 제대로 된 정책을 내놓아야 한다. 하지만 지금까지는 근본적인 해법이 아닌 선심성 포퓰리즘 처방으로 일관하고 있다. 청년 실업률이 고착화되면 국가 전체의 지속적인 발전에 걸림돌로 작용하게 되는 것이 문제다.

청년일자리 문제의 근본적인 원인은 청년층의 높은 실업률과 낮은 고용률, NEET 비중의 상승, 노동시장 이행 지체, 불안정한 고용상황, 노동시장 내 양극화 심화 등 원인은 매우 복합적이고 다차원적이다. 전통적인 노동 수요와 공급 차원 측면의 대책은 한계가 있다. 결국 좋은 일자리 창출을 제약하는 경제와 노동시장의 이중구조, 저성장에 따른 일자리 창출 여력 저하, 학교와 노동시장의 미스매치, 불합리한 차별, 산업수요와 괴리된 인력양성 시스템, 최저임금 인상, 주52시간 등에 대한 전반적인 혁신이 뒤따라야만 해결이 가능할 것이다. 코로나19 사태로 고용문제에 가장 취약한 청년층의 일자리 문제를 해결하기 위해 구체적으로 무엇을 어떻게 해야 할까.

첫째, 국가의 일자리 보장이다. 일자리가 최고의 사회 안전망이라는 정책 접근은 청년고용 대책에서 중심이 되어야 할 것이다. 졸업 뒤 일정 기간이 지났는데도 취업이 안 되고 교육·훈련을 받지 못하는 상황에 빠지지 않도록 국가가 청년에게 일자리를 보장하고 원활한 노동시장 이행을 지원하도록 'AI K-청년 일자리 보장제(Youth Guarantee)'를 도입해야 한다.

둘째, 복지다. 성장적 복지 정책 확대로 청년층이 취업하기 전까지 경제적 생활에 허덕이지 않도록 해줘야 한다. 복지 사각지대를 없애주고, 고용 유연성을 확보하면 기업의 고용여력이 커지고 일자리가 늘어난다. 전체 취업자 중 고용보험 가입자는 대략 50%에 불과하고 피보험 자격 상실자 중 구직 급여를 신청할 수 있는 조건을 충족한 사람은 30% 내외다. 이들을 전부 커버할 수 있는 것이 재원이 들지 않는 'K-청년 행복소득'이다. AI와 블록체인 기술을 활용해 재원 부담이 없다는 게 특징이다.

셋째, AI 기술주도 혁신 성장이다. 코로나19 대응을 통해 한국의 국가 이미지가 높아진 만큼 글로벌 시장에서 첨단 생산기지 위상을 확보하도록 선제 대응해야 한다. AI+X 산업에 과감히 투자를 해야 포스트 코로나 시대에 직간접으로 청년에게 적합한 지속가능한 양질의 일자리가 창출될 수 있다.

넷째, 융합 정책을 펼쳐야 한다. 정부의 노동 정책은 노동시간 단축, 최저임금 인상, 비정규직의 정규직 전환과 처우 개선, 대기업과 중소기업 간 임금 격차, 청년 실업 대책 등이 각자 추진되면서 개별 논란만 부각되고 해결되지 않았다. 이를 융합하는 정책 융합(Policy Fusion)이 필요하다. 문제 극복을 위해서는 개별 노동 문제를 정책 융합적 접근을 통한 사회적 대타협을 모색해야 한다.

다섯째, 양(量)보다 질(質)이다. 일자리 정책은 새로운 고용 창출, 나쁜 일자리를 좋은 일자리로 전환해 과도한 격차 해소를 아우르는 방향으로 진행되어야 한다. 새로운 일자리를 만들고, 질 나쁜 일자리를 양질의 일자리로 바꾸고, 불안정·저소득 일자리의 늪에 갇힌 청년들에게 고용과 소득의 안정성 중 한 가지라도 채워줘야 한다.

여섯째, 규제와 제도의 경직성을 걷어내 노동 이중 구조를 타파

해야 한다. 노동시장의 경직성은 노동시장이 임금·일자리 안정성
등 근로 조건에서 질적 차이가 있는 이중구조를 가지고 있다. 청년
들은 열악한 일자리에서 출발할 경우 양질의 일자리로 이직하기 어
렵기 때문에 처음부터 좋은 일자리로 진입하기 위해 구직 기간을
늘리고 있다.

일곱째, 기업하기 좋은 환경 구축이다. 일자리는 기업이 만든다.
기업들이 투자 확대를 통해 양질의 일자리를 창출하도록 과감하게
규제를 철폐하고 국외 투자 기업의 국내 유턴을 위해 획기적인 지
원책을 마련하는 등 유연하고 혁신적인 기업 환경을 조성해야 한
다.

여덟째, AI 혁명 시대에 맞는 교육개혁이다. 전 산업분야에서 AI
와 빅데이터 분야 개발자 수요가 급증하고 있다. 기업에서 원하는
ICT 개발 인재 양성을 과감하고 신속하게 대응하기 위해 에듀테크
교육은 필수다. 메타버스(Metaverse) 등 새로운 형태의 일자리가 몰려
오고 있다. 따라서 교육 체계를 세상 변화에 부응할 수 있는 근본적
인 발상 전환을 추구하고 개혁해야 한다.

아홉째, 슈퍼 고용(Super Employment) 시대에 대비해야 한다. 미래
의 일자리 60%는 아직 나타나지도 않았다. AI 발전으로 AR·VR 세
상이 현실화되면 지금보다 산업과 직군이 훨씬 더 세분화되어 새로
운 직종과 일자리가 폭발적으로 늘어난다. AI 시대는 슈퍼고용이
가능해진다. 향후 일자리 정책도 AI 시대에 맞게 혁신적으로 새롭
게 재설계 되어야 하는 이유다.

열 번째, AI 혁명에 올라 타야 한다. AI는 3가지 방향에서 새로

운 일자리를 창출할 수 있다. AI 기술을 개발·유지 및 개선 분야, 연관 산업의 AI 기술 도입을 지원하기 위한 간접적 AI 관련 부문 스필오버(Spillover) 효과, 경제 전반의 소득효과에서 새로운 양질의 일자리를 창출할 수 있다. AI 활용으로 인한 생산성 향상이 기업 경쟁력 향상으로 이어져 그 혜택이 낮은 가격의 형태로 소비자에게 전달되면 소비 증가로 이어지고 대응하기 위해 기업은 일자리를 늘리는 선순환 경제가 된다.

열한 번째, 창업과 창직 붐 조성이다. 청년들에게 무작정 도전하고 창업하라고 할 것이 아니라 창업할 수 있는 일거리를 만들어 주는 환경 조성이 먼저다. 혹시 실패를 하더라도 다시 일어설 수 있도록 제도적으로 보장해줘야 한다. 세계에서 스타트업 창업 비율이 가장 높은 이스라엘은 실패해도 계속 재도전할 수 있게 도와주는 사회적 환경과 정부의 전폭적 지원제도가 있다.

열두 번째, 정책 전환이다. 청년 실업 문제는 재정을 투입해서 일자리를 만들고, 고용지표를 개선하는 것에 해답이 있지 않다. 세금으로 임시직 티슈형 일자리 만들기 정책에서 세금을 낼 수 있는 양질의 일자리를 만들도록 기존 정책 기조를 AI 시대 맞게 전면 전환해야 한다. 대기업, 공무원, 공공기관 등 선호 직장 취업자는 경제활동인구의 10%에 불과하며 비정규직의 불안정한 노동자는 60%다. 대기업의 경력직 선호 추세에 청년들의 불안감이 크다. 마지막으로, 정부의 일자리 정책 목표는 AI 시대 일거리를 찾고 만드는 것이다. 청년들이 평생 일자리를 가지도록 국가가 일거리를 만들고 개개인의 일자리를 연결해주는 'K AI-일자리 매칭 시스템'이 절실하다. 새로운 좋은 일거리를 끊임없이 만들어 내는 역동성 있는 경제를 만들어야 청년 일자리 문제는 해결된다. (경기매일 2021. 06. 17.)

'기본 일자리' 창출 해법

정월 대보름에 먹는 부럼 등 가격이 지난해보다 50% 이상 올랐다. 수입은 갈수록 줄고 물가는 하루가 다르게 오르는데 도무지 서민들은 이 상황을 어떻게 헤쳐 나갈지 막막하기만 하다. 지난달 취업자 수가 98만 2000명이 감소해 외환위기 이후 22년 만에 최악의 고용쇼크가 발생했다. 청년들은 일자리가 없어 아우성이다. 이게 고용의 민낯이다. 일자리 정부가 성과를 내려면 어떻게 해야 하는지 Q&A 형식으로 풀어보자.

Q: 정책은 왜 성과를 못 내나

A: 디테일이 부족하다. 추진에 있어서도 기술적 접근이 전무하다. 발표는 요란한데 실행은 제대로 되지 않고 있다. 아무도 책임을 지지 않고 나서지 않으며 발표가 성과라고 생각하는 경향이 있기 때문이다. 정권 후반기로 갈수록 눈치 보기는 심해진다. 국민은 지난 4년 간 동일한 방법과 정책으로 성과를 내겠다는 것을 더 이상 신뢰하지 않는다. 성과를 내려면 사람, 조직, 일하는 방식을 전부 변혁해야 한다. 올해는 무엇보다 성과를 내는 것이 가장 중요하다.

Q: 지금 국민은 행복한가

A: 일부 대기업은 성과금 잔치, 시장 및 상가는 한 집 건너 폐업을 알리는 전단지가 붙어있는 게 지금 우리 경제의 현실이다. 경제 악화와 코로나로 국민의 행복감은 낮아졌다. 코로나19가 엎친데 덮쳐 국민의 행복감은 10점 만점에 6.4점, 본인의 경제적 안정 정도는 4.8점으로 지난해 보다 떨어졌다. 세대별을 불문하고 자기 삶에 행복감을 느끼지 못하고 것은 일자리가 불안하기 때문이다.

Q: 어떻게 해야 하나

A: 국민이 행복하려면 경제가 활성화되어야 한다. 경제 활성화는 양질의 일자리가 토대가 되어야 한다. 코로나 비상사태를 맞아 기본 일자리가 필요한 이유다. 일시적 티슈형 알바 일자리가 아니라 신기술에 의한 양질의 일자리 창출 환경을 조성해야 한다. 기업이 일자리를 만들 수 있도록 규제를 풀고 정부는 일거리를 만드는데 집중해야 한다.

Q: 1분기 90만 개 일자리 가능할까

A: 한국경제 발전에 아무 도움을 주지 못하는 알바형 일자리는 의미 없다. 지난 4년간 실패한 일자리 정책 기조를 유지한다면 성과를 낼 수 없다. 1분기 정부 부처가 세금으로 만드는 일자리는 노인 일자리 및 사회활동 지원사업에서 나온다. 90만 개 중 66%가 만 65세 이상이 공공시설 봉사에 참여하고 월 27만 원 이내 수당을 받는 일자리다. 4조 원 안팎의 예산이 들어가는 공공부문 알바 일자리 예산을 지속 가능하고 세금을 내는 양질의 일자리를 만드는데 투입해야 한다.

Q: 양질의 일자리를 어떻게 만드나

A: 디지털 트랜스포메이션 시대 신산업에 양질의 일자리가 있다. 하지만 시간이 걸린다. 단기성과를 낼 수 있는 방법은 따로 있다. 한국판 뉴딜 종합계획에 따르면 2025년까지 총160조 원을 투자한다. 정부가 과제 및 프로젝트를 발주할 때 금액에 따라 몇 명 고용할 것인지 평가항목에 넣으면 된다. 청년들에게 신산업과 신기술에 참여할 기회를 주는 일자리 정책이어야 한다. 과제가 종료되면 프로젝트 수행 경험을 바탕으로 다른 일자리로 전환할 수 있기 때문이다. 청년들은 미래 국가 경쟁력으로 자산이다. 선택과 집중해 양질의 일자리가 창출될 수 있도록 제대로 하자는 것이다.

Q: 직업교육 혁신 방법은

A: 코로나 사태로 비대면 직업교육 시장이 B2B, B2C 비즈니스로 다양화되고 있다. AI 시대는 에듀테크 시장의 급성장과 함께 직업교육의 디지털 노마드 시대에 접어들었다. AI 시대에 변화하는 일자리 형태에 맞춰 직업 훈련도 혁신해야 한다. 기업이 필요로 하는 신기술 직업 교육이 필요하다. 정부와 민간, 학교가 협업 시스템을 구축하면 직업교육을 효율적으로 할 수 있다.

Q: 평생교육의 필요성에 대해

A: 먼저 공공과 민간이 역할을 분담해야 한다. 공공이 지원해야 할 분야는 세밀한 아젠다가 필요하다. 싱가포르의 일자리 혁신 아젠다 평생교육 프로그램 Skill Future Movement를 참고해야 한다. 그 중 Skills Future Credit Course는 디지털 트랜스포메이션 시대

에 대응하기 위한 맞춤형 프로그램이다. 기업들도 시대 변화에 맞춰 필요한 인재를 육성하는 것이 중요하다. 평생 교육을 통해 고령화, 4차 산업혁명 시대에 급변하는 환경에 맞춰 노동력을 유연하게 공급할 수 있다. 기술발전이 빠르게 진행되면 산업 간, 기업 간 구조 조정은 더 활발해진다. 이에 대비하기 위해 평생교육과 훈련이 필수다. 당장 현재 직장에서 신기술이 필요 없는 근로자들에게 신기술 교육을 하기 위해 국가지원이 필요하다. 평생교육은 신시장 개척, 근로 인구 확대뿐만 아니라 AI 혁명에도 대응할 수 있다. 평생 교육은 디지털 트랜스포메이션 시대에 대응하기 위해 선택이 아니라 필수다.

Q: 일자리 창출 조직 혁신

A: 일자리 컨트롤 타워와 조직을 혁신해야 한다. 싱가포르는 일자리 총괄 장관이 직업 교육까지 담당하며 기업인, 노조, 현장 전문가 중심으로 실무조직을 구성해 직업정책을 총괄 추진하고 있다. 한국형 일자리 'K-Skills Future System'을 구축해야 한다. 일자리 정부에서 누가 추진하느냐에 따라 성과가 결정된다. 문제는 사람이다.

Q: 성공적인 일자리 창출 정책

A: 역대정부의 실패원인을 반면교사로 삼아야 한다. 정권의 교체와 관계없이 일자리 정책은 일관성이 있어야 한다. 장기적인 일자리 정책은 국회의 의결과 국민의 합의를 거쳐야 한다. 그래야 정권에 따라 정책기조가 바뀌는 일이 없어진다. 정부와 민간, 학교의 유기적인 거버넌스 구축은 정책 추진의 일관성을 보장한다.

일자리 정책은 전략적 사고로 치밀하게 접근해야만 성과를 낼수 있다.

Q: 중소기업 및 제조업 일자리

A: 뿌리 산업인 제조업의 고령화는 급속히 진행되고 있다. 현장에서는 일할 사람이 없어 난리인데 청년들은 중소 제조업 일자리를 회피하고 있는 게 현실이다. 아무리 지원책을 내놓아도 청년들을 흡수할 수 없는 구조다. 현장에 필요한 단순 기술 숙련 일자리는 외국인 노동자로 대체하고 청년들이 원하는 신산업에 맞는 직업교육 프로그램을 확대해야 한다. 'K-AI 기본 일자리 시스템'을 구축해 개개인의 직업 교육 이수와 커리어를 관리하고 빅데이터 분석으로 맞춤형 일자리를 매칭하는 서비스를 제공해야한다. 중소기업이 일자리의 핵심이며 미래 기술을 리드할 수 있도록 일자리 정책을 수립하고 실현하는 것이 중요하다.

Q: 신 산업에 의한 양질의 일자리는 어디에

A: AI 시대 미래 일자리 60%는 아직 나타나지도 않았다. AI 기술발전에 따라 일자리 변화에 주목해야 한다. 글로벌 기업 아마존은 AI 로봇을 도입해 일자리가 감소할 것이라는 예상과 달리50% 이상의 고용 증가를 이뤘다. 2025년까지 10만 명에게 직업재교육을 시킬 예정이다. AI 시대의 기술 변화에 맞춰 직업 재교육이 새삼 강조되고 있다. 양질의 일자리는 AI+X 산업에 있다.

Q: 역대 정부 성과를 평가한다면

A: YS정부는 금융실명제, 국민의 정부는 브로드밴드, 벤처 붐, 참여정부는 전자정부, 지역 균형발전, IT 강국 구축의 토대를 마련

하는 성과를 냈다. 일자리 정부는 국민이 치적으로 기억될 것은 무엇일까. 해법은 AI 강국으로 도약하기 위한 인프라 투자이다. 한국판 뉴딜을 제대로 추진해 성공한다면 양질의 일자리가 창출된다. 일자리 정부가 미래에 AI 인프라를 구축하고 양질의 일자리를 창출했다고 평가를 받는다면 성공한 정부로 기억될 것이다.

(경기매일 2021. 03. 01.)

'일자리 적폐'와 '일자리 창출' 해법

통계청은 지난달 취업자 수가 지난해 같은 달보다 47만 3,000명 감소했다고 3월 17일 밝혔다. 취업자 수가 12개월 연속 감소했다. 2월 고용률은 58.6%로 1년 전보다 1.4% 하락했다. 2월 기준으로는 외환위기 이후 22년 만에 최저치를 갈아치웠다. 여전히 실업 한파가 이어지고 있다. 일자리 적폐 청산과 일자리 창출 해법을 Q&A 형식으로 풀어보자.

Q: 일자리 정부

A: 현 정부는 일자리 정부를 표명했지만 낯부끄러운 일자리 정부가 됐다. 일자리 정부에 일자리가 없는 게 현실이다. 일자리가 사라져 서민들 생활은 빡빡하다. 일자리 참사는 일시적인 문제가 아니다. 일자리 정책에 대한 성과가 지난 4년 동안 누적된 결과다. 지금이라도 정책 성과를 내려면 기존 방식에서 탈피한 새로운 모멘텀 마련이 필요하다. 일자리 위기는 일자리 정권의 위기뿐

만이 아니라 AI 시대 한국경제 위기다.

Q: 일거리 정부

A: 일을 해 돈을 버는 것이 일거리다. 일거리가 끊겼다. 일거리가 많다. 국민은 어느 쪽을 선택할까. 정부는 일거리, 기업은 일자리를 만드는 선순환 AI 일거리 경제가 되어야 한다. 하지만 정부가 직접 일자리를 만든다고 나선 형국이다. 지금이라도 일자리 정부가 아니라 일거리 정부가 되어야 한다. 좋은 일자리는 좋은 일거리에서 나온다. 성공적인 일거리 정책을 편 정부를 꼽는다면 당연 'IT 강국'의 초석을 마련한 김대중 정부다. 인터넷 인프라를 깔아 일거리를 만들었다. 그러자 기업은 일자리를 창출했다. 외환위기를 극복한 DJ 정부의 일거리 정책은 성공한 것으로 평가를 받고 있다.

Q: 일자리 예산

A: 2017년 15조 9,452억 원, 2018년 18조 181억 원, 2019년 21조 2,374억 원, 2020년 25조 4,998억 원, 지난 4년간 총 80조 7,005억 원을 집행했고 올해는 30조 6,000억 원이 배정됐다. 5년간 일자리 창출 명목으로 사용되는 재정만 111조 3,000억 원 수준이다. 이것으로도 모자라 4차 재난지원금 지급을 위한 추경에 2조 1,000억 원의 일자리 예산도 끼워 넣었다. 역대 정부 연평균 일자리 예산은 김대중 5조 3,262억 원, 노무현 6,191억 원, 이명박 9조 2,230억 원, 박근혜 14조였다.

Q: 안이한 인식

A: 각종 고용지표가 사상 최악의 흐름을 보이고 있다. 하지만 정책

책임자는 1월보다 나아지는 모습이라고 말했다. 발언 자체가 현실 인식과 크게 동떨어진 것이다. 실업자는 늘어나는 추세인데 지난해와 비교한 수치 발표는 의미 없다. 공공 일자리 사업 재개로 고용수치가 나아진 것처럼 보이는 것은 통계 착시다. 취업자 감소는 12개월째 이어져 외환위기에 맞먹는 실업 참사는 현재 진행형이다. 다음 달 발표된 3월 고용지표는 지난달보다 좋아진다는 전망은 지난해 3월이 부진했기 때문이다. 만성적 실업자는 공식 실업자 135만 3,000명의 3배인 470만 명에 달해 고용 상황은 여전히 최악이다.

Q: 한계

A: 티슈형 일자리 만들기 대책으로 통계 수치 개선에만 매달리고 있는 일자리 정부는 1분기 중 90만 개의 공공 일자리를 만들겠다는 계획이다. 하지만 민간 일자리 대책이 없는 상황에서 재정 일자리로만 버티기에는 무리다. 노인 일자리 만들기는 재정 지원이 끊기면 결국 사라질 일자리다. 지난해 이미 재정을 투입해 노인 일자리를 확 늘렸기 때문에 올해 더 늘리는 데는 한계가 있다.

Q: 일자리 적폐

A: 역대 정부의 일자리 정책은 재정으로 임시직 일자리 만들기에 몰두한 실패의 연속이었다. 청년 인턴, 노인 일자리 만들기 등 악순환의 반복이었다. 한국경제 미래 먹거리 확보와 미래 세대가 어찌되든 일자리 수치만 집착했다. 당장 눈앞에 닥친 위기 순간만 모면하려는 근성이 공직사회에 뿌리 깊게 배어 있다. 정책

책임자가 숫자 목표를 제시하면 부처는 서둘러 단기 알바 대책만 양산했다. 숫자 목표 채우기에 급급하면 절대 성공할 수 없다. 성과가 나오지 않으면 대책에 대책을 거듭하다가 마지막에는 특단의 대책까지 나온다. 일자리 참사의 본질적 문제에 대해 해법을 고민하지 않고 뚝딱 내놓는 눈가림 조치가 특단 대책이다. 결국 대책 발표만 하다가 임기는 끝난다. 보여주기 숫자 놀음 쇼는 매번 실패했기에 이제 그만 멈춰야 한다. 정책실패로 성과를 내지 못하는 것이 적폐.

Q: 정책 방향

A: 정책 목표 달성을 위해서는 숫자가 아니라 방향이 중요하다. 방향을 잘 잡아야 성과를 낼 수 있기 때문이다. 정책 방향은 미래지향적이어야 한다. 설사 방향이 맞더라도 성과를 내지 못하면 정책기조를 전환해야 한다. AI 시대 정책방향은 밑 빠진 독에 물 붓는 재정 투입이 아닌 미래 산업에 투자를 위한 마중물이어야 한다. 재정 알바 양산에 낭비할 예산을 AI 산업에 대응하기 위해 청년 취업, 중장년층 재취업 교육에 집중 투자해야 한다. 그래야 지속 가능한 양질의 일자리를 만들 수 있다. 지금은 기업이 신산업 분야에 진출할 수 있도록 규제를 풀고, 한국경제 중추인 30~40대 실업을 막는 방향으로 가야만 한다.

Q: 해법

A: 일자리 정부가 성과를 내려면 당연히 다른 길을 걸어야 한다. 지금같이 기존 일자리 정책을 답습하고 반복한다면 어떤 결과가 나올지 불 보듯 뻔하다. 노인 일자리 정부라는 평가를 받지 않으

려면 지속 가능한 청년 일자리를 늘리는 데 집중하고 경직된 고용 환경 등 구조적 문제를 면밀히 혁신해야 성과를 낼 수 있다. 'AI 강국' 도약을 위해 일자리 적폐청산과 일자리 창출 해법으로 '한국판 일거리 프로젝트 만들기'를 제안한다.

창직으로 창업 국가를 실현해야

첫째, AI 시대 창직을 통해 창업 붐을 조성하자. 창직이란 자신의 역량을 바탕으로 창의적 아이디어로 신직종을 만들어 스스로 일자리를 창출해 고용시장에 진출하는 것이다. 한국의 직업 종류는 총 1만 6891개로 지난 8개월 간 5236개가 늘었다. 새로이 생긴 직종은 4차 산업혁명 등 기술의 발전, 고령화와 인구학적 변화에 따라 다양한 직종이 탄생했다. 하지만 서비스업과 첨단 산업이 발달한 미국의 1/3 수준이고 일본보다 대략 5000개나 적다.

AI는 모든 분야와 융합이 가능하다. AI+X 시대에 무한히 많은 새로운 직종을 만들어 낼 수 있다. 새로운 직종이 생기면 수많은 일자리가 창출된다. 미래는 AI와 디지털을 융합한 역량이 새로운 직업을 만들어 낸다. 미래 직업은 현재 60%도 나타나지 않았다. 정부의 역할은 창직을 할 수 있도록 수많은 일거리 프로젝트를 발주하는 것이다.

둘째, 창직이 창업으로 이어지는 시스템 구축이다. 정부 공공기관이 350개 공공 유관 단체는 1227개를 전부 일거리 만들기 거점으로 활용할 수 있다. 예를 들면 공공기관이 AI 기술을 활용한 시장화 프로젝트를 추진할 때 최종 목표는 창업이 되어야 한다.

학교는 담당교수와 조교, 학생 5명이 한 팀에 공공기관 연구소 박사 인력이 배정된다. 해당 분야에서 퇴직한 시니어는 시장 분석과 마케팅 전략 자금 계획 등을 세워 비즈니스 모델을 만든다. 이렇게 프로젝트가 끝나고 나면 창업을 한다. 정부는 펀드를 통해 자금을 지원하거나 투자회사와 연계해주면 성공 확률은 높아진다.

셋째, 한국판 뉴딜 일거리를 창직·창업으로 연계해야 한다. 정부는 디지털 뉴딜과 그린 뉴딜 축으로 2022년까지 31조 3000억 원을 투자해 일자리 55만 개를 창출한다는 계획을 밝혔다. 하지만 중앙부처 670개 사업 중에서는 71.9%가 기존에 하던 사업이다. 재탕 사업과 기존의 발주 형태로는 일거리를 만들 수 없다. 생산성 저하와 저성장 등 구조적 위기를 극복하기 위한 성장 동력을 발굴할 수 있는 일거리 프로젝트로 바꿔야 한다. 정부 과제 발주 금액에 따라 청년 의무고용제 조건을 달아야 한다. 대략 2~3년의 과제 수행기간에 투입된 청년을 차기 프로젝트로 연결해 주면 4~5년 정도 프로젝트 수행 경험을 쌓게 된다. 5년 경험이면 해당 직종에서 창직을 통한 창업을 할 수 있는 최소 여건인 기술과 인맥, 아이디어를 쌓을 수 있다. 'K-AI 창직 지원 시스템' 구축으로 청년 일자리 문제도 해결할 수 있다.

넷째, 어르신이 살아온 경험과 지혜를 활용해 일거리를 만들 수 있다. 휴지 줍기 등 일회성 임시직 일자리에 집행되는 예산을 정당한 대가를 받고 만족감을 주는 행복한 일거리를 제공하는데 지원해야 한다. 어르신들이 작업한 제품을 청년들이 사업모델로 만든다면 청년과 노인들의 세대 통합이라는 사회적 가치를 이루는 새로운 창업 형태도 가능하다. 예를 들면 폐지 수집하던 어르신들께 종이 접기 및 미술 교육을 통한 일거리를 제공하는 것이다. 그림 폐품 활용 제품 만들기 수업으로 직접 그림도 그리고 만드신 제품을 판매도 가능하다. 포장도 하고 가까운 거리는 직접 배달도 하면 된다. 이런 과정을 거치면 일자리도 생기고 박스 수거보다 몇 배의 수익을 올릴 수 있다.

일거리 정책으로 전환해야

첫째, 일자리 정책을 일거리 정책으로 대전환해야 한다. 세대별 맞춤형 일거리 정책을 추진해야 한다. 청년, 중장년, 은퇴자, 노인 등으로 구분해 그에 맞는 일거리를 적극적으로 만들고 그 일거리 중심으로 일자리를 만들어야 지속 가능한 일자리를 창출할 수 있다. 그 중심에 중장년 일자리가 있다. 이들이 자리를 잡으면 아래로 청년, 중간에는 중장년이 지탱해주고, 위로는 노인들의 일자리를 견인하는 역할을 한다. 정책적인 전환이 이루어져야 하는 시점이다.

둘째, 흑묘백묘론(黑猫白猫論) 일거리 정책 추진이다. 글로벌 기업을 유치해 양질의 일자리를 늘려야 하기 때문이다. 싱가포르는 정치적으로 적지 않은 부담을 감수하면서까지 가변자본 기업(VCC: Variable Capital Companies) 제도를 도입했다. 그 이유는 펀드산업이 게임 체인저가 될 것으로 내다 봤기 때문이다. 겉으로는 글로벌 기업에게 혜택을 주는 듯 보이지만, 속으로는 확실한 실리를 취하고 있다. 덩샤오핑의 실용주의 정책과 유사하다. 일거리 VCC 160개가 만들어져 파생된 양질의 일자리 수만 개가 창출됐다.

셋째, 정부와 기업이 신뢰를 쌓아야 한다. 정부 정책은 기업의 투자를 유도할 수 있다. 하지만 현실은 정부와 기업 간 파트너 관계를 통해 투자를 유도하는 시스템이 무너졌다. 민간 기업이 양질의 일자리를 만든다. 기업이 마음껏 투자할 수 있도록 환경을 조성해야 한다. 기업은 적폐 대상이 아니다. 한국경제를 지탱하고 발전시키는 것이 기업이다. 경영을 옥죄는 방안이 아니라 투자를 유도하는 제도, 규제를 푸는 법안이 많이 나와야 한다. 국내 대기업 10곳 중 6곳이 올해 상반기에 직원을 뽑지 않거나 채용계획을 세우지 못하고 있다. 이유는 경영 환경이 불확실하기 때문이다. 최소한 정부 정책이나 국회 법안이 기업의 투자환경을 위축하지는 말아야 한다. 싱가포르처럼 기업 활동을 돕는 파격적인 정책을 내놓기를 기대한다.

넷째, 중앙정부와 지자체 간 국가 균형 발전 정책이 필요하다. 정부는 대기업과 수도권에 집중된 일자리을 완화하기 위한 온갖 정책을 추진하기 위해 엄청난 규모의 재정을 투입했다. 그 결과 성과가 없었던 것은 아니지만 근본적으로 대기업과 중소기업, 수도권과 비수도권 간 불균형 문제는 해결하지 못하고 있다. 지금도 중앙부처에서 예산을 집행하면서 일일이 간섭하고 있다. 지역 사정은 해당 지자체가 제일 잘 안다. 지자체가 스스로 일거리를 만들 수 있도록 권한을 이양해야 한다. 중앙에서는 큰 틀에서 정책 방향을 제시하면 된다.

창직·창업 붐을 조성해야

첫째, 창직과 창업 붐을 조성해야 한다. 엔젤 투자가들 앞에서 스타트업이 프리젠테이션을 통해 투자를 유치하는 리얼리티 쇼를 편성해야 한다. 일본의 '호랑이의 돈'이 기원으로 영국에서 'Dragon's Den', 미국에서 'Shark Tank'가 리메이크되어 엄청난 인기를 끌었다. 지금은 많은 국가에서 인기 있는 방송 프로그램이다. 시제품을 가지고 나온 창업가, 스타트업들이 자신의 제품과 아이디어를 소개하는 내용이다. 창업가들의 새롭고 기발한 아이디어를 통해 시장의 트랜드를 읽을 수 있어 보다 더 많은 창직과 창업을 이끌어 낼 수 있다.

둘째, 일거리 프로젝트가 필요하다는 국민의 공감대 형성이 중요하다. 미래를 위해 경제와 산업구조를 대전환한다는 차원에서 일거리 프로젝트는 선택이 아니라 필수다. 일거리는 AI+X 산업에 있다. 성장한계에 직면한 수출 주력 기존 제조업 산업을 디지털 트랜스포메이션으로 대전환하는 범국가 일거리 프로젝트 만들기 붐을 조성해야 한다.

정치가 아니라 정책으로 승부해야

첫째, 정치는 정책대결이 되어야 한다. 국민의 선택을 받으려면 좋은 정책을 내놓아야 한다. 국민들도 정책을 보고 선택해야 한다. 정책대결이 되는 사회적 분위기 조성이 절실하다. AI 시대 세계는 빠르게 변화하고 있다. 자칫 이념에 따라 정책을 결정하면 낙오할 수 있다.

둘째, 선거는 정치가 아니라 정책으로 승부해야 한국경제가 재도약 할 수 있다. AI와 다양한 산업을 융합하면 일거리는 넘쳐난다. 일거리가 많으면 지속 가능한 양질의 일자리는 더 많이 만들 수 있다. 일거리와 일자리를 제시하는 정책 대결 선거가 되는 문화가 정착되길 기대한다.

마지막으로, 정부의 목표는 AI 시대 일거리를 찾고 만드는 것이다. 국민 모두가 평생 일자리가 있도록 국가가 일거리를 만들고 개개인의 일자리를 매칭해주면 'AI 강국'이 실현되는 날이다. 새로운 일거리를 끊임없이 찾아야 대한민국의 미래가 밝다.

(경기매일 2021. 03. 20.)

기본 일자리와 스타트업 국가

'기본소득'보다 '기본 일자리'가 선행되어야

통계청이 2월 10일 발표한 지난달 취업자 수가 98만 2000명이 감소해 외환위기 이후 22년 만에 최악의 고용쇼크가 발생했다. 실업자도 47만 7000명 늘어 157만 명으로 사상 최대치에 달했다. 실업률은 5.7%로 전년 동일보다 1.6% 상승했다. 세금으로 만든 60대 일자리도 11년 만에 감소했다. 알바가 끊긴 20대와 공공 근로 노인들과 일자리 경쟁이 펼쳐지고 있다. 청년 실업률은 9.5%로 전년보다 1.8% 늘었다. 이게 고용의 민낯이다. 일자리 대참사의 해법으로 AI 시대 기본 일자리란 무엇인가를 Q&A 형식으로 풀어보자.

Q: 기본소득 vs 기본 일자리

A: 닭이 먼저, 달걀이 먼저? 정답은 닭이 먼저다. AI 슈퍼컴퓨터로 계산해보니 닭 난소에 오보클레디딘-17이 없으면 달걀이 만들어지지 않는다고 밝혀졌다. 소득이 먼저, 일자리가 먼저라는 질문에 정답은 일자리 없이는 소득이 있을 수 없다는 것이다. 지금은 기본소득보다 기본 일자리를 논하는 것이 먼저다. AI 시대는

기본소득 이전에 기본 일자리 제도를 정착하는 것이 선행되어야 한다.

Q: 차이점

A: 기본 일자리는 노동의 성격이고 무노동 무소득 원칙이다. 기본소득은 일자리 없이 지원된다. 기본적으로 기본소득은 노동 없이 이루어지면 안 된다. 기본 일자리의 사각지대에 있는 사람들은 기본소득이라는 복지형태로 지원하면 된다.

Q: 일자리 개념과 정부의 역할

A: 일자리는 경제의 근간이고 생산의 핵심이며 소비의 원천이다. 일자리 제공은 정부의 책무이며 시대적 사명이다. 일자리는 국민의 권리이다. 국민이 행복하려면 일자리가 넘쳐야 한다.

Q: 기본 일자리 필요성

A: 예전에 일자리는 개인의 능력에 따라 결정됐다. 하지만 AI 시대는 일자리 트랜드가 변화하고 있다. 기존 제조업 일자리는 점점 축소, 신산업의 등장, 코로나19 팬데믹 시대를 맞아 서비스 직종의 수많은 노동자와 자영업자들이 일자리를 잃고 있다. 이제는 개인의 문제가 아니라 사회 공동체, 정부, 지자체가 책임져야 한다. 기본 일자리에 대한 제도적 메커니즘이 필요하다. 기후 변화와 포스트 코로나 시대적 환경 변화에 적극적으로 대응하고 청년의 미래를 위해 기본 일자리 시스템을 정착시켜 나가야 한다.

Q: 기본 일자리

A: 기본 일자리(Basic Job)는 헌법 32조 국민은 근로의 권리와 의무를 가진다. 일할 자유, 일하고 싶은 의사와 능력이 있지만 알맞은

일자리를 구하지 못한 모든 사람에게 일자리를 제공해야 한다는 의미다. 기본소득은 일하지 않아도 소득을 법적으로 보장하는 정책이다. 반면 기본 일자리 보장은 일자리에 대한 권리를 법적으로 보장하는 정책이다. 일자리가 보장될 수 있도록 경제·사회·산업 시스템을 구축하는 것이다. 기본 일자리 제도를 시행 후 기본소득에 관한 논의를 해도 늦지 않다.

Q: 왜 AI 기본 일자리

A: 저성장, 산업경쟁력 저하, 코로나 불황과 구조조정, 불안정한 노동환경 속에서도 정부 책임 하에 기본 일자리를 보장해야 한다. 이것은 단순히 정부 예산으로 티슈형 일자리를 확대하는 의미는 아니다. 기본 일자리 상시화는 생산과 경제 성장이라는 혁신의 전제에서 현실적으로 작동할 수 있다. AI 기본 일자리 보장 정책은 결국 AI 산업이 핵심이다.

Q: 장점

A: 청년들의 미래 경쟁력을 향상시킬 수 있다. 청년실업은 사회에 기여할 수 있는 기회가 없다는 것이다. 이는 미래의 국가경쟁력과 직결된다. 경제 활성화다. 소득이 보장됨에 따라 유효수요 확대로 내수가 늘어난다.

Q: 목표

A: 일할 의사와 능력이 있는 모든 사람에게 일자리를 제공하는 것이다. 무한 탄력적인 기본 일자리를 창출함으로서 완전고용과 물가안정, 경제 활성화를 동시에 달성하고 무덤까지 일자리를 보장하는 것이다. 기본 일자리 정책이 효과를 내려면 정책 시차

를 줄여야 한다.

Q: 정책 시차

A: 정책 문제가 발생한 시점부터 해결하는 데까지 걸리는 시간이다. 문제해결을 위해 알맞은 정책 입안, 국회 동의, 실행 후 효과가 나타나기까지 절대적 필요한 시간이다. 시차가 짧을수록 현장의 문제를 빨리 처리할 수 있다. 통화정책은 재정정책보다 효과가 빠르다.

Q: 핵심과 성과를 내려면

A: 일자리에 맞는 재교육과 전환배치 그리고 기업들이 이 부분을 받아들일 수 있도록 제도적 장치와 지원이 필수다. AI 시대 일자리 변혁을 서로가 공감하고 그 변화를 받아들일 수 있는 사회적 합의가 필요하다. 이런 것이 없으면 성과를 낼 수 없다.

Q: 기본 일자리 시스템 구축

A: 첫째, 정부와 지자체가 일자리를 연결해주는 역할을 해야 한다. 중앙정부는 재정적 부담과 시장의 노동력 수급에 대한 일종의 조절자 역할을 하는 것이다. 지자체는 지역 현장 일자리를 중심으로 운영하면 된다.

둘째, 직업교육이다. 기술 트랜드 변화에 따른 신산업 출현에 맞는 재교육을 통해 기업의 원하는 인재를 육성해야 한다. 미래의 직업에 맞춰 사전 교육을 통해 재취업을 알선한다면 고용에 대한 불안을 없앨 수 있다.

셋째, 국민의 참여다. 노동조합과 시민단체 역할이 중요하다. 마지막으로, **K-AI** 기본 일자리 시스템을 구축해 개개인의 직업 교육 이수와 커리어를 관리하고 빅데이터 분석으로 맞춤형 일자리 정보를 제공해야 한다. AI 시대 기본 일자리는 선택이 필수다.

(경기매일 2021. 02. 14.)

설자리 잃은 '장애인 일자리' 창출 해법

코로나19 여파로 장애인들의 고용한파가 심각하다. 고용참사 속에 일자리 얻기 어려운 장애인들은 더욱 극심한 취업난에 시달리고 있다. 생계유지에도 사회 활동에도 큰 어려움을 겪고 있는 게 현실이다. 사회적 약자인 장애인에게 기본 일자리와 기본소득을 의무적으로 제공해야 한다. 장애인 일자리 창출 해법을 Q&A 형식으로 풀어보자.

Q: 현황

A: 2020 장애인 통계 연보에 따르면 2019년 말 전체 등록 장애인 수는 2,618,918명이다. 65세 이상 장애인 수는 1,263,952명(48.3%)로 2013년 40%를 돌파한 이래 꾸준히 증가하고 있다. 이는 우리나라의 고령화 수준을 볼 때 이미 장애인 초고령화가 심각하게 진행됐다는 의미다. 등록 장애인 수를 장애 유형별로 살펴보면 지체장애가 46.7%, 청각장애 14.4%, 시각장애 9.7%, 뇌병변장애 9.6% 순으로 나타났다. 전국에 560여 개 직업재활 시설에 15000여 명의 중증장애인들을 보호하고 있다.

Q: 노동

A: 2019년 기준 장애인의 경제활동 참가율은 37.3%로 전체 인구의 64%보다 26.7% 낮다. 실업률은 6.3%로 전체인구 4.0%보다 2.3% 높으며, 고용률은 34.9%로 전체인구 61.5%보다 26.6% 낮게 나타나 전반적으로 장애 인구의 경제활동 참여수준이 낮다.

Q: 임금과 의무고용

A: 장애인구의 주 평균 취업시간은 36.9시간으로 전체인구의 주 평균 취업시간인 35.9시간과 비슷하다. 하지만 전체인구의 평균임금이 264.3만 원인 것에 비해 장애인구의 평균임금은 183.1만 원으로 전체인구의 약 69% 정도다. 공무원의 전체 장애인 고용률 2,86%로 의무 고용률 3.4%에 미치지 못하고 있다. 공공기관 고용률 3.33%, 민간기업 고용률 2.79%로 의무 고용률을 달성하지 못하고 있다. 장애인 고용률은 지역 간, 연령 간 차이보다 성별, 학력별에 따른 차이가 심하다.

Q: 3중고

A: 장애인들은 일자리를 갖는 게 인생의 목표이며 꿈이다. 하지만 현실은 그들에게 냉혹하다. 코로나19 장기화로 장애인 노동자는 설자리가 점점 더 좁아지고 있다. 중증 발달 장애에도 매일 출근하면서 다양한 분야에서 일했지만 사회적 거리 강화로 일자리를 잃은 경우가 많다. 직장을 가지 못해 집에 있는 시간이 길어지자 스트레스가 커져 보호자들도 어려움을 호소한다. 일자리를 소개해주는 기관도 비대면 상담으로는 직업평가를 위한 신체적 특성을 파악하기에는 한계가 있어 도움을 주지 못해 어려움을 겪고 있다.

Q: 냉혹한 현실

A: 근로 장애인의 임금수준과 근로환경, 복리후생 등 직업적 지위가 전체 근로자 비해 크게 낮다. 특히 중증·고령·여성 장애인의 열악한 고용상황이 다른 장애인에 비해 더욱 악화되고 있다. 장애인 고용의무를 지키지 않는 사업체가 절반에 육박한다. 장애인들은 단순 일자리 감소 직격탄을 고스란히 떠안고 있다. 장애인 절반이 코로나19 사태에 일자리가 사라져 고통 받고 있다.

Q: 정책 평가

A: 정부의 장애인 공약 추진은 이행 답보 상태이거나 정책 체감을 느끼지 못하고 있다. 국민 기초생활제도에서 장애인 소득공제 방식 개선, 장애인 문화·예술 활동 접근성과 여성장애인 지원과 관련해 전반적으로 이행성과가 낮다. 장애로 인한 추가비용 보전급여와 소득보장 대상 선정방안 개선 등이 시급하다.

Q: 해법

A: 정부의 장애 정책이 성과를 내야 한다. 정책 의제를 만들고 감시하는 데에 이용당사자를 비롯한 재활상담, 의료전문가, 법률전문가, 교육전문가, 기술전문가 등 다양한 인력이 참여하는 구조를 만들어야 한다. 이행 실적이 낮은 정책은 성과를 낼 수 있는 시스템 구축이 필요하다. 잔여 임기동안 장애인이 정책 체감도를 높일 수 있도록 정책 추진에 속도를 내야 한다.

첫째, 장애인 일자리 창출 방향은 급여 등 처우에 있어 차별 없고 인간답게 살아갈 수 있도록 양질의 일자리를 제공하는 것이다. 고용부담금 실적을 채우기 급급해 단시간 비정규직으로 진행하는 관행은 그만 둬야 한다. 장애인 특성과, AI와 All Digital 시대 고용환경 변화에 맞는 양질의 일자리 창출이 되어야 한다. 이를 달성하기 위해서는 노동권·생존권을 보장해야 한다. 중증 장애인에게 '기본 일자리와 기본소득'을 우선 실시하는 것도 검토해야 한다.

둘째, 장애인 의무고용 이행 고용환경 기반 구축에 적극 나서야 한다. 고용의무를 지키지 않는 사업체가 절반에 이른다. 장애인 고용의무는 아직도 갈 길이 멀다. 3년 연속 불이행 대기업 집단이 26곳에 달한다. 사업주의 장애인에 대한 근본 인식 개선이 무엇보다도 중요하다.

셋째, 체계적 고용서비스 제공 및 고용 인프라 확대가 절실하다. 장애인 취업지원과 직업훈련 서비스가 확대되어야 하고 인적·물적 편의 제공 등을 늘려야 한다. 디지털 트랜스포메이션 시대에 맞는 미래형 고용환경 기반 구축을 해야 한다. 양질의 일자리 창출의 핵심 전략으로 일자리 확충, 직업재활제도 개선, 창업지원 확대, 노동권 확보, 고용률 개선을 추진해야 한다.

넷째, 사회 패러다임 변화에 맞는 정책을 입안해야 한다. UN 장애인권리협약(CRPD)은 장애에 따른 데이터를 구축하고 세분화된 자료를 생산하는 데이터 세분화 전략에 따른 통계 생산의 중요성을 강조하고 있다. AI 장애인 지원시스템 구축으로 빅데이터를 활용해 체계적으로 지원해야 한다.

다섯째, 양질의 일자리 창출 전담조직이 필요하다. 장애인고용공단과 고용노동부는 장애인 양질의 일자리 창출 조직을 신설해 개별 장애인에게 적합한 직종·직무를 발굴하고 신규 일자리 창출 지원에 나서야 한다. 정부의 공공일자리 만들기 중 일중 부분을 배당하는 것도 검토해야 한다. 기존의 관점과 직무를 넘어 새로운 양질의 일자리를 창출에 전념해야 한다.

마지막으로, 비대면 시대의 재택근무 장점을 활용해야 한다. 출퇴근에 있어 이동에 어려움이 있고 의사소통에 장애가 있는 장애인에게 매우 유리하다. 또한 중증 장애인의 근로 능력을 키울 수 있다. 재택근무는 장애인 개개인의 특성에 맞춰 일자리를 창출할 수 있다. 온라인 교육이나 SNS 관리 등 장애인에게 맞는 새로운 일자리 발굴이 필요하다. 만족도를 높이려면 근무를 도울 수 있는 장비 지급과 자택근무 서비스를 제공해 원활하게 소통할 수 있는 시스템을 제공해야 한다. 더 나아가 화상회의를 할 수 있도록 교육을 하고 장애인 일자리를 매칭하는 AI 기술 활용한 플랫폼을 구축해야 한다. AI 시대 장애인과 함께 어우러져 일자리를 공유하는 세상을 만들어 가야 한다.

(내외통신 2021. 03. 24.)

창직으로 '스타트업 국가' 실현

'100만 개 일자리 창출 180일 프로젝트' 성공 해법 Q&A 형식으로 풀어보자.

Q: Vision

A: '일자리 넘치는 대한민국'

Q: 목표

A: 'Jobs Korea 만들기'

Q: Project

A: '100만 개 일자리 창출 180일 프로젝트'

Q: Slogan

A: 'Speed Korea, Success Korea, Safety Korea, Jobs Korea'

Q: 성공조건

A: 치매예방 국책사업, 한국판 뉴딜, AI 벤처 붐 조성으로 창직·창업을 통한 100만 일자리 창출하기 위해서 정부의 적극적인 역할이 필요하다.

치매 예방사업 : 30만 개

Q: 해법

A: 치매 예방사업에 필수 조건은 전문지도사인 인지재활지도사 양성이다. 30만 개 일자리를 창출하기 위해서 정부는 인지재활지도사 양성을 위한 교육비만 지원하면 된다. 교육부 예산 평생직업교육 항목에서 집행하면 된다. 구체적으로 직업계고 활력 제고 및 전문기술인재 육성 지원. 현장실습 교육지원, 고졸취업 지원 등 예산이 편성되어 있다. 그 중 1인당 30만 원 교육비를 30만 명에 지급하면 900억 원으로 6개월 내에 30만 개 양질의 일자리 창출이 가능하다.

한국판 뉴딜 : 55만 개

Q: 문제점

A: 첫째, 추진체계다. 추진 총괄 및 책임 소재가 명확하지 않다. VIP 주제 전략회의는 성과 평가회의로 바꿔야 한다. 당정추진본부, 뉴딜 관계 장관회의는 형식에서 벗어나 어떻게 하면 범정부 역량을 결집해 성과를 낼 수 있는지 추진 전략을 점검하는 회의가 되어야 한다.

둘째, 뉴딜추진 T/F를 변혁해야 한다. 기재부 1차관 T/F장으로는 3대 프로젝트 및 10대 중점과제 관련 세부사업을 속도감 있게 발굴·검토·구체화하기가 어려운 구조다. 법·제도개혁 TF는 '한국판 뉴딜'의 제도 개혁을 뒷받침하기 위해 '한국판 뉴딜 당정 추진본부' 산하에 설치된 민간·당·정부 협업기구다. 모양만 그럴싸하게 만들지 말고 효율적으로 일을 추진해 성과를 내는 혁신적인 조직으로 바꿔야 한다.

Q: 해법

A: 첫째, 추진조직을 변혁해야 한다. 짧은 기간에 가시적인 성과를 내기 위해 추진 체계 개편은 불가피하다. 전략적 선택으로 신속하게 성과를 내야 하기 때문이다. 각 부처의 적절한 배분과 생색내기 조직 T/F는 곤란하다. 한국판 뉴딜이 발표한지 거의 1년이 되어 가는 데 국민이 피부로 느끼는 가시적인 성과가 있었는지 되묻고 싶다. 정책방향과 추진에 있어서 역할 분담이 되어야 한다. 컨트롤타워인 정책실장이 큰 방향을 잡아 제시하면 한국판 뉴딜 총괄 책임자 과기부 장관이 각 부처 차관을 통해 프로젝트

를 추진하는 애자일(Agile) 조직이 되어야 한다. 둘째, 운영 혁신이다. 현재와 같은 차관 직급으로 회의를 운영해서는 성과를 내기 어렵다. 대통령이 매주 추진상황 파악 회의를 해야 한다. 뉴딜 총괄 수장인 과기부 장관에게 각 부처에 자료 제출과 진행상황 보고를 요구하고 책임도 물을 수 있는 강력한 종합추진 권한을 부여해야 한다. 또한 한국판 뉴딜 예산을 일괄 계상, 각 프로젝트에 배분도 해야 한다. 그래야 선택과 집중해 성과를 낼 수 있다.

셋째, 인원구성 변혁이다. 프로젝트 단위로 팀을 구성해 추진해야 한다. 각 부처별 업무 담당에 따라 배정하지 말고 창의적이고 혁신적인 마인드를 가진 실무·성과 중심으로 구성해야 한다. 지금까지 과제 발주와 관리하는 방식에서 성과를 내는 디지털 조직으로 변혁해야 한다. 프로젝트별 최소 3명(추진·예산·성과) 이상 사무관이 담당해야 한다.

넷째, 법령 제·개정 추진이다. 발굴 제도개선 과제 240개 중 191개 개선방안 진행은 어떻게 되고 있는지 점검해야 한다. 뉴딜 제도적 기반 마련을 위한 입법을 서둘러야 한다.

다섯째, 예산배정은 선택과 집중해야 한다. 한국판 뉴딜 10개 대표 과제 실행계획을 보면 대부분 3월 공모, 4월 선정·협약으로 되어 있다. 지금 이대로 진행하면 안 된다. 발주 공공기관은 중앙에서 내려온 예산을 별 문제없이 집행, 참가 기업은 그냥 과제만 수주 기간 내 수행하면 된다는 인식이 팽배하다. 과제를 통해 일자리 창출하겠다는 절박한 심정을 가져야 한다. 성과를 낼 수 있는 프로젝트에 예산을 집중적으로 집행해야 한다.

여섯째, 지자체와 공조해 성공한 모델을 만들어야 한다. 한 번 성공한 모델은 전국 지자체에 보급할 수 있다. 중앙정부와 지자체, 기업·연구소·대학의 협력 시스템 구축이 시급하다. 마지막으로, 프로젝트별 세부 실행계획을 촘촘하게 채워야 성과를 낼 수 있다. 정부는 2022년까지 총사업비 68조 원(국비49조 원) 투자 일자리 89만 개 창출한다고 밝혔다. 일자리 창출 내역은 디지털 뉴딜 39만 개, 그린 뉴딜 32만 개, 안정망 강화 18만 개다. 구체적으로 세밀한 플랜을 수립해야 한다.

AI 창직·창업 붐 : 15만 개

Q: 해법

A: 첫째, 미래를 위해 경제와 산업구조를 대전환해야 한다. 기존 주력 제조업 산업을 AI 시대에 맞게 대전환 프로젝트를 실시해야 한다. 둘째, 산자부에서 발표한 제조업 르네상스 프로젝트를 추진하면 된다. 셋째, 범국가 일거리 AI 프로젝트 만들기 붐을 조성해야 한다. 중기부에서 앞장서 AI 벤처 붐을 조성해야 한다. 미래 일거리는 AI+X 산업에 있다. 'Jobs Korea 만들기' 위한 골든아워는 얼마 남지 않았다. 대한민국의 역량을 총 동원해 '100만 개 일자리 창출 180일 프로젝트'를 성공시켜야 한다.

100만 개 일자리 창출로 'Jobs Korea 만들기'

'정치가 아니라 정책으로 승부해야' 연속 기획 시리즈 일자리 창출 편 '한국판 일거리 프로젝트만이 살길이다'. '일자리 적폐와 일자리 창출'에 이어 6개월 내 100만 개 일자리 창출로 'Jobs Korea 만들기' 해법을 제시했다. 정책 목표는 '일자리 넘치는 대한민국'이다. Slogan은 'Speed Korea로 Success Korea, Safety Korea, Jobs Korea 만들기'를 Q&A 형식으로 풀어보자.

Q: 국민 선택

A: 선거의 계절이 돌아왔다. 코앞에 4·7 보궐선거, 대선은 1년이 채 남지 않았다. 선거는 정치가 아니라 정책으로 승부해야 한다. 서울·부산시장 당선자는 1여년 잔여 임기 동안 일자리 창출에 총력을 쏟아야 한다. 국민은 정책을 보고 판단해야 대한민국이 발전할 수 있다. 네거티브와 흑색선전으로 국민의 주권행사를 흐리게 하는 정치인은 정치판에서 영원히 퇴출시켜야 한다. AI 시대는 더 이상 정치가 경제의 발목을 잡아서는 안 된다.

Q: 제안 배경

A: 경제가 활성화되어야 한국경제가 성장한다. 일자리가 많아야 V자 성장이 가능하다. 지금까지의 정부 일자리 정책으로는 성과를 내기 어려운 게 현실이다. 정부의 관심과 잠재력이 소모적인 정치에 쏠리고 있어 안타깝기 그지없다. 한국경제 미래 먹거리 확보와 미래 세대를 위해 1년 내에 성과를 낼 수 있는 'Jobs Korea 만들기 180일 프로젝트' 해법을 제시하게 됐다.

Q: 일자리 정책

A: 일자리는 어디에 있는가. 디지털 트랜스포멘이션 시대 새로운 일자리는 넘쳐난다. 하지만 기술 트랜드 변화와 현장을 모르는 정책 입안자는 어디서, 어떻게, 얼마나 창출하는지 방법을 알지 못한다. 보고서를 만들어 발표한다고 일자리는 창출되지 않는다. 양질의 일자리는 책상 위에서 뚝딱 만든 정책에서 나오지 않는다는 것이다. 현장을 알아야 성과를 낼 수 있다. AI 시대 미래 일자리 60%는 아직 나타나지도 않았다. 좀 더 멀리 크게 미래 일자리 시장을 내다보고 정책을 입안해야 한다. 앞서가는 AI 선진국을 따라잡으려면 머뭇거릴 시간이 없다. 일자리 창출 성과를 내는 게 우선이다. AI 시대 일자리 정책 실패는 영원히 AI 중진국에 머물게 된다. 대한민국의 미래를 위해 일자리 정책의 변혁과 방향 전환이 절실할 때다.

Q: 제안 및 해법

A: 기존 일자리 정책을 또다시 답습하고 반복한다면 어떤 결과가 나올지 불 보듯 뻔하다. 성과를 내려면 당연히 다른 길을 걸어야 한다. 'AI·디지털 강국' 도약을 위해 1년 내에 100만 개 양질의 일자리를 창출할 수 있는 'Jobs Korea 만들기 180일 프로젝트'를 제안한다.

▷ 일자리 정책

목표

　정책목표는 일자리 넘치는 성공한 대한민국이다. Slogan은 'Speed Korea로 Success Korea , Safety Korea, Jobs Korea 만들기'다. 우리는 서구 열강보다 100년 늦게 산업화에 뛰어 들었지만 빨리빨리 문화로 산업화 시대는 '한강의 기적', 인터넷 시대는 'IT 강국'으로 우뚝 선 경험이 있다. AI 시대 세계는 빠르게 변한다. 지금 세계는 AI 기술 패권 다툼 중이다. 남들보다 한 발 앞서 빠르게 나서야 선도국가로 자리매김할 수 있다. 스피드하게 AI 혁명의 물결에 올라타야 'AI 강국' 도약이 가능하다. 대한민국 미래는 'AI 강국'만이 살길이다.

방향

　방향은 양질의 일자리 창출이다. D·N·A(Direction+Network+Action=Achievement)전략이다. 정책은 올바른 방향을 잡고 효율적 조직 운영을 통해 스피드하게 추진해야 성과를 낼 수 있다.

　첫째, 정책 방향(Direction)은 미래 산업 중심이어야 한다. 포스트 코로나 시대를 이끌어갈 미래 산업인 교육(에듀테크), 부동산(프롭테크), 농업(AgriTech), 건강(바이오테크), 소프트웨어(빅데이터), 네트워크(5G), 센서(IoT), 하드웨어(로봇) 등 분야에서 AI와 융합되어 새로운 일자리가 창출된다.

　둘째, 조직(Network)의 효율적 운영이다. 입법부와 행정부, 정부와 지자체, 정부 각 부처의 협업이 중요하다. 국회는 시장과 기업의 활동에 위축을 초래하는 마구잡이식 규제 법안 발의는 신중을 기해야 한다. 자칫 규제로 인해 신산업 생태계가 태동하지도 못하게 될 수 있기 때문이다. 예를 들면 최근 발의된 플랫폼 규제 법안도 소상공인과 물류산업의 일자리를 줄일 수 있는 역효과를 간과해서는 안 된다. 국무위원 중 4차 산업혁명 주무장관이 일자리 창출에 앞장서야 성과를 낼 수 있다.

셋째, 실행(Action)은 성과(Achievement)로 이어진다. 한국판 뉴딜 프로젝트 추진은 주무장관 책임 하에 관련 부처 차관과 국장이 책임지고 추진해야 한다. 디지털 뉴딜과 그린 뉴딜 정부 프로젝트를 성공적으로 완수해야 한다.

추진

정책 추진은 P·P·P(People+Process=Production)전략이다. 정책의 핵심은 사람이다. 과정이 제대로라면 성과(제품)를 낼 수 있다. 첫째, 사람은 개혁적 성향이어야 한다. 창의적인 아이디어와 발상의 전환, 추진력을 갖춰야 한다. 둘째, 과정은 투명하고 공정하게 진행되어야 한다. 셋째, 일단 성과를 내야 한다. 성과를 내지 못하는 프로젝트는 과감히 접어야 한다.

성과

성과를 내기위한 S·S·S(Simple+Smart+Speed=Success) 전략이다. 선택과 집중으로 심플하고 스피드 있게 추진하면 성과를 낼 수 있다. 성과를 내려면 정책 컨트롤 타워는 방향을 잡고 세부 실행은 담당 부처에서 스피드 있게 추진해야 한다. 성과를 내지 못한 정책은 실패한 것이다.

▷ 'Jobs Korea 만들기 180일 프로젝트'

100만 개 일자리 창출 기간은 6개월 내에 할 수 있다. 1달은 예산 재편성과 집중할 프로젝트 선정, 1달은 발주 및 계약, 3달째는 추진, 마지막 1달은 성과 점검이다. 시간이 없다. 스피드하게 추진해야 성공할 수 있다.

치매 국가 책임제 : 30만 개

인지재활지도사 일자리 30만 개 창출이다. 2020년 말 전국 노인 인구는 850만 명에 달한다. 2050년에는 60세 이상이 인구 절반을 차지한다. 고령 사회에서 가장 문제되는 질병이 치매다. 우리나라 65세 이상 중 치매 유병률(有病率)은 10.16%, 10명 중 1명꼴로 치매를 앓고 있는 셈이고 지속적으로 증가될 것이다. 2018년 총 요양비용은 약 4조 원, 국가 치매 관리 비용은 약 16조 원이다. 전국 치매안심센터에 민간협회가 인정한 인지재활지도사가 디지털 치료제로 교육할 수 있도록 시스템을 구축하면 된다. 정부에서 1인당 교육비만 지원하면 30만 개 일자리를 1년 내 창출 가능하다.

한국판 뉴딜 : 55만 개

정부는 디지털 뉴딜과 그린 뉴딜 축으로 2022년까지 31조 3,000

억 원을 투자해 일자리 55만 개를 창출한다고 밝혔다. 지금이라도 세부계획을 촘촘하게 채워야 성과를 낼 수 있다. GDP의 44.3%를 차지하는 대기업의 참여와 투자를 유도한다면 성공확률은 더 높아진다. 양질의 일자리 창출을 위한 프로젝트를 선정하고 정부 과제 발주 금액에 따라 청년 의무고용제 조건을 달아야 한다. 프로젝트 집행 속도를 높여 일자리 목표 조기 실현이 가능하다.

AI 창직·창업 붐 : 15만 개

미래를 위해 경제와 산업구조를 대전환한다는 차원에서 AI 일거리 프로젝트는 선택이 아니라 필수이다. 일거리는 AI+X 산업에 있다. 성장한계에 직면한 수출 주력 기존 제조업 산업을 디지털 트랜스포메이션으로 대전환하는 범국가 일거리 AI 프로젝트 만들기 붐을 조성해야 한다. 정부가 AI 관련 일거리를 발주하면 창업 열풍으로 이어져 양질의 일자리 창출이 가능하다. 'AI·디지털 강국' 도약만이 일자리 넘치는 대한민국을 만들 수 있다. 'Jobs Korea 만들기 180일 프로젝트' 성공여부에 정권의 운명이 달렸다.

(경기매일 2021. 03. 28.)

03

미래 먹거리

AI와 DX

AI와 인간의 공존

최근 한 방송사의 신년특집에서는 인공지능(AI)과 인간의 대결을 그렸다. 인간 최고수가 노래, 작곡, 골프, 심리인식, 주식투자 등 분야에서 대결을 벌이는 모습이었다. 누가 이길지를 지켜보는 결과도 흥미 요소의 하나지만 대결을 통해 우리가 AI를 좀 더 이해하고 미래에 AI와 어떻게 공존할 수 있을지 고민하면서 윤리 문제도 생각해 보는 시간이었다.

한번은 가수 옥주현이 모창 AI와 한판 대결을 펼쳐 승리했다. 또 미국여자프로 골프협회(LPGA) 골프여제 박세리가 지난 2016년 피닉스오픈 16번 홀에서 다섯 번 만에 홀인원을 성공시킨 골프 AI 엘드릭(LDRIC)과 대결했다. 결과는 1대 1이었다. 보는 눈이 빠른 AI와 안목이 깊은 국내 1호 프로파일러 권일용의 심리인식 대결도 펼쳐졌다. 5인의 용의자 가운데 공항으로 폭발물 가방을 옮기는 진짜 범인을 맞히는 것이다. 결과는 무승부. 100만 원을 70억 원으로 불린 마하세븐과 주식투자 AI가 투자금 1억 원으로 1개월 동안 실전 투자를 벌이는 수익률 대결을 선보였다. 결과는 인간이 40% 수익으로 완승을 거뒀다. 마지막 두 종목은 트로트 작곡과 목소리만 듣고 몽타주를 그려 내는 대결이다. 인간의 대결 역사를 보면 1997년으로 거슬러 올라간다. 당시 IBM의 딥블루가 체스 챔피언과의 대결에서 승리했다. 2011년에는 IBM 왓슨이 퀴즈대결에서 우승했으며, 2016년에는 기계학습의 총화인 구글 알파고가 바둑기사 이세돌에게 승리해 AI 시대가 본격 개화된다.

현재 우리 사회는 다양한 AI와 공존하고 있다. 스마트폰의 음성인식, 스마트 스피커, 사회관계망서비스(SNS)의 맞춤형 광고까지 우리의 삶 곳곳에 녹아 들어와 있다. 모든 분야에서 AI의 도움을 받는 공존 시대가 다가오고 있다. 정치, 경제, 사회, 문화, 교육 등 전 분야에서 변혁을 불러온다. 첫째 'AI 경제'로의 전환이다. 디지털 경제 시대에 AI 기술을 이용하면 성장, 분배, 현안, 투자 등 분야에서 대변화가 발생한다. 경제 구조가 AI 디지털 경제로 변화된다면 저성장 궤도에서 벗어나 10% 이상 성장을 지속시킬 수 있고, 양질의 일자리도 창출할 수 있다.

둘째 'AI 사회'로의 전환이다. 미국에서는 알파닥터 로봇이 의사를 대신하고 원격진료로 24시간 365일 의료 서비스를 제공하고 있다. 공중전화 부스와 같은 헬스스폿에서 AI 닥터와의 원격 상담이 가능하다. 노인들의 적적함을 달래 주는 레크리에이션 로봇, 재활을 돕는 AI 로봇은 좋은 반응을 얻고 있다. AI 판사, AI 변호사, AI 작가, AI 아나운서, AI 음악가, AI 요리사, AI 교사, AI 배우. AI

군인 등 사회 모든 분야에 AI 로봇이 활약하고 있다.

셋째, 'AI 산업'으로의 전환이다. AI 시대는 정해진 산업 패턴 없이 AI와 융합되는 AI+X 산업으로 빠르게 변화한다. 과거 산업을 고집하는 기업에 미래는 없다. AI를 활용해 생산성을 높이고 비용을 줄이는 시대다. AI 관련 사업 모델을 발굴, 글로벌 시장을 공략해야 한다. AI 데이터를 분석하는 산업이 유망하다.

넷째, 비대면 온라인 문화의 가속화다. '유튜브 퀸' 블랙핑크가 온라인 공연으로 90분 만에 117억 원의 매출을 올리는 시대다. 코로나19 사태 장기화로 글로벌 투어를 취소한 가수들이 유튜브를 활용, 온라인 콘서트로 전환하고 있다. 이제는 유튜브로 한류를 전파해 가는 AI 시대이다.

마지막으로, AI를 학습하는 시대이다. 개개인은 AI 능력을 길러야 한다. 미래 직업의 60%는 아직 나타나지도 않았다. 2030~2050년 직업 변화에 맞는 스펙을 갖춰야 한다. 중년층은 AI를 활용해 삶의 질을 높이고, 노년층은 AI 헬스케어 애플리케이션(앱)을 이용해 건강하게 살도록 해야 한다. 인간 대결은 감성 관점이 아니라 AI와의 협력 및 도움이 필요함을 보여 줬다. 디지털 전환 시대는 국가나 기업이나 개인 생존의 필수 조건은 AI와의 공존이다. AI를 이해하고 활용하는 능력인 리터러시가 우리의 미래 경쟁력을 결정한다. AI와의 공존은 선택 아닌 필수의 시대이다. (전자신문 2021. 02. 25.)

세기의 대결 AI와 인간

AI는 1950년 앨런 튜링이 튜링 테스트를 제안한 것이 시발점이 됐다. 1956년 존 매커시(J. McCarthy)등이 주도한 다트머스 회의에서 처음으로 AI 용어가 탄생한다. 제1차 AI 붐(1956~1974)시기는 간단한 문제해결에 초점을 맞췄다. 첫째, AI 겨울(1974~1980)을 거쳐 제2차 AI 붐(1980~1987)에는 전문가 시스템이 개발됐다. 둘째, AI 겨울(1987~1993) 이후 제3차 AI 붐(1993~2020)은 머신러닝과 딥러닝 위주로 진행됐다. AI가 인간을 초월하는 특이점 싱귤랠리티(Singularity)는 2060년 전후가 될 것으로 전망되며 그 때는 영화 속의 터미네이터가 등장할 것이다.

AI와 인간의 대결 역사를 살펴보면 1997년 IBM의 딥블루가 체스 챔피언과의 대결에서 승리하고 CPU 등 하드웨어 성능의 개선되어 딥러닝 알고리즘이 급속히 발전됐다. 2011년 IBM 왓슨이 퀴즈대결에서 우승했다. 2012년 이미지 인식대회에서 제프리 힌튼가 주도한 토론토 대학의 슈퍼비전이 압도적 승리를 거둔다. 2013년과 2014년 일본 벤처 헤로즈의 장기대결, 2015년 마이크로소프트는 딥러닝을 활용 마침내 인간 능력을 넘어선다. 2016년 머신러닝의 총화인 구글 알파고는 이세돌을 누르고 승리하면서 본격적인 AI 시대가 개화된다. 약 60년 AI의 역사 패러다임은 탐색에서 지식으로, 다시 학습으로 트랜드가 변천했다.

AI는 미래 산업은 물론 정치, 경제, 사회, 문화, 교육 등 전반적인 변혁을 불러온다. 그렇다면 AI 시대 우리는 어떻게 대응하고 돌파해야 할까.

첫째, AI 정치인 등장이다. AI 정치로봇은 기존의 정치인 보다 기억력과 도덕성 면에서 탁월하고 정치적 중립성, 공정성을 유지하며 전문성은 기본이다. 실제로 영국(31%)과 네덜란드(43%)는 AI 정치인을 원하는 것으로 나왔다. AI 정치인이 등장한다면 법안 검토와 심리를 빠르게 처리하고 쉬지 않고 일하며, 막말과 싸움이 없어지고, 세비도 들어가지 않아 국민적 지지를 한 몸에 받을 것이다.

둘째, AI 국회로 변혁이다. 각 정당의 비례대표를 직능별로 전문성을 갖춘 AI 로봇 정치인을 선출한다면 국민의 삶과 직결되는 법안 처리에 도움이 된다. 각 정당도 정쟁에서 벗어나 정책 입안에 대해 더 철저히 준비하고 연구하게 될 것이다. AI 비례당의 출현으로 AI 혁신산업이 원활히 추진될 수 있도록 입법을 뒷받침 한다면 저만치 앞서가고 있는 AI 선진국을 따라 잡을 수 있다.

셋째, AI 경제로 전환이다. 디지털 경제 시대에 AI 기술을 이용하면 성장, 분배, 현안, 투자 등 분야에서 획기적 변화가 발생한다. 기존의 경제적 구조가 AI 디지털 경제로 변화된다면 저성장 궤도에서 벗어나 10% 이상 성장을 지속시킬 수 있고 양질의 일자리도 창출할 수 있다.

넷째, AI 정부다. AI, 사물인터넷(IoT), 빅데이터, 블록체인, 클라우드 등 기술을 활용해 AI 행정 서비스를 제공할 수 있다. 빅데이터 기반의 스마트 시티를 구축한다면 경제성장, 일자리 창출도 가능하다. 모바일 신분증, 디지털 허브 구축, 국민 개개인 중심의 행정 서비스도 제공된다. AI 활용으로 부처 내 칸막이를 철폐하고 업무 효율을 높여 성과를 낼 수 있다. AI로 국민 개개인에게 맞춤형 서비스를 제공하고 AI 챗봇이 24시간 상담한다. 전자정부를 뛰어 넘어 이제는 AI 플랫폼 정부 시대다.

다섯째, AI 사회로 전환이다. 이미 미국에서는 알파닥터 로봇이 의사를 대신하고 원격진료로 24시간 365일 의료 서비스를 제공하고 있다. 공중전화 박스와 같은 헬스스팟(Haelth Spot)에서 AI 닥터와 원격으로 상담이 가능하다. 복지 분야에서도 직원을 대신해 AI 로봇이 활약하고 있다.

여섯째, 기업은 AI 경영이다. AI시대는 경영환경이 변동성(Volati-le), 불확실성(Uncertainty), 복잡성(Complexity), 모호성 (Ambiguity)으로 인해 예측 불가능한 VUCA시대다. 기민한 AI 애자일(Agile) 경영을 해야 한다. AI 시대는 정해진 경영 패턴이 없고 비즈니스 모델은 빠르게 변화하고 진화한다. 과거의 틀을 고집하는 기업에 미래는 없다. AI를 활용해 생산성을 높이고 비용을 줄여야 한다. AI 관련 비즈니스 모델을 발굴해 글로벌 시장을 공략해야 한다. 데이터 분석을 기반으로 경영해야 한다. 주요 선진국들은 AI와 로봇을 활용해 지난 수십 년 동안 저개발국가에서 외주 생산했던 것을 자국 내로 리쇼어링(Re-Shoring)하고 있다. 글로벌 밸류 체인의 변혁에 대비해야 한다.

일곱째, 문화의 온라인 가속화다. '유튜브 퀸' 블랙핑크가 온라인 공연으로 90분 만에 117억의 매출을 올리는 시대다. 코로나19 사태 장기화로 글로벌 투어를 취소한 가수들이 유튜브를 활용 온라인 콘서트로 전환하고 있다. 이제는 유튜브 속에서 한류를 전파해 가는

AI 시대다.

마지막으로, AI를 학습하는 시대다. 개개인은 AI 능력을 길러야한다. 미래 직업 60%는 아직 나타나지도 않았다. 2030~2050년 직업변화에 맞는 스펙을 갖춰야 한다. 학생은 AI 언어인 파이선(Python)을 배워야 한다. 중년층은 AI를 활용해 삶의 질을 높이고, 노년층은AI 헬스케어 앱을 이용해 건강하게 살도록 해야 한다. AI와 인간이대결은 감성적 관점이 아닌 AI와 협력과 도움이 필요하다는 것을보여줬다. 디지털 트랜스포메이션 시대는 국가나 기업이나 개인이나 생존의 필수조건은 AI와 공존이다. AI를 이해하고 활용하는 능력인 리터러시(Literacy)가 우리의 미래 경쟁력을 결정한다. AI와 공존은 선택이 아니라 필수인 시대다.

DX로 바뀌는 미래

코로나19 팬데믹으로 인류는 지금까지의 경험과는 다른 형태의극심한 고통과 완전히 새로운 세상을 직면하고 있다. 전혀 예상하지 못한 상황으로 인해 미래의 불확실성은 더욱 가중되고 있다. 다가오는 포스트 코로나 시대의 세계는 현재와 완전히 다른 뉴노멀시대가 될 것이다. 전통 산업구조의 종언과 비대면에 기초한 뉴노멀 시대를 열어가는 위기와 기회가 동시에 오고 있는데, 본고에서는 포스트 코로나 시대의 디지털 전환(DX)으로 바뀌는 미래의 모습을 전망해 본다.

[ALL Digital 시대의 도래]

올 디지털 시대의 도래

　세계 최대 가전·IT 전시회인 CES 2021(Consumer Electronics Show 2021)이 지난 1월 사상 최초 올 －디지털(All-Digital) 방식으로 온라인에서 비대면으로 개최되었으며, 주최기관인 미국소비자기술협회(CTA)는 5대 화두로 AI, 5G, 로봇, 모빌리티, 디지털 헬스를 제시했다. 이들 AI, 자율 주행차, 디지털 헬스 분야가 토픽, 섹션, 전시관에서 상위권을 휩쓸었는데 올해 CES 2021에서는 올디지털 시대에 걸맞은 기술과 제품이 디지털+AI+X 트랜드로 이동하는 것을 명확하게 볼 수 있었다.

　특히 코로나19로 잃어버린 일상을 함께 할 수 있는 다양한 제품과 서비스들이 눈길을 끌었다. 코로나19의 여파로 특별히 방역로봇이 이목을 끌었는데, 애완용 펫봇, 여가시간을 함께 보낼 챗봇 등 생활 밀착형 로봇이 다수 선을 보임으로서 올해가 생활 로봇의 활성화 원년임을 확인할 수 있었다.

　그리고 자동차 기업들은 내연기관의 종말을 선언하고, 자율 주행과 전기자동차에 매진하겠다는 그들의 전략을 확연하게 엿볼 수 있었다. 올해 주목할 올 디지털 관련 국가는 미국과 중국이며, 기업으로는 페이스북, 구글, 아마존, 마이크로소프트, 테슬라를 들 수가 있는데 향후, 자율 주행과 전기자동차 기업들이 AI 산업을 선도할 것이다. 또한 코로나 여파로 인해 의료, 신약 개발에 AI를 활용한 다양한 신생 스타트업들도 눈여겨 볼 수 있었다.

올 디지털 시대의 특징

올 디지털과 언택트 시대의 특징을 다음과 같이 8가지로 제시해 본다. 첫째, 전통적인 제조업과 서비스업에서 코로나로 인한 디지털 헬스, 원격의료, VR·AR(가상·증강 현실) 기술을 활용하여 개인 건강을 중심으로 비대면 시대를 지원하는 제품들이 많았다. 둘째, 기존의 영상, 음성, 언어 처리 기반의 제품에 비해서 디지털 헬스 혹은 개인 맞춤형 뷰티 서비스로의 차별성이다. 셋째, 자율 주행 자동차 기반의 기술에 AI와 디지털 기술의 활용이다. 넷째, 다양한 분야에 활용 가능한 서비스 로봇의 등장이다. 다섯째, 자연어 처리 AI 중심에서 연속의사를 결정하는 AI로의 변화다. 여섯째, 업종이 다른 기업들의 합종연횡이다. 일곱째, AI를 활용한 원격의료와 원격교육의 확대다. 마지막으로, AI가 디지털 트랜스포메이션(DX)의 핵심 인프라로 자리매김을 하게 되었다.

[올 디지털 혁신]

올 디지털 혁신

디지털 혁신의 개념은 모든 디지털적인 요소(All things Digital)를 통해 발생할 수 있는 기업의 근본적인 변화를 의미하며, 디지털 기반으로 기업의 전략, 조직, 프로세스, 비즈니스 모델, 문화, 커뮤니케이션, 시스템 등을 근본적으로 변화시키는 경영전략이다. 그리고 올(All) 디지털 혁신(Digital Innovation)은 조직이 새로운 기술을 활용해 고객 지원 파트너와의 관계를 재정비하고 재정립하는 것이다. 비즈니스를 위한 디지털 혁신에는 애플리케이션 현대화와 새로운 비즈니스 모델 수립부터 고객을 위한 새로운 제품 및 서비스에 이르기까지 모든 것이 포함된다. 디지털 혁신은 조직 운영 방식의 근본적인 변화를 주도하고 내부 리소스를 최적화하며 고객에게 가치를 제공한다. 디지털화 혁신이 추진되면서 단기적으로는 소득격차가 확대될 것으로 보이지만, 장기적으로는 기술혁신이 얼마나 빠르게 진행되느냐, 근로자가 기술변화에 얼마나 적응하느냐에 따라 격차 확대 여부가 달라진다.

디지털 혁신의 장점

디지털 혁신의 장점으로는 첫째, 인프라의 현대화이며, 클라우드 플랫폼의 글로벌 네트워크를 활용해 기술 인프라를 보다 효과적으로 사용할 수 있다. 둘째, 데이터의 관리인데, 새로운 도구와 기능을 활용해 다양한 기기, 소스, 시스템의 방대한 데이터를 더 효율적으로 관리할 수 있다. 셋째, 유용한 정보의 확보로써 데이터에 대한 통찰력을 높이는 최첨단 도구를 사용해서 보다 스마트한 비즈니스 분석에 집중할 수 있다. 넷째, 부서 간 장벽 허물기이며, 최신 디지털 도구로 모든 팀 및 지리적 위치에서 공동작업 속도를 높여 고객에게 더 많은 가치와 더 빠른 성과를 제공할 수 있다. 다섯째, 비즈니스 문제의 해결인데, 새로운 디지털 기술을 구현하고 프로세스와 애플리케이션을 현대화해 비즈니스 운영 및 고객 상호작용 방식과 관련된 문제를 신속하게 파악하고 해결할 수 있다. 마지막은 비용 절감으로 디지털 도구로 프로세스를 간소화 하고 비즈니스에서 실적이 우수한 영역과 저조한 부분을 파악할 수 있다. 디지털 혁신이 중요한 이유는 비즈니스 및 산업 발전의 원동력이기 때문이다. 스타트업에서 글로벌 기업에 이르기까지 모든 규모의 조직은 단순히 규모의 개선만이 아니라 중요한 변화를 주도하고 올 디지털 시대에 완전히 적응하기 위해 디지털 현신을 선택한다. 이를 위해서는 비즈니스(business)와 ICT(정보통신기술팀, information and communication technology) 조직 모두의 열정적인 헌신과 변화를 추구하는 의지가 필요하다.

〔디지털 경제 가속화〕

디지털 경제로의 전환

포스트 코로나 시대의 세계 경제는 디지털 경제(Digital Economy)로 전환된다. 디지털 경제의 광의의 의미는 재화와 서비스의 생산, 분배, 소비 등 경제활동이 디지털화·네트워크화된 것으로 정보와 지식이라는 생산 요소에 주로 의존하는 경제를 의미한다. 디지털 경제와 유사하게 사용되는 용어는 데이터 경제(Data Economy), 정보 경제(Information Economy), 네트워크 경제(Network Economy), 지식기반 경제(Knowledge Economy) 등이 있다. 토지, 노동, 자본 등 전통적인 생산요소에 의존하는 기존의 경제와 구분하여 디지털 경제를 신경제(New Economy)라고도 부른다. 좁은 의미에서의 디지털 경제는 정보통신기술(Information Technology)산업과 인터넷을 기반으로 하는 전자상거래가 중심역할을 하는 경제라고 할 수 있기에 인터넷 경제(internet Economy)라고도 한다.

디지털 경제는 기업의 생산방식, 소비 제품과 행태, 유통구조, 산업구조, 정부의 역할 등에 이르기까지 광범위한 변화를 몰고 온다. 디지털을 이용한 소비가 통신, 교양·오락, 교육 및 보건·의료, 주거, 가사 등 모든 부문까지 확산된다. 한편 소비자가 생산자와 동등한 정보를 보유하고 사이버 공동체를 형성함으로써 소비자 주권이 강화된다. 기업의 입장에서는 생산요소로써 정보의 중요성이 커지면서 상품 기획에서부터 제조, 판매에 이르기까지 모든 생산활동이 디지털화·네트워크화된다. 기업의 규모는 점차 축소될 것으로 예상되며, 고용자와 노동자 간의 고리가 해체되면서 핵심 역량들의 일시적인 합작 형태인 가상기업, 네트워크 기업이 늘어나고 있다.

소비 형태의 디지털화

디지털 경제가 우리 생활에 접목될 때 느껴지는 변화는 소비자 입장은 온라인화와 소비(B2C)문화이고, 기업 입장은 스마트·모바일 워크화이며, 생산공장 입장은 무인화·자동화의 확대다. 코로나19의 영향으로 오프라인에서 온라인과 모바일로 소비 형태가 빠른 속도로 옮겨가는 실정이다. 특징들은 다음과 같다. 첫째, 오프라인 대형 업체의 부진이다. 기존 오프라인 활동을 주로 하던 시니어 세대가 소비를 온라인으로 옮겨감에 따라 오프라인 업체들의 매출이 현저히 감소되고 있다. 미래는 오프라인에서 특화된 업체와 가치를 누릴 수 있는 기업만이 생존할 것이다. 둘째, 플랫폼 노동자의 급증이다. 비대면 거래의 편리함을 느낀 소비자들은 온라인을 점점 더 선호하는 경향이 나타나고 있는데 오프라인 업체가 그동안 누렸던 주도권을 상실하게 되면서 향후 온라인 업체의 하청업체로 전락할 가능성이 높아지고 있다. 또한 온라인 업체의 성장으로 점차 배달 라이더 등의 플랫폼 노동자는 자연스럽게 증가하고 있다. 셋째, 오프라인 업체들의 온라인 연계 강화다. 기존 대형 오프라인 업체들이 이번 코로나19로 위기감이 고조됨에 따라 온라인과 오프라인을 엮으려는 시도가 지속되고 있다. 따라서 향후 대표적인 오프라인 업체들의 온라인 투자는 강화되고 있다.

디지털 워크의 확산

온라인화와 더불어 디지털 경제 전환에서 기업의 중요한 경영요소로 디지털 워크가 되고 있다. 코로나19로 인해 이러한 디지털 워크는 근무형태 등의 기업 분화를 빠르게 디지털화 시킨다. 디지털 워크는 말 그대로 시간과 장소에 제약없이 유연하게 가져가는 근무 행태를 의미하며, 우리나라는 현재 저출산, 고령화, 저성장 문제에 직면되어 있어 올 디지털 기술을 활용해 디지털 워크를 도입해야 경쟁력을 높일 수 있을 것이다. 이제는 디지털 워크는 검토 대상이 아닌 당연한 근무 형태의 하나로 자리 잡았다. 일괄적인 생산체제보다는 다양한 사고와 창의성이 중요하다. 집단주의보다는 개인주의, 노동인구의 감소, 워라밸(Work-Life Balance)을 중시하는 사회변화에 맞는 결과물이다.

향후 이러한 디지털 워크는 코로나19로 인해 그 속도가 더욱 빨라질 것이기 때문에 기업은 이에 맞는 IT 솔루션에 대한 투자 및 조직문화 정비에 빠르게 대비해야 한다. 구성원들은 디지털 워크 시대에 맞는 의식 변화가 필요하다. 따라서 향후 기업들의 IT 서비스 투자는 더욱 가속화되어, 조직문화 개선을 위한 컨설팅 업무에 대한 니즈가 증가한다. 정부, 기업과 구성원 개개인의 노력이 병행이 되어질 때 디지털 워크가 일상이 될 날이 가까워진다.

DX의 사례

배송 물류의 디지털 전환

로봇이 공공도로에서 짐을 옮기며, 일손이 바쁜 숙박시설에서는 식음료를 손님에게 전달한다. 거대한 물류창고에서는 작업 선반의 운반이나 진열을 로봇이 맡아 작업자를 돕는다. 사람과 로봇의 이인삼각에 의한 물류의 디지털 전환으로 택배 위기와 코로나 사태에 맞서고 있다. 택배 수요의 급증에 대해, 사람 손을 거치지 않는 배송 요구가 높아지는 가운데, 저속·소형의 자율 배송 로봇에 대해 원격 감시·조작의 공공도로 주행 실증으로 가까운 시일 내에 적용이 가능할 것이다.

음식점의 DX

코로나19 팬데믹을 계기로 음식점에서 로봇 활용이 확산되기 시작했다. 거리두기와 접촉 회피에 가세해 요식업에 디지털 혁신이 활용되고 있다. 목적은 효율화에 의한 비용 절감이다. 일손이 부족하다는 과제를 안고 있는 편의점도 로봇에 의한 상품 진열의 시험 운용을 시작했다. 로봇은 손님이 주문한 음식을 서빙하거나 다 먹은 접시를 수거해 개수대로 옮기기도 한다. 직원이 터치 패널로 테이블을 지정해 요리 접시를 가지고 고객에게 서빙할 수도 있다. 눈에 해당하는 부분은 LED 디스플레이로 되어 있어, 미소나 하트 마크 등으로 감정 표현도 가능하다. 고객이 요리 접시를 내려받은 후에 LED 디스플레이 상단, 사람의 얼굴로 치면 이마에 해당하는 부분에 손을 대자, 로봇이 반응해 움직이기 시작한다.

사무실의 DX

코로나19 사태의 장기화로 인해 인터넷 워크의 일상화가 진행되는 가운데, 커뮤니케이션의 촉진뿐만 아니라, 노동력 부족 해소를 위해서도 사무실에서 아바타(Avatar, 분신) 로봇을 활용하는 사례가 점차 확산되고 있다. 온라인에서는 원활한 소통이 어려우며, 사원 간의 잡담이 사라져 새로운 발상의 창출이 어려운 등 과제도 나타나기 시작했다. 이에, 실제 사무실과 온라인의 '중간 지점'으로서 기업들이 뜨거운 시선을 보내는 곳이 아바타 로봇이 있는 사무실이다. 실제 장소에서 회의도, 출근할 수 없는 사람이 분신 로봇을 사용함으로써 존재감이나 일체감을 얻을 수 있다. 용건을 전달할 뿐인 커뮤니케이션이라면 온라인 회의라도 문제가 없겠지만, 팀에서 일체감을 얻거나 잡담으로부터 새로운 아이디어로 확대 시키는 등의 과정은 온라인 회의만으로는 어렵다. 그러한 대면 회의만이 가능한 장점을 아바타 로봇의 사용을 통해서 얻을 수 있다.

보안·경비의 DX

어떤 기업은 원격 조작으로 경비나 청소, 점검을 실시하는 아바타 로봇을 빌딩관리 등에 대여 형식으로 운용하는 서비스를 개시했다. 로봇 1대로 경비와 청소, 점검 등 여러 작업을 하는 것이 특징이다. 아바타 경비로봇은 최대 높이 165cm이며 바퀴로 이동한다. 사람이 원격지에서 PC 화면과 게임용 컨트롤러를 이용해 조작할 수있으며 미리 진로를 정해 두면 자율 주행도 할 수 있다. 팔(Arm)과손이 달려 있어 엘리베이터 조작(승강 등)이나 물건을 잡는 등 간단한 작업이 가능하다. 아바타 경비로봇은 순찰할 때 경비원이 경비실 내에 설치한 PC 화면에서 경비 로봇 카메라에 비친 모습을 확인한다. 원격 조종으로 경비로봇 주위에 있는 사람에게 말을 걸거나,손을 조작하고 엘리베이터 버튼을 눌러 층을 이동시키기도 한다.현실과 온라인을 연결하는 아바타 경비로봇의 활용은 보안·경비 분야에서 새로운 디지털 혁신을 불러오고 있다.

병원의 DX

장기화되고 있는 코로나19 사태로 노동력 부족이 심각해지고 있는 의료현장에서는 디지털 혁신이 더욱 빠르게 진행되고 있다. 의료로봇의 활용은 이미 일부 병원에서 시작됐으며, 이전에는 부정적으로 보였던 비접촉이나 비대면 서비스가 코로나19의 영향으로 재인식되면서 디지털 혁신에는 순풍으로 작용하고 있다. 의료로봇은 자율 주행으로 루트를 지정하면 24시간 자동으로 자외선을 조사해 소독할 수 있다. 감염증 대응 병원에서는 정기적인 살균이나 소독이 필요하다. 그러나 코로나19로 인해 일손이 부족하고, 사람이 하는 작업은 2차 감염의 위험이나 인체에 대한 악영향도 지적받고 있지만 이러한 작업을 로봇으로 대체하는 움직임은 가속될 것으로 보인다. 의료 전문 로봇업체는 자외선 제염로봇과 소독로봇의 의료시설 도입을 지원한다. 의료 소독로봇에게 제염이나 소독이 필요한 방을 지정해 루트를 결정해 두면 자동으로 순찰하면서 제염이나 소독을 한다. 병원 내에서 로봇을 활용하기 위해서는 엘리베이터나 도어와의 연계가 필요하다.

은행 챗봇로봇 DX

최근 선진국 은행들은 자체 개발한 인공지능 챗봇을 업무에 활용하고 있다. 하드웨어 로봇 형태가 아닌 모니터 속의 디지털 챗봇으로 일종의 은행 직원의 업무를 수행하는 '아바타'라고 할 수 있다. 챗봇로봇은 사람의 목소리를 인식해서 스스로 대화가 가능하고 은행 직원처럼 은행에서 처리할 수 있는 다양한 정보를 음성을 통해 고객에게 얘기해준다. 은행에서 챗봇이 필요한 이유는 매일 반복되는 일상적인 업무를 항상 일관되고 정확하게 답변할 수 있기 때문이다. 이를 통해 은행은 매우 효율적으로 고객을 상대할 수 있고 고객도 대기시간을 줄일 수 있다. 은행 웹사이트나 스마트폰 앱에도 적용해 고객이 집에서도 인터넷에 접속해 서비스를 앞으로 인공지능 챗봇 기능을 받을 수 있다. 은행의 미래를 열어가고 있는 기반에는 금융산업 디지털 혁신이 있다.

피자 배달로봇 DX

도미노 피자는 지난 4월 뉴로(Nuro)의 자율 주행 차량인 'R2'를 이용해 텍사스주 휴스턴 지역에서 제한된 고객을 대상으로 피자 배달 서비스를 시작했다고 밝혔는데, 뉴로의 자율 주행 차량은 운전석과 페달이 없어 운전자가 탑승할 수 없고 화물만 적재할 수가 있다. 피자가게에서 선불로 피자 값을 지불한 고객들은 온라인으로 피자를 주문하고 로봇 배송을 선택적으로 이용할 수 있다. 이용 날짜와 시간도 제한적으로 이뤄지고 있다.

고객이 주문을 완료하면, 문자로 개인식별번호(PIN)를 전송받으며, 이후 배송 중인 자율 주행 차량의 위치를 계속 업데이트 받을 수 있다. 목적지 도착 후 개인식별번호를 입력하면 피자를 받을 수 있다. 도미노 로봇은 미국 육군 탐사로봇 유닛의 주행장치 소스를 기반으로 군사용 로봇 기술이 적용되어 개발됐다. 기술의 핵심은 불규칙적인 도로와 다양한 장애물을 피해 스스로 자율 주행할 수 있도록 했다. 냉장고는 피자 배송 칸은 냉장 및 온장이 가능한 두 개의 배송 칸으로 되어 있다. 파란색 칸에는 음료수를 시원하게 보관할 수 있고, 붉은색 칸에는 피자를 따뜻하게 보관할 수 있다.

스피드 팩토리 DX

아디다스의 스마트 팩토리는 3D 프린팅 기술과 접목된 미래 제조업 디지털 혁신의 아이콘으로 여겨져 왔다. 독일 안스바흐의 아디다스 스피드 팩토리는 3D 프린터를 이 용해 개인 맞춤형 신발을 24시간 이내에 고객에게 전달하는 것이 목표였으며, 자동화, 분권화, 유연생산을 기반으로 가까운 미래에 상점에서 개인화를 경험할 수 있다. 미국의 애틀랜타에 위치한 아디다스 스피드 팩토리도 지난 2020년 4월에 문을 열었다. 향후 납품업체의 현대화 및 신발 제조에 있어서 4D 기술 도입에 강력하게 집중한다는 계획이다. 스피드 팩토리가 계속 구축된다면, 노동집약산업이었던 제조업은 이제 더 이상 노동력에 의존할 필요가 없게 된다. 비단 신발산업뿐 아니라 모든 제조업에 미칠 영향이 매우 크다고 볼 수 있다.

제조업의 디지털 트윈 DX

코로나19의 유행 확대를 계기로 제조업의 디지털 트윈에 대한 대응이 가속되고 있다. 생산 라인의 스마트화는 물론 재택근무나 원격회의, 공장의 무인화, 가상 전시회 개최 등 기존의 틀을 뛰어 넘은 도전도 시작되고 있다.

공장 내부를 그대로 스캔해 3D 모델화, 이를 웹 브라우저에서 열람할 수 있도록 하는 클라우드 서비스가 시행되고 있다. 레이저 스캐너로 측정한 점군 데이터를 3D 모델로 변환이 가능하다. 위치와 치수 정밀도는 ±1mm 정도다.

화면상에서 신규 설비 도입 시의 레이아웃이나 수리할 때 작업 난이도를 검토할 수 있기 때문에 사내의 담당자나 외주 시공업자가 공장을 방문하는 횟수를 줄일 수 있다. 공사 계획이나 그 진척 상황을 입력해 3D 모델과 연결하면 일괄 관리기 가능해 생산성이 향상된다.

ALL DX 시대의 우리의 대응

〔시사점 및 정책적 제언〕

올 디지털로의 전환

　정부는 올 디지털 전환을 위해서 무엇을 어떻게 해야만 할까? 첫째, 디지털 뉴딜 프로젝트를 더 이상 확대하지 말고 선택과 집중을 해야 한다. 둘째, 원천 디지털 기술 연구와 이를 선도하는 AI 대학원에 지원을 대폭 확대해야 한다. 우리의 경쟁 상대는 글로벌 기업들이다. 셋째, 디지털 뉴딜 성과를 산정하는 행정 편의주의를 배제해야 한다. 넷째, 디지털 전환 관련 예산을 풍족하게 편성하고 행정 감시는 줄여 연구자의 자율을 최대한 보장하고 존중을 해야 한다. 다섯째, AI 슈퍼컴퓨터와 인프라 문제를 해결해야 한다. AI 인력들이 장비를 활용해 연구가 활성화되어야 AI 생태계가 구축된다. 여섯째, AI 윤리를 들 수 있는데, 윤리는 규제보다는 교육을 우선해야 한다고 본다. 문제는 AI가 아니라 인간에 있기 때문이다. 일곱째, 우리가 잘할 수 있는 분야는 기반기술이 아니라 디지털 응용기술이다. 그 중에서도 우수한 인력이 있는 의료분야다. 국내 AI 대학원과 기업, 병원, 지자체가 협력해 데이터를 공유할 수 있도록 정부가 AI 의료 산업 혁신 체계를 구축해야 한다. 마지막으로, 새로운 분야에서의 AI 활용이다. 신물질, 신재료, 제약분야, 기상, 스마트팜 분야 등에서 AI 융합이 필요하다. 코로나19는 올 디지털과 언택트 시대로의 전환과 새로운 일상(New Normal)을 몰고 왔다. 우리는 더 나은 세상(Better Normal)으로 나아가야 한다. 코로나19 확산에도 불구하고 디지털 혁신을 이어나가야 생존이 가능하다. 한국경제의 미래 먹거리는 올 디지털과 AI+X 산업에 달려 있다.

경제 주체별 대비

경제주체별로 디지털 경제로의 전환을 위하여 어떻게 대비해야 할까? 첫째, 정부는 인프라(Infrastructure)를 구축해야 한다. 5G 초고속 통신망 구축과 함께 소프트웨어 인프라 구축에 집중적으로 투자해야 한다. AI 시대에 걸맞은 국가 인프라는 글로벌 경쟁력과 직결이 된다. 둘째, 국회는 올 디지털 시대에 맞는 법과 제도의 틀을 짜야 한다. 데이터 경제 활성화를 위해 정부가 추진하는 데이터 3법(개인정보보호법, 정보통신망법, 신용정보법, 일명 개·망·신법)이 통과되어 지난 2020년 7월부터 본격 시행되어 전 산업계의 핵심 동력이 데이터를 중심으로 재편될 전망이다. 데이터 3법의 골자가 '가명 정보를 사용한 이용자 빅데이터 활용'인 만큼 산업 간의 경계가 희미해진 '빅블러 시대'의 신성장 동력을 이끌 것이다. 반면 개인의 가명 정보를 조합해 개인을 식별할 수 있는 위험과 이를 악용할 가능성이 존재하며 이에 대한 법규가 제대로 마련되지 않은 상황에서 산업의 이윤을 추구하는 것과는 별개로 개인정보보호에 대한 대책을 마련해야 한다. 셋째, 대학의 인재양성이다. 현재의 교육 제도로는 디지털 경제에 필요한 창의력 있는 전문 지식인을 양성할 수 없다. 대학은 과감한 교육혁신을 통해 디지털형 인재 양성에 노력해야 한다. 넷째, 기업은 새로운 비즈니스 모델 개발과 데이터 경영으로 전환을 해야 한다. 수출을 주도하는 제조업에 의존하는 경제구조에서 디지털 산업으로 패러다임을 전환해야 한다. 또한 기업은 올 디지털 시대의 디지털 경제에 맞는 수익모델 개발에 힘써야 한다. 인터넷을 기반으로 하는 플랫폼 기업과 오프라인 중심인 제조업 간에 전략적인 제휴(Strategic Alliance)가 매우 중요하다. 특히, 그리고 제조업이 뒷받침되지 않는 On-Line기업 역시 장기적이고 안정적으로 이윤을 창출하기가 매우 어렵다. 따라서 On-Line기업과 Off-Line기업은 전략적 제휴를 통해 서로 상호이익이 되는(Mutually Beneficial) 동반자 관계(Partnership)를 유지하는 것이 절대적으로 필요하다.

우리의 대응

올 디지털 혁신시대에 우리는 어떻게 대응을 해야 할까?

첫째, 개인들은 자신의 부가가치를 높이는 신지식인으로 변신해야 한다. 우리 사회에서 개인 가치의 기준이 기존의 연공서열 위주에서 철저한 성과급 위주로 바뀌고 있으며, 일자리도 평생 일자리의 개념에서 고용과 해고가 자유로운 탄력적인 일자리로 바뀌고 있다. 이렇게 급변하는 디지털시대에서 생존하고 발전하기 위해서는 자기가 맡은 분야에서 그 누구와도 경쟁할 수 있는 전문가가 되어야 한다.

둘째, 디지털 씽킹(Digital Thinking)을 해야 한다. 인간 중심의 공감을 통해 새로운 사고 방식 디지털 씽킹을 해야 한다. 디지털 씽킹을 해야 숨어있는 진짜 문제를 찾아 해석하고 창의적인 혁신을 촉진할 수 있다. 디지털 시대 대한민국 개조를 위해 디지털 씽킹을 해야만 한다.

셋째, 디지털 리터리시(Digital Literacy) 창출이다. 디지털을 잘 쓰고, 잘 다루는 것을 뛰어 넘어 디지털 정보를 이해하고 선택해 편집과 가공을 통해 새로운 지식을 창출하는 것이 디지털 리터리시다. 급변하는 디지털 혁명에 대응할 수 있도록 통합적 능력을 갖춘 디지털 리터리시 인재 육성이 필요하다.

마지막으로, 디지털 혁신은 선택이 아닌 필수다. 디지털 혁신 쓰나미가 몰려오고 있다. 디지털 혁신은 국가와 기업의 미래 경쟁력이자 생존의 열쇠다. 지금 우리는 디지털로 혁신할 것인지 말 것인지 선택의 기로에 서있다. 우리가 어떤 선택을 하느냐에 따라 대한민국의 미래는 완전히 다르게 펼쳐질 것이다.

(국가미래연구원 2021. 02. 11.)

미래 먹거리

'CS 2021'이 던진 미래 먹거리

세계 최대 가전·IT 전시회 CES 2021(Consumer Electronics Show)이 사상 최초 올–디지털(All-Digital) 방식으로 지난 11일부터 14일까지 (현지시간) 개최됐다. 주최 기관인 미국소비자기술협회(CTA)는 5대 화두로 AI, 5G, 로봇, 모빌리티, 디지털 헬스를 제시했다. 예년과 달리 올해는 코로나19 여파로 온라인에서 42개의 토픽과 212개의 섹션이 열렸다. 작년의 절반 수준에도 못 미치는 1951개 참가기업은 온라인 전시관에서 포스트 코로나 이후 화두로 떠오르고 있는 언택트 기술의 대향연을 펼쳤다. 미국에서 567개 기업이 참여하고 한국이 340개로 뒤를 이었다.

AI, 자율 주행차, 디지털 헬스분야가 토픽, 섹션, 전시관에서 상위권을 휩쓸었다. AI 시대에 걸맞은 기술과 제품이 AI+X(융합) 트랜드로 이동하는 것을 명확하게 볼 수 있었다.

특히 코로나19로 잃어버린 일상을 함께할 수 있는 다양한 제품과 서비스가 눈길을 끌었다.

최고 혁신상은 동전크기의 웨어러블 기기로 체온, 심박 수, 호

흡을 측정 후 분석하는 미국의 BioButton, VR 헤드셋에 눈 추적 센서를 적용해 10가지 안과 측정과 케어 서비스를 제공하는 한국의 VROR Eye Dr가 영광을 차지했다. 한국의 스타트업 룰루랩은 비대면 피부 맞춤형 서비스가 가능한 제품을 개발해 3년 연속 혁신상을 수상했다.

작고 가벼운 패치형 기기로 장기간 연속 착용할 수 있는 심전도 검사기를 만든 한국의 에이티패치, 아기 울음소리 분석을 통해 아기가 왜 우는지, 언제 깨는 게 좋은지 등을 알려주는 램프 형태의 아기 수면 트레이닝 제품을 선본인 일본의 Ainenne, IoT 기술을 활용해 비접촉식 수면 모니터링과 수면의 질 측정, 수면 단계 분석 등을 통해 수면 개선 프로그램을 제공하는 한국의 에이슬립이 혁신상을 받았다.

코로나19 여파로 방역로봇도 이목을 끌었다. 애완용 펫봇, 여가 시간을 함께 보낼 챗봇 등 생활 밀착형 로봇이 다수 등장해 눈길을 끌었다. 올해가 생활 로봇의 활성화 원년이다. 자동차 기업들은 내연기관의 종말을 선언했다. 자율 주행과 전기차에 매진하겠다는 전략을 엿볼 수 있었다

언택트 시대의 CES 2021 특징은 첫째, 전통적인 제조업과 서비스업에서 코로나로 인한 디지털 헬스, 원격 의료, VR·AR 기술을 활용한 개인 건강을 중심으로 비대면 시대를 지원하는 제품들이 많았다. 둘째, 기존에는 영상, 음성, 언어 처리 기반의 제품에 비해 디지털 헬스 혹은 개인 맞춤형 뷰티 서비스의 차별성이다. 셋째, 자율 주행 자동차 기반의 기술에 AI 활용이다. 넷째, 다양한 분야에

활용 가능한 서비스 로봇의 등장이다. 다섯째, 자연이 처리 AI 중심에서 연속 의사를 결정하는 AI로의 변화다. 여섯째, 업종이 다른 기업들의 합종연횡이다. 미국 통신사 버라이즌과 드론기업 스카이워드, 물류기업 UPS는 드론배송을 위한 3각 동맹을 맺었다. 일곱째, AI를 활용한 원격의료와 원격교육의 확대다. 마지막으로, AI가 디지털 트랜스포메이션의 핵심 인프라가 됐다.

올해 주목할 AI 국가는 미국과 중국이며 기업으로는 페이스북, 구글, 아마존, 마이크로소프트, 테슬라다. 향후 자율 주행과 전기차 기업들이 AI 산업을 선도할 것이다. 코로나 여파로 인해 의료, 신약 개발에 AI를 활용한 다양한 신생 스타트업도 눈여겨봐야 한다. CTA는 386개의 혁신상을 수여했는데 100개를 우리기업이 휩쓰는 쾌거를 거뒀다. 그 중 삼성전자가 44개 LG는 24개를 받았다. 그렇다면 정부는 AI 산업 발전을 위해 무엇을 어떻게 해야 할까.

첫째, AI 산업 프로젝트를 더 이상 늘리지 말고 선택과 집중해야 한다.

둘째, 원천 AI 연구와 이를 선도하는 AI 대학원에 지원을 대폭 확대해야 한다. 경쟁상대는 글로벌 기업이다. 세계적인 AI 대학원이 나와야 AI 강국 도약이 가능하다. AI는 과학이고 기술이며 소프트웨어이다.

셋째, 디지털 뉴딜 성과를 산정하는 행정 편의주의를 배제해야 한다.

넷째, AI 예산을 풍족하게 편성하고 행정 감시는 줄여 연구자의 자율을 최대한 보장하고 존중해야 한다.

다섯째, AI 슈퍼 컴퓨터와 인프라 문제를 해결해야 한다. AI 인력들이 장비를 활용해 연구가 활성화되어야 AI 생태계가 구축된다.

여섯째, AI 윤리다. 윤리는 규제보다는 교육이 우선시되어야 한다. 문제는 AI가 아니라 인간이기 때문이다.

일곱째, 우리가 잘 할 수 있는 분야는 기반기술이 아니라 응용기술이다. 그 중에서도 우수한 인력이 있는 의료분야다. 국내 AI 대학원과 기업, 병원, 지자체가 협력해 데이터를 공유할 수 있도록 정부가 AI 의료 산업 혁신 체계를 구축해야 한다.

마지막으로, 새로운 분야에서의 AI 활용이다. 신물질, 신재료, 제약분야, 기상, 스마트팜 분야에서 AI 융합이 필요하다. K-AI 융합 산업을 만든다면 AI 응용 산업 분야를 선도할 수 있다.

코로나19는 언택트 시대로의 전환과 새로운 일상(New Normal)을 몰고 왔다. 우리는 더 나은 세상(Better Normal)으로 나아가야 한다. 코로나19 확산에도 혁신을 이어나가야 생존이 가능하다는 사실을 CES 2021 통해 확인할 수 있었다. 한국경제 미래 먹거리는 AI+X 산업이다.

(경기매일 2021. 01. 15.)

강력한 'AI 생태계 구축' 해법

AI·디지털 강국 도약을 위해서는 강력한 AI 생태계 없이는 불가능하다. 지금 세계는 AI패권 다툼 중이다. 자칫 AI 시대 흐름을 놓친다면 150년 전 선조들의 실수를 되풀이 할 수 있다. 강력한 AI 생태계 구축 해법을 Q&A 형식으로 풀어보자.

Q: 게임 체인저

A: 코로나19 팬데믹이 앞당긴 뉴노멀은 AI와 All Digital이다. AI는 세상을 변혁시키는 게임 체인저로 자리 잡고 있다. 사람처럼 인지하고 학습하며 판단하는 AI 로봇이 IoT, Cloud, Big Data와 빠르게 접목되어 산업 생산성 향상에 혁명을 일으키고 있다. 자동차, 의학, 언어, 검색, 광고, 쇼핑 등 다양한 분야에서 쉽게 접할 수 있다. AI는 보통 10년 이상 걸릴 코로나19 백신 개발을 1년으로 단축시켰다. 글로벌 제약사들은 이미 신약 후보 물질 발굴과 치료 효과를 낼 수 있는 분자구조까지 AI를 활용하고 있다.

Q: 현실

A: AI 인력과 기술이 일부 대기업에 집중되어 대다수 중소기업은 AI 효율성을 체감하지 못하는 게 현실이다. 글로벌 시장에서는 대학과 연구소가 보유한 특허, 논문을 활용해 제품을 상용화 시키는 것이 보편화된 모델이다. 하지만 국내에선 제도적 문제로 이런 협력 모델이 사실상 불가능하다. 글로벌 기업들은 대학과 공동연구를 통해 역량을 높이고 있지만 안타깝게도 한국은 갈 길이 멀다.

Q: 3대 Power

A: AI 성공의 원동력은 소프트웨어 생태계, 반도체 기술의 발전, 인터넷·IoT·Sensor의 확산이다. Algorithm Power는 Copy가 가능해 여러 개를 통합해 언제 어디서나 활용이 가능하다. Computing Power는 초고속 병렬처리 능력에서 동시 계산으로

진화 중이다. Data Power는 데이터 수집, 저장, 관리 능력이 관건이다.

Q: GPT-3

A: GPT-3는 인류 역사상 가장 뛰어난 언어 AI다. Open AI가 만든 새로운 강력한 언어모델 이름이 GPT-3(Generative Pre-Training-3)다. 1,750억 개의 파라미터에 달하는 엄청나게 큰 모델로 학습시킨 게 바로 GPT-3다. GPT-3는 끊임없이 다음 단어를 예측하며 정답을 맞힐 수 있는 방향으로 모델을 업데이트 한다. GPT-3는 몇 개 키워드만 넣으면 작문을 작성해주는 혁신적인 AI 언어생성 모델이자 알고리즘(Algorithm)이다.

Q: 양자 컴퓨터

A: 중첩(Superposition)과 얽힘(Entanglement) 같은 양자 역학적 현상을 이용해 계산하는 컴퓨터다. 양자의 특성을 활용해 여러 가능성을 동시에 탐색할 수 있는 양자컴퓨터는 통계적인 선택을 버리고 최적의 수를 선택한다. 구글은 기존 슈퍼컴퓨터로 1만 년이 소요될 계산을 200초에 계산이 가능한 양자컴퓨터를 2019년 10월에 개발했다. 백신 개발, 기후 변화 등에 효과적으로 대응할 수 있는 양자컴퓨터의 실용화의 현실화에 대비해야 한다.

Q: 사업화

A: AI 기술은 단편적 요소기술에서 수익성 관점의 사업화로 발전되고 있는 추세다. AI 기술은 모든 산업 분야와 융합을 통한 디지털 전환에 있다. IoT, Cloud, Big Data 등의 디지털 기술과 결합해 생산성 혁신과 서비스 혁명으로 가치가 폭발하고 있다.

Q: R&D

A: AI R&D 중심 이동이 Academy에서 Industry로 변화하고 있다. AI 사업 모델 유형에 따라 맞춤형 AI 기업 지원 가이드라인 마련이 필요하다. 단계별 R&D 지원을 통한 제품개발로 AI 산업을 활성화해야 한다. 스타트업이 Dealth Valley를 넘을 수 있도록 기술, 마케팅, 경영 지원 등 원스톱 서비스를 제공해야 한다. AI 인프라(Open Source, Big Data, AI Chip)와 사업화 핵심요소(Domain Knowledge), 디지털 기술(IoT, Cloud, Big Data)차원에서의 AI 지원이 필요하다.

Q: 해법

A: 대한민국이 AI·디지털 강국으로 도약하기 위해서는 강력한 AI 생태계 구축이 필요하다. 우리는 AI 선진국에 비해 HW, SW, 개발환경 등 AI 생태계가 구축되어 있지 않은 상황이다. 대기업 및 공공 R&D를 중심으로 AI 기술 개발이 추진되고 있으나 AI 산업을 견인할 수 있는 기본 생태계 조성은 정부가 나서야 한다. 중소기업이나 스타트업은 IBM 왓슨과 같은 플랫폼 기반으로 서비스 받기를 원한다. 하지만 AI 슈퍼컴퓨터 활용뿐만 아니라 빅데이터 접근도 어려운 게 현실이다. AI 산업화 활성화와 생태계 구축 해법을 제안한다.

AI 산업 활성화

첫째, AI 관련 정부의 R&D 지원사업과 과제 목표를 새로 정해야 한다. 지금까지 AI 관련 R&D 지원사업은 Fast Follower 전략에 맞춰져 있었다. First Mover 전략으로 전환해야 한다. 기업 및 연구기관이 First Mover 전략으로 자율 연구해야 AI 산업이 활성화된다.

둘째, AI 스타트업에 실질적 도움이 되는 정책을 펴야한다. AI 혁신 생태계 스타트업 입장에서는 꼭 해야 하는 일, 열심히 하고 있는 일들에 힘을 보태주는 것이 최고의 도움이라고 생각한다. 또한 AI 교육 연구개발 커뮤니티 활성화도 필요하다. 제품생산과 인력확보, 마케팅, 펀딩, 설비투자, 판매까지 전 과정에서 일괄적 지원이 절실하다.

셋째, 제조업 중심을 AI 산업으로 전환해야 한다. 한국경제 주력 수출 산업인 하드웨어 기반이 아닌 소프트웨어 중심의 AI산업으로 시장 확대를 통해 글로벌 시장 진출을 모색해야 한다.

넷째, AI 산업 전략적 집중분야는 의료분야다. 정부가 보유한 대규모 의료 데이터를 공개하면 AI 헬스 산업은 폭발적으로 늘어난다. AI 헬스 가상 의사 방문(Virtual Doctor Visit)과 원격 의료를 추진한다면 글로벌 시장을 선점할 수 있다. 또한 모바일 분야에서 수집된 대규모 사용자 로그 데이터를 활용하면 신산업 발굴로 글로벌 시장에 진출할 수 있다. 특화된 산업으로 교통 전력 등 사회적 인프라 부문인 AI 고속도로 사업에 정부의 집중 투자가 이루어져야 한다.

강력한 AI 생태계 조성

AI 생태계가 성공하기 위해서는 AI 플랫폼, AI 전문인력, AI 기술 사업화이 어우러져야 한다.

첫째, AI 플랫폼이다. 정부에서는 Cloud Server, AI 신경망 Algorithm, Contents 등 개발 환경 조성해 적극 나서야 한다. 중소기업은 AI Algorithm을 개발할 인력과 자금이 부족하다. 정부가 보유하고 있는 데이터를 오픈해 사업화를 유도해야 한다. AI 연구지원 확대로서 빅데이터 및 고성능 시스템 파워가 필요한 딥러닝 기술을 실험할 수 있는 테스트 환경을 제공해야 한다.

둘째, AI 전문인력 확보이다. 세계 AI 핵심 인재 3만 6,500여 명 가운데 절반은 미국에 그 중의 반이 실리콘밸리에 있다. 미국이 세계 AI 개발 및 활용 능력에서 압도적 우위를 차지할 수 있는 것은 우수한 AI 인재가 있기 때문이다. Google, MS, Apple, Amazon, IBM 등이 AI 인력 대부분을 끌어들이고 있어 국내 기업들은 연구개발을 위한 인력확보에 어려움에 직면하고 있다. 국가차원에서 AI Brain Pool과 AI 슈퍼 인재 Bank 운영을 도입해야 한다.

셋째, AI 기술 사업화다. 정부가 발주하는 국책 과제 R&D에서 산출되는 AI 관련 기술을 활용해 기업이 사업화할 수 있도록 지원해야 한다. 정부 과제는 비즈니스가 최종 목표가 되어야 한다. 'AI 국가 기술 공유청(가칭)'을 설립하고 AI 기술 컨퍼런스 활성화로 기업에게 실질적 도움을 줄 수 있는 시스템 구축이 필요하다. 'AI 경진대회'를 개최해 개발자들의 사기를 진작시켜 줘야 한다.

넷째, 대한민국이 'AI·디지털 강국'으로 도약하기 위해서 정부가 할 일은 명확하다. 규제 양산이 아니라 신산업·신기술에 투자와 인재 양성으로 강력한 AI 생태계를 구축하는 것이다. 글로벌 공룡기업인 Google, Amazon, Apple, MS 등이 AI 시대를 주도하는 원천은 강력한 AI 생태계가 있기에 가능하다. 스타트업 없이는 강력한 AI 생태계 구축은 어림없다.

마지막으로, AI 활용으로 디지털 전환에서 앞서가는 국가, 기업, 개인이 포스트 코로나 시대 승자가 된다. 이를 실현하기 위해서는 중·장기 관점에서 소프트웨어 역량과 양질의 데이터 확보, 관련 법제도 정비, R&D 투자 확대, 연구 분야 차원에서 적극적인 대비가 필요하다. AI 스타트업 붐을 조성해야 AI 디지털 강국으로 도약할 수 있다.

반도체 패권다툼과 삼성의 미래

미국 백악관에서는 4월 12일(현지시간) 글로벌 반도체 부품 부족 현상이 심각해짐에 따라 '반도체 화상회의'를 개최했다. 바이든 대통령은 글로벌 반도체 패권다툼에 미래 먹거리를 직접 챙기고 있다. 미국이 반도체 분야에서 중국 견제 정책을 강화할 경우 중국 수출 비중이 높은 한국 기업은 곤란한 상황에 직면할 가능성을 배제할 수는 없다. 세계 반도체 패권 경쟁을 Q&A 형식으로 풀어보자.

Q: 중국 '반도체 굴기'

A: 중국은 2015년 '중국제조 2025' 산업계획을 통해 반도체 굴기를 선언했다. 핵심 설계 기술을 확보하고 칩을 자체 생산하겠다는

목표를 내세웠다. 수입에 의존하는 반도체 자급률을 2025년까지 70%로 끌어올리겠다고 밝혔다. 실행력을 높이려고 화웨이, ZTE, SMIC, 칭화유니 등 반도체 기업에 1조 위안(약172조 원)을 투자한다고 밝혔다. 하지만 2019년 자급률이 15.9%로 한참 못 미치고 있다. 미국이 발목을 잡고 있는 상황에서 중국 반도체 판매량이 크게 늘어난다고 해도 2025년 중국 내 생산량은 세계 시장의 10%에 머물 것으로 전망되고 있다.

Q: 세계는 반도체 전쟁 중

A: 미국은 반도체 산업 지원에 56조 원을 투입한다. Intel, MS, IBM은 파운드리 시장에 재진출하기 위해 22조 원을 투입 애리조나에 공장을 신설한다. 중국은 파운드리 업체 SMIC를 집중 육성하고 선전 파운드리 신 공장을 내년에 가동한다고 밝혔다. 대만은 미국과 일본에 파운드리 공장을 증설하고 올해 설비투자 31조 원을 투입한다. EU는 2030년까지 180조 원을 투자해 세계 반도체 생산량의 20% 달성 목표를 제시했다.

Q: 미·중 기술전쟁

A: 미국은 패권을 유지하기 위해 산업전략을 입안할 때 항상 전쟁을 가정한다. 적을 빨리 발견해 섬멸하기 위해서는 반도체 성능이 좌우한다. 반도체는 군사력과 직결되기에 국가핵심 전략물자다. 중국이 기술자립과 내수 진작을 통한 양순환 전략으로 반도체 확보에 집중하자 미국은 중국을 강력히 견제하고 나섰다. 미국의 견제로 중국은 애를 먹고 있다. 미국은 AI, 5G, BigData, Robot 등 첨단 기술 분야에서 중국의 기술 탈취와 질주를 더 이

상 용납하지 않겠다는 의사를 분명히 밝히고 있다.

Q: 반도체 주도권 탈환

A: 미국이 반도체 시장 공급망에서 헤게모니를 되찾기 위한 움직임이 본격화되고 있다. 세계 반도체 제조업에서 미국이 차지하는 비중은 1990년 37%에서 2020년 12%로 떨어졌다. 바이든 대통령은 반도체 산업을 국가안보와 연결시키며 500억 달러(약57조 원)를 지원해 미국 반도체 경쟁력을 다시 되찾기 위해 집중 투자한다고 밝혔다. 미국은 반도체 핵심 원천기술을 활용 반도체 패권 탈환을 할 것으로 전망된다.

Q: 반도체 쿼드

A: 글로벌 반도체 품귀 현상이 심해짐에 따라 미국 자동차 기업이 감산에 들어가면 부품업체가 동시에 가동을 멈추고, 전자제품 생산도 차질을 빚는 상황을 막기 위해서 바이든 대통령까지 나섰다. 반도체를 사용하는 각종 산업의 생태계가 무너질 수 있다는 위기감에서 백악관 회의를 소집했다. 삼성전자 대만의 TSMC, 미국의 반도체·IT·자동차·통신 핵심 기업인 인텔, GM, 포드, 알파벳, AT&T, HP 외에 네덜란드 NXP가 초청되면서 4개국 19개 기업이 참석했다. 마치 경제판 '쿼드(Quadrilateral Security Dialogue)' 구축을 연상시킨다.

Q: 미국 인식

A: 미국은 반도체 기술과 장비를 지원해 주면서 한국과 대만에 사실상 위탁했다고 생각한다. 세계 반도체 생산 능력의 80% 이상을 지정학적 리스크가 큰 한국과 대만에 집중되어 있다. 반도체

패권다툼에서 승리하기 위해서는 한국과 대만을 통제권 하에 둬야한다는 인식이 강하다. 반도체 주도권을 잡아 실리콘 쇼크를 사전에 막아야 하기 때문이다. 또한 반도체는 민간과 군사적 필수 기술이므로 투자를 확대할수록 경제·군사적 패권 잡기에 유리한 수단으로 활용이 가능하다. 21세기도 미국이 세계를 주도하기 위해서는 중국의 반도체 장악을 절대 용납할 수 없다는 전략을 구사할 것이다.

Q: 미국 속셈

A: 바이든 대통령이 모두 발언을 한 것은 반도체를 직접 챙긴다는 메시지다. 미국경제 및 안보 투톱이 회의를 주재한 것은 글로벌 반도체 부품 부족을 경제는 물론 안보 위협으로 간주하고 있다는 의미다. 백악관 회의를 통해 미국 국익을 최우선하는 미국 중심의 반도체 전략을 추진할 것이다. 미국의 진짜 속내는 백악관 회의를 통해 중국의 반도체 굴기를 막고, 미국 반도체 제조업의 부활, 양질의 일자리 창출. 미국 중심의 반도체 공급망 구축이라는 노림수가 내재되어 있다. 최종 목표는 잃어버린 반도체 산업 헤게모니를 되찾는 것이다. 바이든 대통령은 전기차, 배터리 등 전략산업의 핵심은 반도체라고 믿고 있다.

Q: 위기

A: 삼성은 세계최초 3세대 D램, SK하이닉스는 128단 4D낸드를 개발해 성공했었다. 하지만 마이크론은 지난 11월 세계 최초로 176단 낸드플래시를 개발해 양산을 시작했고, 지난 1월에는 4세대 10나노미터 D램 생산에 성공해 삼성전자와 SK하이닉스를 제

쳤다. 미국과 EU는 최근 반도체 자립화를 선언하고 자국 내 기업을 집중 지원하고 있다. 후발주자의 연이은 추월로 메모리 반도체 1위를 자부했던 한국의 위상이 위협받고 있는 상황이다. 파운드리 1위 기업 대만의 TSMC는 120억 달러를 투자해 애리조나에 공장 신설에 나서면서 향후 3년 간 추가적으로 1000억 달러를 더 투자해 명실상부 파운드리 1위를 이어가겠다고 밝혔다. 미국 인텔은 200억 달러를 투자해 파운드리 사업진출을 공식화했다. 총수 부재인 상황에서 삼성은 올해 설비 투자에 대해 말을 아끼고 있다.

Q: 기회

A: 미국이 중국을 배제한 글로벌 반도체 공급망 구축과 미국 중심의 반도체 인프라 확충을 요구하면 삼성전자 입장에서는 시장 점유를 높일 절호의 기회가 될 수 있다. 삼성전자기 텍사스 주 오스틴 공장에 170억 달러(약20조 원)를 투자해 파운드리 증설에 나선다면 2만 개의 일자리가 창출 가능하다. 일자리 창출을 최우선하는 바이든 행정부의 목표와 부합되기 때문에 세제 감면 등 다양한 혜택을 요구할 수 있다.

Q: 시장 점유

A: 메모리 반도체는 삼성전자의 D램 세계시장 점유율은 43.8%, SK하이닉스는 D램 28.7%, 마이크론 22.4%를 차지한다. 주요 비메모리 반도체 국가 점유율은 미국 69%, 유럽 12.4%, 대만 9.3%, 중국 7.8%, 일본 6.3%, 한국 4.1%다. 파운드리는 TSMC 56%, 삼성전자 18%, UMC 7%, 글로벌파운드리 7%, SMIC 5%다. 낸드

플래시는 삼성전자 32.9%, 키옥시아 19.4%, 웨스턴디지털 14.4%, SK하이닉스 11.6%, 마이크론 11.2%, 인텔 8.5%다. 시스템 반도체는 한국은 4.2%로 취약한 분야다.

Q: AI 반도체

A: AI 연산 성능 고속화와 소비 전력효율(Power Efficiency)을 위해 최적화시킨 반도체다. 아키텍처 구조 및 활용 범위에 따라 GPU, FPGA, 주문형 반도체 ASIC부터 뉴모로픽 반도체까지 포괄한다. AI 반도체는 저장, 연산처리, 통신 기능을 융합한 가장 진화된 반도체 기술이다. AI 반도체는 병렬연산 처리에 최적화된 GPU 중심에서 초고성능·초저전력 뉴로모픽 반도체로 진화하고 있다. 향후 AI 반도체는 주문형 반도체 ASIC 방식, 데이터 센서와 디바이스 등 다양한 AI 시스템을 지원하는 방향으로 발전할 것이다.

Q: 해법

A: 한국의 반도체 산업은 메모리 세계 1위 위상은 지키면서 시스템 반도체는 추격해야 하는 위중한 상황이다. 그렇다면 미래 먹거리인 반도체 경쟁력을 어떻게 유지해야 할까.

삼성의 미래

급변하는 글로벌 시장의 변화에 과연 삼성은 혁신을 통해 살아남을 수 있을까

첫째, 조만간 미국에 투자를 결정해야 한다. 이번 화상회의에서 바이든 대통령은 삼성에게 신속하게 투자 결정을 마무리하라는

무언의 압박을 가한 분위기다. 미중 반도체 패권다툼이 치열해 지는 가운데 삼성은 좀처럼 마땅한 해법을 찾지 못하고 있다. 하지만 미국 투자를 할 수 밖에 없는 처지에 놓이게 됐지만 지금은 결정을 할 수도 없는 어려운 상황에 처해있다.

둘째, 총수 부재다. 수십조 원 투자는 타이밍에 맞게 신속하게 해야 하는데 못하고 있다. 일부에서는 총수가 없어도 주가는 오르고 실적이 최고라 문제가 없을 것이라는 주장을 펼친다. 어리석은 식견이다. 반도체 산업은 몇 년 전에 투자한 것이 이제 와서 결실을 맺는 속성이 있다. 지금 과감한 투자시기를 놓친다면 10년 후 삼성이 존재할지 의문이다. 삼성 경영진에 한국경제 발전의 기회를 주는 것은 어떨까.

셋째, 전략적 판단이 어느 때보다 중요한 시점이다. 미·중 한쪽의 선택을 강요받는 곤혹스런 상황이 현실이 될 수 있다. 이번 회의 참석은 미국 주도의 반중(反中) 동맹에 참여로 비쳐져 부담이 크다. 거대한 중국 시장을 포기할 수 없는 삼성이 미·중 양자택일을 요구 받게 된다면 큰일이다.

넷째, 미국이 대중 수출 봉쇄 카드에 대비해야 한다. 미국 국가안보회의(NSC) 산하 AI 위원회는 지난달 초 일본과 네덜란드 정부와 협력해 불화 아르곤(ArF) 액침 장비(193 나노미터) 노광장비의 중국 수출을 금지해야 한다는 보고서를 연방의회에 제출했다. 중국 공장에서 3차원 적층 낸드플래시와 10나노급 D램 등을 양산하는데 이 장비를 사용하고 있는 삼성의 고민은 깊어진다. 중국 및 홍콩으로 60%가 수출되는 물량을 중단하라든지 중국을 상대로 반도체 장비를 공급하지 말라고 한다면 대응하기가 더욱 어려워진다.

다섯째, 미국의 중국제재에 대한 딜레마다. 중국은 미국제재로 주요 기업들이 반도체 사재기를 하면서 반도체 수급난이 벌어졌다며 미국 탓을 하고 있다. 여전히 화웨이는 삼성의 주요 고객이다. 화웨이는 협력을 원하고 있다. 화웨이는 한국판 뉴딜에 기여하겠다면서 5G 협력을 강화해 서비스를 제공하고 싶다고 한다. 미국제재 속에서 화웨이 협력요청을 받을 수도 안 받을 수도 없는 어려운 상황이다.

여섯째, 격화되고 있는 경쟁에 대비해야 한다. Intel은 최근 20조원을 파운드리 사업에 투자한다고 밝혔다. 반도체 수급난에 빠진 미국 내 자동차 업계를 위해 올해 안에 자동차용 반도체 생산에 나서겠다고 했다. 최근 공급부족 사태를 빚은 MCU 등 차량용 반도체는 삼성전자가 주력하는 10나노 안팎의 첨단 공정 생산라인이 아니라 30나노 수준의 구식 공정을 활용하는 제품이다. 수익성도 떨어지기 때문에 뛰어 들기도 어렵다.

마지막으로, 혁신이 없는 삼성의 미래다. 5년 전이나 현재나 삼성의 핵심제품은 변하게 없고 매출도 비슷하다. 삼성 D랩 핵심설비는 일본 미국에서 수입한다. 애플은 하드웨어 아이폰 매출이 절반이고 서비스 분야에서 더 많은 이득을 낸다. 반도체 분야에 미·중, EU, 대만까지 뛰어들어 혈투를 벌이고 있는 상황에서 혁신 없는 삼성이 과연 10년 후에도 존재할까.

정부는 대책이 없다

정부는 진퇴양난이다. 기술 패권 미국과 협조하며 거대한 중국시장을 놓칠 수 없기 때문이다. 미·중 반도체 대결이 지속되고 미국, EU, 대만, 중국은 반도체에 대한 지원이 엄청나다. 하지만 한국은 기업 때리기에 혈안이다. 정부는 어떻게 대응해야 할까.

첫째, 반도체 외교 기술력이 절실하다. AI 시대 반도체 산업은 기업 간 경쟁을 넘어 국가 간 산업 전쟁으로 확대되고 있는 양상으로 전개되고 있다. 미국이 중국을 제재하며 자국 내 투자를 압박하는 상황에서 정부의 어떤 도움도 받지 못하고 있는 한국기업은 경쟁에서 뒤쳐질까 노심초사(勞心焦思) 하고 있다.

둘째, 민관협력 분위기 조성이다. 미국정부도 인텔을 지원하기 위해 나서고 있다. 하루 속히 정부와 기업의 협력 분위기를 만들어 고군분투 하는 기업의 기를 살려줘야 한다. 반도체 산업은 한국경제의 미래 먹거리다. 정부가 반도체 산업의 경쟁력을 높일 수 있도록 기초개발 연구에 집중 투자해야 한다. 반도체 공급대란이 벌어진지 4개월이 지났는데 이제야 반도체 종합정책을 내놓겠다고 한다. 대책 발표는 이제 그만해야 한다. 실질적으로 기업에 도움을 줄 수 있는 실효성 있는 대책이 필요하다. 예를 들면 미국과 EU는 설비투자액의 40%를 세액공제나 보조금으로 돌려준다. 한국은 설비투자액의 3%인 세액공제를 빼고는 기업 혜택이 거의 없다.

셋째, 전문 인력 수급이다. 중국에서 국내 반도체 임직원들을 많이 빼가고 있다. 우려하지 않을 수 없다. 국내 반도체 산업 경쟁력을 유지하기 위해서는 반도체 고급인력의 국외 유출을 막아야 한다. 연구개발 중심으로 신규 전문 인력을 집중 양성하는 산·학·연 협력 인재 육성 시스템 구축이 필요하다.

넷째, 팹리스 육성이다. 팹리스는 시스템반도체의 핵심이다. 국내 시스템 반도체 시장의 60%를 팹리스가 차지한다. 세계 시장에서 국내 업체 점유율은 3.2%다. 시스템 반도체 분야에 집중 투자를 통해 경쟁력 확보가 시급하다. 파운드리는 국내 팹리스와 협업을 통해 시스템 반도체 생태계를 혁신하는 전략을 모색해야 한다.

다섯째, 비메모리 반도체 육성이다. 향후 가장 중요한 반도체는 AI, 이미지, 파워 반도체(전력 반도체)다. 현재 한국은 이미지 반도체만 어느 정도 성과를 보이고 있고 AI 반도체나 파워 반도체에서는 중국보다 뒤떨어지고 있다. 비메모리 반도체 산업에서 경쟁력을 확보하지 못한다면 반도체 산업의 미래는 없다.

마지막으로, 미국의 압박에 대응책을 마련해야 한다. 반도체 산업은 민간 차원을 넘어 국가 안보에서도 중요한 분야가 됐다. 코로나 사태로 디지털 전환이 빨라지면서 반도체는 국가 경쟁력이자 글로벌 안보 이슈로 떠올랐다. 다음 달 한·미 정상회담에서 미국이 중국과 관계를 정리하고 투자 압박카드를 내민다면 어떻게 대응할지 면밀한 대책을 마련해야 한다.

국회

국익을 위해서는 정치이념, 여야를 막론하고 지원책을 쏟아내는 미국 의회를 배워야 한다.

첫째, 반도체 지원 촉진법 추진이다. 미국 상하원 의원들은 바이든 대통령에게 반도체 개발 및 생산 증대를 위한 정부의 적극적인 조치를 촉구하는 서한을 보냈다. 특히 중국에 대한 경쟁력을 높이고 미국 경제는 물론 안보의 회복력과 경쟁력을 높여야 한다고 주장했다. 반도체 생산촉진법(CHIPS for America Act)에 따른 예산 배분과 집행 필요성도 강조했다. 미국 내에서는 중국의 반도체 굴기를 막기 위해 반도체 생산 장비의 대(對)중국 수출을 막는 방안까지 논의 중이다. 한국의 국회 현실은 어떠한가.

둘째, 주요 정책에 대해 국회가 보증하는 결의가 필요하다. 정권 교체가 되더라도 반도체 정책은 지속성이 있어야 한다. 국회에서 한국경제 미래 먹거리 반도체 산업 지원책을 보장하는 여야의 합의안이 필요하다.

한국 수출의 20%를 반도체가 차지한다. 미국 내 투자가 늘어나면 한국 내의 투자는 줄어들 수밖에 없다. 최악의 시나리오이지만 삼성 본사를 미국에 옮기라고 압박해온다면 정부는 어떻게 대응할 것인가. 한국의 미래 먹거리 반도체를 지켜야 하는 절박한 시점이다. (경기매일 2021. 03. 21.)

재계 젊은 리더 활용한 일자리 창출

지금 세계는 반도체 전쟁 중이다. 한국경제를 위해 경제인 젊은 리더를 활용한 일자리 창출에 Q&A 형식으로 풀어보자.

Q: 여론

A: 14일 한국사회여론연구서(KSOI)가 지난 9~10일 실시한 여론조사에 따르면 주요 경제인 사면에 대해선 66.6%가 찬성했고, 반대의견은 30.6%로 나타났다. 향후 국정 우선순위로는 일자리 창출이 29.2%로 1위를 차지했다.

Q: 글로벌 반도체 전쟁

A: AI 시대는 비메모리 반도체 수요가 급증할 것이다. 자율 주행차는 기존 자동차의 10배인 2000개의 반도체가 필요하다. 5G, IoT, Robot, Drone 등 모든 산업분야에 AI 반도체가 들어간다. 이에 주요 선진국은 파격적 지원책으로 반도체 산업 육성에 나서고 있어 TSMC와 삼성의 양강 체계도 흔들릴 수 있다. 미국은 반도체를 경제·안보 전략자산으로 지정하고 자국 내 생산과 연구·개발에 막대한 자금을 투입한다. 한국의 미래 먹거리인 반도체 산업 생태계를 지키고 선제적 투자로 경쟁력을 확보해야 하는 중요한 시점이다.

Q: 삼성 위상

A: 삼성의 지난해 브랜드 가치는 623억 달러로 글로벌 기업 5위다. Apple, Amazon, MS, Google 다음이다. 글로벌 반도체 제조업 매출은 미국의 Intel에 이어 2위다. 3위는 대만의 TSMC, 4위는 SK 하이닉스, 5위는 미국의 Micron이다. 삼성이 국내 GDP에서 차지하는 비중은 20%를 상회하고, 매출 상위 10대 기업들의 영업이익에서 삼성전자가 차지하는 비중은 70% 수준에 달한다. 국

내 투자에서도 전체 대기업 투자액의 30%를, 국내 증시에도 상당한 영향을 갖고 있다.

Q: 중국 공장

A: 삼성은 중국 시안의 메모리 2공장은 2단계까지 증설투자가 마무리되어 올해 하반기부터는 가동 예정이다. 매출 규모는 지난해 5조 3000억 원을 넘어 미국 오스틴 공장 매출보다도 크다. 쑤저우에 반도체 후 공정(패키징) 공장도 운영하고 있다. 중국은 2015년 반도체 굴기를 선언하고 1조 위안(약 170조 원)을 투자하겠다며 속도를 내고 있다.

Q: 미국 투자

A: 바이든 대통령은 백악관 회의에서 중국을 직접 언급하며 "미국이 투자를 기다려야 할 이유가 없다"며 삼성을 압박하고 나섰다. 조만간 미국에 투자를 결정해야 하지만 지금은 결정을 할 수도 없는 어려운 상황에 처해있다. 경쟁사인 대만의 TSMC에서는 류더인 회장이 직접 참석했다.

Q: 진퇴양난

A: 2030년까지 비메모리 반도체 분야 세계 1위를 목표로 평택에 10년 장기 계획으로 파운드리 공장을 추진하고 투자도 확대하는 상황에서 예상치 못한 투자를 늘려야 할지도 모른다. 바이든 대통령까지 나서 미국 내 투자 결정을 압박해 삼성의 고민은 깊어지고 있다. 삼성이 투자 확대 등 현안에 대해 함구하는 것은 거대한 중국 반도체 시장을 고려할 수밖에 없기 때문이다. 중국이 반도체 공급망 확충을 이유로 삼성에 추가 투자를 요구하며 압

박할 가능성도 배제할 수 없다. 최근 중국은 한·중 외교장관 회담을 통해 반도체 분야에서 한국이 협력 파트너가 되길 바란다고 강조했다.

Q: 가석방

A: 문 대통령은 뇌물·알선수재·알선수뢰·배임·횡령 등 5대 중대 부패범죄에 대해선 사면권을 행사하지 않겠다고 밝힌바 있다. 이 부회장은 뇌물공여 혐의다. 가석방은 형법 제21조에 따라 기결수가 형기 3분이 1을 마치면 가석방 심사대상이 된다. 이 부회장은 전체 형량의 40%를 넘어 가석방의 형식적 요건은 갖춘 셈이다. 이 부회장은 옥중 서신을 통해 준법감시위원회 활동을 지원하겠다며 반성의 의지를 밝혔다.

Q: 사면명분

A: 반도체 경쟁이 심화되는 상황에서 삼성의 장기간 리더십 부재는 투자의 빠른 의사결정을 지연시켜 글로벌 경쟁에서 뒤처지게 하는 결과를 초래할 수 있다. 한국을 대표하는 글로벌 기업의 경영 공백으로 중대한 사업 결정과 투자가 지연되면 한국 경제 산업 전반에도 악영향을 미칠 수 있다. 이 부회장의 사면으로 한국경제 회복과 백신확보에 이바지하는 것이 남은 1여년 형기를 마치고 나오는 것보다 낫지 않을까.

첫째, 특별사면을 통해 한·미 정상회담 동행이다. 바이든 대통령이 원하는 것은 미국 내 투자를 통한 일자리 창출이다. 지난 백악관 회의에서 바이든 대통령은 10분가량 연설하면서 미국(America)을 19차례, 투자(Invest)를 18차례나 언급했다. 그만큼 미국 투자를 통해 일자리 창출을 원하고 있다. 삼성이 Texas주 Austin시에 170억 달러(약20조 원) 투자로 유발되는 일자리 19,873명, 공장 완공 후 2,900여 명이다. 경제효과는 86억 4300만 달러(약10조 5000억 원)로 전망하며 20년간 세금 9000억 원을 감면해 달라고 제안했다. 바이든 대통령에게 삼성의 투자를 선물로 안겨주는 것은 어떨까.

둘째, 과감한 투자결정이 절실하다. 삼성이 반도체 불모지에서 메모리 세계 1위의 위상에 오를 수 있었던 것은 총수의 선제적이며 과감한 투자가 있었기에 가능했다. 일본의 도시바는 한때 세계 시장을 호령했지만 지금은 역사의 뒤안길로 사라졌다. 일본 재계에서는 삼성 총수 리더십을 반도체 성공의 핵심이라며 부러워했다. 코로나 위기에도 삼성이 약진하고 있는 것은 과감한 투자와 신기술 개발, 혁신에 매진하고 있기 때문이다. 포스트 코로나 시대에 심화될 글로벌 경쟁에서 반도체 경쟁력 확보가 절실한만큼 삼성에게 기회를 줘야 한다.

셋째, 균형 잡힌 전략적 판단이 필요한 시기다. 위기 상황에서는 리더가 나서야 한다. 글로벌 기업과의 인적 네트워크를 유지하고 주요 결정은 결국 총수의 판단에 의존할 수밖에 없기 때문이다. 글로벌 경쟁에서 Apple이나 Google, TSMC 등 국외 경쟁업체가 삼성의 총수 공백을 활용해 반사이익을 챙기면 한국 반도체 산업 경쟁력까지 뒤처질 수 있다.

넷째, 과감한 투자와 일자리 창출로 한국경제를 활성화해야 한다. 코로나19로 인한 경제적 불황, 세계 각국의 자국 중심주의 기조로 경제 불확실성이 확대되고 있다. 삼성의 경영 공백으로 투자가 지연됨에 따라 한국경제 전반에도 악영향이 불가피한 상황이다. 기업이 나서야 양질의 일자리 창출이 가능하다. 삼성이 한국경제를 살리는 데 앞장서야 한다.

마지막으로, 코로나 백신 확보다. 그동안 세계 각국은 백신 확보를 위해 국가 역량을 총동원해 경쟁을 벌여왔다. 백신 확보 경쟁에서 뒤쳐질 경우 코로나19 팬데믹 탈출을 할 수 없기 때문이다. 이 부회장은 국정농단 재판 직후 정부 특사 자격을 받아 국외에서 백신 물량을 확보하기 위해 출장을 계획하고 있었다.

미국에서 현재 접종 대상인 18세 이상 인국 2억 6000만 명이 모두 맞고도 남을 6억 회분 확보했다고 바이든 대통령은 밝혔다. 2회 접종해도 남는 8000만 회 분은 4000만 명이 맞을 수 있는 분량이다. 삼성이 반도체 투자라는 선물을 주고 백신을 일단 대여해 나중에 갚는 식의 제안은 어떨까. 삼성이 국민을 위해 나서야 할 때다.

(경기매일 2021. 04. 15.)

'기본 헬스케어'와 '치매 예방'

알츠하이머병은 노인성 치매의 주요 원인으로 기억상실, 언어장애, 정신기능 진행성 상실 등의 증상을 나타낸다. 아직까지는 발생 원인을 정확히 밝혀내지 못하고 있다. 치료에 있어서도 증상을 늦출 수는 있으나 완전한 치료법은 없는 상태다. 현재는 예방이 최선이다. AI 기술을 활용한 치매 디지털 예방 및 디지털 치료제에 대해 AI 전문가에게 들어봤다.

Q: 알츠하이머병

A: "치매는 다양한 형태로 나타난다. 노화가 시작되면 뇌 기능과 인지기능이 떨어지면서 발병되는 노인성 치매로 흔히 알려진 알츠하이머병이 가장 높은 비율을 차지하고 있다."

Q: 치매의 진행 7단계

A: "1단계, 증상 발현 전으로 뇌에 독성 물질이 쌓이고 있지만, 인지나 기억력 장애는 나타나지 않는 상태로 20년 이상 지속될 수 있다. 2단계, 매우 경미한 인지장애를 보인다. 아주 가벼운 기억력 저하가 나타나지만 일상생활을 잘하기 때문에 가족은 변화를 눈치 채지 못한다. 20년 이상 지속될 수 있다. 3단계, 남들이 알 정도의 기억력, 사고력 변화가 생긴다.

불안감을 느낄 수 있지만 일상생활이 가능하다. 1~3년 지속된다. 4단계, 공식적 알츠하이머 진단이 내려진다. 단기 기억력은 심각히 손상되어 과거 인생사를 잊거나 1주일 전 일을 기억 못한다. 정상적 대화가 어렵고 돈 계산이 안 된다. 2~3년 지속된다. 5단계, 심각한 인지의 초기다. 정신 착란이 눈에 띄게 나타나고 위생관리가 힘들어 반드시 주위의 도움이 필요하다. 1.5~2년 지속된다. 6단계, 주변 인식을 못하고 성격에 큰 변화가 나타난다. 공격성을 보이고 가까운 가족도 못 알아본다. 안정감을 찾기 위해 아주 가까운 한 사람에게만 의존하기 쉽다. 2~2.5년 지속된다. 7단계, 식욕이 없고 삼키는 것, 걷는 것마저 힘들다.

언어 능력이 거의 사라진다. 산발적으로 기억력이 명료해지는 때가 있다."

Q: 유발 원인

A: "알츠하이머병을 유발하는 원인 중 하나로 뇌 속에 베타아밀로이드라는 단백질이 축적되면서 치매가 발생되는 것으로 알려져 있다. 조기 발견 시 진행의 완화가 가능한 질병임에도 불구하고 정확한 조기진단 방법이 개발되지 않고 있다."

Q: 확진의 어려움

A: "치매는 경미한 인지장애에서 시작하지만 증상이 심화되면 일상의 어려움을 겪기에 조기 발견이 중요하다. 치매 확진을 위해 사용되는 신경인지지능검사, 뇌척수액(腦脊髓液)을 뽑아내 베타아밀로이드의 양을 측정하거나 양전자 단층촬영(PET)을 사용하고 있다. 하지만 뇌척수액 추출은 상시측정이 불가하며 환자가 고통스럽다. 양전자 단층촬영은 고비용의 진단이 요구 된다."

Q: 치매 조기 진단

A: "치매는 초기 진단을 통한 선제적 대응만이 유일한 해법이자 희망이다. 현재 치매 진단에 사용되는 고통을 동반한 침습적(侵襲的), 고비용 검사방법의 문제점을 개선하고 있다. 최근에는 혈액검사로 무증상 치매 조기 진단이 가능하다. 아밀로이드 베타 농도를 측정함으로써 찾아내는 방법이다. 또한 콧물로부터 베타아밀로이드 침착 정도 및 발현 수준을 분석해 고위험군(高危險群) 조기 발견이 가능한 방법을 개발 중이다."

Q: 디지털 치료제

A: "세계적으로 치매 치료제 의약품은 아직 없다. 디지털 치료제는 디지털 약이다. 디지털 시대를 맞아 치매 분야에도 디지털 치료제(DTx, Digital Therapeutics)가 도입되고 있다. DTx는 의약품은 아니지만 디지털 기술을 이용해 치매를 예방·관리·치료할 수 있는 소프트웨어로서 앱, 게임, VR(가상현실), AI(인공지능) 기술 등이 활용되고 있다. DTx는 모바일 시대에 IT와 AI 응용, 의학치료 기술이 융합 탄생한 새로운 산업분야다."

Q: 디지털 치료제 장점

A: "DTx는 약물과 달리 독성이나 부작용이 거의 없고 개발비용이 적게 들며 기간도 짧다. DTx는 환자 상태의 데이터를 실시간으로 수집, 분석해 맞춤형 치료가 가능하다. 기존 치료법과 병행해 효과를 증진시킬 수 있다. 경도 인지장애 환자의 증가에 따라 급격히 늘어나고 있는 사회적 비용을 절감할 수 있다."

Q: 상용화된 디지털 치료제

A: "DTx는 1세대인 합성 의약품, 2세대로 불리는 바이오 의약품에 이어 3세대의 디지털 치료제로 분류된다. 현재 디지털 치료제 글로벌 산업 시장 규모는 빠르게 성장하고 있다. 세계 1호 DTx는 미국에서 개발됐다. 현재 국내에서는 DTx 스타트업 로완이 개발한 경도 인지장애 환자용 뇌 학습 프로그램 '슈퍼브레인'이 임상을 마치고 병원에서 처방되고 있다."

Q: 디지털 치매란

A: "PC와 모바일 기기, 스마트 폰에 너무 의존해 기억력, 계산능력 등이 현저하게 떨어지는 증상을 디지털 치매라고 한다. 디지털

기기 속에 파묻혀 사는 사람들은 디지털 치매에 매우 취약하다. 단순 계산은 물론 전화번호도 기억하기 어렵다. 뇌의 불균형을 바로잡고 뇌의 기초체력을 강화해야 한다."

Q: 고령 사회의 심각한 문제

A: "현재 우리나라의 고령화 속도는 전 세계에서 가장 빠르게 진행되고 있다. 65세 인구가 14% 이상 차지해 고령화 사회를 넘어 고령사회로 진입했다. 2050년에는 60세 이상이 인구 절반을 차지할 것이다. 고령 사회에서 가장 문제되는 질병이 치매다. 우리나라 65세 이상 중 치매 환자 수는 75만 488명, 치매 유병률(有病率)은 10.16%, 10명 중 1명꼴로 치매를 앓고 있는 셈이다. 치매 환자는 지속적으로 증가해 2024년에는 100만 명, 2040년에 200만 명, 2050년에 300만 명을 넘어설 것으로 추정된다. 누구라도 치매환자가 될 수 있다는 것을 자연스럽게 받아들이고 치매 친화 사회를 만들어야 한다."

Q: 사회·경제적 비용 부담

A: "치매는 개인뿐만 아니라 가족들에까지 영향을 미친다. 4인 가구 기준으로 현재 약 300만 명 이상이 고통을 받고 있다. 65세 이상 치매 환자 1인당 연간 관리 비용은 약 2042만 원, 전체 연간 진료비는 약 2조 5000억 원이다. 2018년 총 요양비용은 약 4조 원, 국가 치매 관리 비용은 약 16조 원으로 GDP의 1%에 근접하고 있다. 생산 가능 인구 100명이 돌봐야 하는 치매 노인은 2.0명, 2030년 4.0명, 2060년에는 6.2명으로 치매 부양 부담이 점점 심화될 것이다. 치매환자 관리는 궁극적으로 국가 경쟁력과 직

결된다."

Q: 노인 장기 요양보호 제도 필요

A: "치매의 특성상 생활 전반에 10년 이상 가족들의 보살핌이 지속적으로 필요하다. 치매 환자뿐 아니라, 신체적·정신적·경제적 부담을 떠안아야 하는 치매 환자 가족의 고통은 사회 전체의 문제다. 치매 환자 가족들의 부담을 덜어주기 위해 주간보호, 방문보호, 요양병원 등을 지원하고 있다. 앞으로 고령화 사회 진입에 따른 가족의 노인부양 역할 변화, 비용 부담을 덜어주기 위해 치매 환자를 위한 요양 보호 제도가 필요하다."

Q: 역대 정책

A: "지금까지 정부는 치매 환자의 조기발견 사업 강화, 치매 전문 요양시설 확충, 치매 전문 의료기관 건립, 방문 서비스 강화, 치매 원격진료 정보통신망 구축 운영, 치매 종합 연구소 설치, 치매 전문 교육 실시, 치매 상담 센터 운영, 치매 전문 요양 시설과 치매요양병원 건립비를 지원해 왔다. 하지만 수요에 비해 터무니없이 적었다. 치매환자를 위한 정책은 저소득층을 위한 노인복지 서비스 범위 내에서 제한적으로 실시되고 있는 상황이다."

Q: 치매 복지 서비스 유형

A: "재가복지와 시설복지 서비스가 있다. 재가복지서비스는 다소 증상이 약한 환자들의 이용 욕구가 높다. 가정 봉사원 파견, 주간보호, 실비 주간보호, 단기보호가 포함된다. 시설복지 서비스는 증상이 심한 환자들이 주로 이용한다. 노인 전문요양시설, 유

료 노인전문요양시설, 노인 전문병원이 있다. 최근에는 요양보
호시설을 등급별로 나누어 이용자들이 쉽게 요양 시설 평가를
확인하도록 체계를 갖추고 있다."

Q: 치매 예방은 정부의 책무

A: "치매 유병율은 해마다 증가하고 있어 이제는 단순히 개개인의
질병이 아닌 국가에서 관리 및 예방에 사회적 비용을 감소해야
한다. 치매 예측 산업은 국가의 사명이자 건강한 사회를 위한 핵
심 미래기술이다. 고령사회 도래로 인한 치매환자 급증과 이에
따른 사회적 비용의 폭발적 증가에 선제적으로 대응해야 한다."

Q: 성과를 내려면

A: "조기 치매 예측 및 예방이 가능해야 한다. 치매는 일상생활에
어려움이 있는 단계로 넘어가면 더욱 더 진행속도를 늦추기 어
렵다는 특징이 있다. 이러한 관점에서 이미 치매 단계가 많이 진
행된 환자의 병원 내방, 고비용 정밀 진단 이전에 조기 예측 예
방을 위한 기술 인프라 구축이 필요하다. 그러기 위해 일단 성
공한 모델을 만들어야 한다. 지난 5년간 60세 이상 지역민 1만
여 명의 치매정밀 검진을 통해 빅데이터를 확보한 광주광역시가
Global AI 헬스케어 산업의 중심이 될 수 있다. 세계 최초로 치매
조기 진단 및 예방 도시로서 성공할 수 있는 조건을 다 갖춘 곳
이 광주다. 최근 라이프 로그기반 치매 조기 예측을 위해 스마트
센서 링을 착용한 435명 대상자의 데이터 분석을 완료했다. 이
를 통해 일상에서의 저비용 치매 예측 실현에 한발자국 더 다가
갔다. 치매 디지털 치료제 미래 산업을 선점해 양질의 일자리를

창출하고, 시민 건강과 치매 예방을 지자체 단위에서 할 수 있는 절호의 시기다. 시민을 대상으로 디지털 치료제를 통한 치매 예방이야 말로 하반기에 성과를 낼 수 있다."

Q: 파급효과

A: "AI 중심 도시 광주 만들기 목표달성이다. 헬스케어 산업 생태계 조성으로 헬스케어 기업이 광주로 집결하게 된다. 왜냐하면 치매 관련 빅데이터와 데이터 센터가 있기 때문이다. 기업이 모여 들면 양질의 일자리가 창출된다. 미래의 글로벌 헬스케어 AI 개발 허브도시가 될 것이다."

Q: 왜 광주

A: "AI 중심도시 광주로서 필수 요소인 하드웨어, 소프트웨어, 인재 3요소를 갖추고 있다. 하드웨어는 광주에서 직접 생산할 수 있도록 생산설비 단지가 조성되어 있고, 아시아 최대 규모의 치매 관련 빅데이터를 조선대 광주코호트를 통해 이미 확보하고 있으며, 조선대·전남대 병원을 비롯한 GIST에서 AI 전문 인력을 양성하고 있기 때문이다. 광주는 AI 도시로 변모하기 위해 세 가지 축 자동차, 에너지, 헬스케어를 중심으로 변화하겠다고 했다. 많은 AI 전문가들은 대한민국을 대표하는 AI 헬스케어 도시가 광주가 될 수 있다고 말한다. 지금이 지난 산업화 시간동안 힘들었던 먹거리, 일자리 창출을 획기적으로 도약시킬 수 있는 기회이다. 광주는 필수 3요소를 갖춘 도시이면서 동시에 그 어느 광역시보다 AI에 관심이 높기 때문이다."

Q: 정부 정책은

A: "치매 조기 진단 및 예측 산업은 포스트 코로나 시대 대한민국의
미래 먹거리 산업이다. AI 시대에 치매관련 디지털 치료제 산업
을 집중 육성한다면 글로벌 시장을 선점할 수 있다. 디지털 치료
제 시장의 확대와 산업의 발전 양질의 일자리를 창출하기 위해
서는 디지털 치료제의 의료보험 수가 적용 등 규제를 과감히 풀
어야 한다. '대한민국 미래 치매예방 추진단(가칭)' 조직을 국민
총리 직속기관으로 신설해 국민의 건강을 책임져야 한다. 또한
미래 먹거리 한 축으로 바이오 헬스 산업 중 치매 디지털 치료제
분야를 선택과 집중 육성해야 한다."

여성 노동시장 '젠더 불균형' 해법

코로나19 장기화로 돌봄에 대한 부담까지 떠맡아 여성들의 어려
움이 더 커지고 있다. 노동시장에서 남녀 간 불평등은 여전히 존재
하고 있다. 해법을 Q&A 형식으로 풀어보자.

Q: 현실

A: 우리나라는 OECD 통계를 집계한 이래 성별 임금격차 부분에서
매번 1위를 차지하고 있다. 이는 여성들이 노동시장에서 차별받
고 있다는 것을 보여주는 것이다. 최근에는 코로나19 사태로 저
임금 임시직이나 음식업 등과 같은 대면 직종의 여성 노동자들
이 일할 자리가 없어지고 있다. 엎친데 덮쳐 재택근무와 온라인
교육으로 돌봄과 노동을 함께해야 하는 여성들의 부담은 더 커

진 상황이다.

Q: 일자리 감소

A: 기존의 열악한 근로환경에 코로나19 여파로 여성 노동자는 노동시장에서 밀려나고 가정의 돌봄 노동까지 감당하며 일자리 감소라는 힘겨운 상황에 처했다. 지난해 여성 취업자는 남성에 비해 1.7배나 줄었다. 그나마 유지하고 있는 일자리는 저임금 일자리다. IMF, 글로벌 금융위기, 소주성(소득주도성장)의 실패와 코로나19 팬데믹 상황이 겹쳐 자영업자 몰락으로 여성 근로자들이 우선 해고됐다. 경제 위기에 맞닥뜨릴 때마다 여성 노동자들이 우선 일자리를 잃는 게 당연하다고 인식되고 있다. 청년 남성들도 역차별을 받는 상황이다.

Q: 위상

A: 여성들의 대학진학률이 남성을 앞지르고 주요 임용시험에서 여성들이 약진하고 있다. 하지만 여전히 여성들의 분투, 노력을 뒷받침해주는 정책과 노력은 턱없이 부족하다.

Q: 정책제언

A: 첫째, 일과 가족 양립정책을 적극 추진해야 한다. 여성의 일자리에 대해 고용 안전망을 강화해야 한다. 남녀 임금격차 1위라는 불명예 타이틀을 떨쳐내려면 구체적이고 실효성 있는 여성 고용대책이 절실하다. 서비스 대면 업종에서 여성 고용 유지 대책을 마련해야 한다. 기존의 고용 유지 지원제도에서 탈락한 여성들에 대해서도 지원책이 나와야 한다. 여가부는 양성평등에 심혈을 기울여야 하며 실효성 있는 대책을 내놓지 못한다면 폐지 되

어야 한다.

둘째, 구체적이고 실용적인 성평등 정책이 필요하다. 여성이 직종 관계없이 진출하고 차별 없이 정당하게 대우 받을 수 있는 구조를 만들어야 한다. 성평등 임금 공시제는 국정 과제인데 추진 상황 점검이 필요하다. 제대로 된 뉴 K-양성평등 정책을 입안해야 한다.

셋째, 돌봄 대란에 시스템적으로 대처해야 한다. 국공립어린이집과 직장 내 어린이집을 확충하고 보육의 사회 공동책임제를 강화해야 한다. 모든 짐이 여성에게 떠넘겨지는 돌봄 독박을 개선하고 공적 돌봄을 확대해야 한다.

넷째, 여성만을 비정규 노동자로 채용하는 일자리 고용관행을 바꿔야 한다. 여성노동 위주의 K-방역을 보완해야 한다. 코로나 의료 돌봄 종사자 70%가 여성노동자이다. 전담병원의 인력 대책을 마련하고 안전하게 일할 권리를 보장해야 한다.

마지막으로, 여성 노동자들이 좋은 환경에서 안전하게 일할 수 있도록 법과 제도를 개혁해야 한다. 청소, 돌봄, 보건 관련 여성 노동자들의 생존권은 심각하게 위협받고 있다. 서로를 존중하고 일상에서 성평등을 이루려는 노력이 필요하다. 정부 역시 성평등 사회를 이루도록 지속해서 노력해야 한다. 한국경제 성장을 가로막는 저출산, 고령화도 여성의 참여 없인 극복할 수 없다.

(내외통신 2021. 03. 08.)

04

부동산

부동산 해법

부동산은 민심이다

부동산 정책은 민심과 직결된다. 최근 여론조사에서 정부의 부동산 정책에 대해 69.5%가 못하고 있다고 답변했다. 특히 정부의 지지 세력인 40대에서조차 부정 의견이 66.0%로 집계됐다. 선거의 승패를 가늠하는 중도층의 73.8%가 부정적인 것으로 나타났다. 정부의 핵심 지지층이던 30, 40대가 돌아서고 있다.

문 대통령은 신년사에서 부동산 문제에 대해 처음으로 "매우 송구한 마음"이라고 사과했다. 취임식에서 집값 문제에 대해 강한 의지를 드러냈고 지난 2019년 11월 국민과의 대화에서 "자신 있다고 좀 장담하고 싶다" 단언했다. 하지만 지난 4년간 서울 아파트 가격은 58% 상승했고 전세대란이 일어났다.

지금까지 정부의 부동산 정책은 수요를 억제하는데 방점을 뒀다. 양질의 주택을 보유하고 좋은 환경에서 살고 싶은 수요자들의 욕구를 억제하는 대책으로 일관했다. 지금까지 단기적 효과만 고려해

24차례 비슷한 대책을 반복해 발표했다. 수요억제 정책은 시장에서 신뢰를 잃었다. 주택에 대한 끊임없는 수요가 있는 한 규제는 집값을 상승시키는 주된 요인이다.

역대 정부도 대부분 주택정책이 실패했다. 원인으로 첫째, 한정된 지역의 가격 안정이 목표였다. 강남과 같은 일부 선호 지역의 아파트 가격만 안정시키려는 대책만 발표했다.

둘째, 규제로 일관된 주택정책이다. 규제가 제도화되고 현장에 반영되는 시차보다 시장 움직임이 빨라 실효성이 떨어졌다.

셋째, 사후 약방문 정책이다. 집값이 폭등하거나 폭락하고 나서 대책을 발표했다. 정책 입안자들의 근시안적 시각에 따른 원칙 없는 냉·온탕 대책 입안이다.

넷째, 잘못된 통계 인용이다. 시장과 동떨어진 통계를 자의적으로 해석해 대책을 내놓았기에 시장의 상황을 제대로 담아내지 못했다.

다섯째, 부작용을 감안하지 못했다. 단기적 효과를 내는 관리방식이 문제였다. 시장 원리인 수요·공급 법칙을 외면하고 공급의 구조적 요인을 고려하지 않았다. 앞서 발표한 유사한 정책을 답습하다 보니 정책 의도와는 달리 부작용으로 역효과가 커졌다.

여섯째, 과거 실패한 정책 답습이다. 역대 정부에서 이미 시행된 대책과 유사한 정책을 반복 되풀이했다. 시장은 반복되는 대책을 미리 예견해 선제 대응했다.

일곱째, 건설 경기와 연계다. 주거 문화 트랜드 변화를 무시하고 집값을 통해 주택경기를 조절할 수 있다고 판단했다. 마지막으로,

주택정책이 이념에 너무 치우쳤다. 정권에 따라 규제 일변도와 시장 주의가 서로 충돌하는 상황이 벌어졌다. 특히 부동산 정책을 정치화했다. 그렇다면 어떻게 해야 부동산 시장을 안정화시킬 수 있을까.

첫째, 부동산 시장을 구조적으로 왜곡하지 말아야 한다. 정치권의 거창한 구호와 공약 '집값은 반드시 잡겠다'와 같은 것은 자제해야 한다. 말로만 그치지 말고 실현 가능하면서도 실제 적용할 수 있는 대책을 제시해야 한다.

둘째, 부동산 정책기조를 잘 잡아야 한다. 선거 공약으로 강력한 주택목표를 제시하면 부동산 정책기조가 되어 버린다. 잘못된 방향 설정이라면 시장 변화에 유연하게 적응할 수 없어 기존의 실패한 대책을 반복적으로 되풀이하게 된다.

셋째, 주택정책은 다양한 요소를 반영해야 한다. 거시경제, 금융시장의 변동 상황, 통화량, 경제·교육 정책, 사회 트랜드와 인구의 구조적 변화, 지역균형발전, 사회·정치적 요인 등이다. 이러한 복잡한 요인들을 종합적으로 감안해 부동산 정책을 입안해야 한다.

넷째, 정책 프레임의 혁신이다. 기존의 수요 억제 정책은 거래규제와 조세강화, 대출규제다. 공급확대 정책으로는 신규공급과 기존 주택 매물 촉진이다. 서민 주거 안정 정책으로는 주택 구입 자금 지원, 임대주택 활성화, 임차인 보호다. 세금과 대출 규제로 수요를 억제했다. 주택 공급 확대정책은 임대주택 공급 활성화이다. 하지만 어떤 정책도 주택시장 안정에는 별로 기여하지 못했다. 이제는 AI 시대에 맞는 변화된 대책이 나와야 한다. AI 시뮬레이션으로 맞춤형 정책입안이 가능하다. 빅데이터를 활용해 수요와 공급 조절을 할 수 있다. IT와 AI 기술을 활용한 프롭테크 산업 육성으로 부동산 산업을 선진화해야 한다.

다섯째, 정책역량 강화다. 부동산 정책에 대한 시장의 신뢰를 얻으려면 정책을 대전환해야 한다. 부동산 민심을 직시하고 이념에 치우진 정책은 피해야 한다. 시장 현실을 제대로 알아야 정책을 발굴해 추진할 수 있다.

여섯째, 실효성 있는 공급확대 정책이다. 도심 고밀도 개발 공급 대책이 발표되어도 문제는 시장에 적용되기까지 최소 3년 이상 걸린다는 것이다. 정부가 준비 중인 공급대책이 자투리땅을 활용한 공공임대주택 위주에서 벗어나 재건축·재개발 규제 완화 대책이어야 주택 안정 효과가 있을 것이다.

일곱째, 당장 나올 매물을 늘여야 한다. 세금으로 꽉 막힌 거래 절벽을 풀어줘야 매물이 나온다. 다주택자의 일시적 양도세 중과 유예 기간을 완화 또는 연장해봐야 매도시기를 늦추거나 증여를 선택하기 때문에 효과는 별로 없을 것이다. 실질적으로 시장을 안정시키려면 좀 더 혁신적인 감면 정책이 나와야 파급력이 있다. 또한 주택도시보증공사(HUG)의 고(高)분양가 관리 기준을 개선해 양질의 민간 아파트를 적재적소에 공급해야 주택시장이 안정된다. 신규 주택에 대해서 임대차 규제를 적용하지 않는 것도 고려해야 한다.

여덟째, 시장의 회복이다. 정부는 시장의 수요와 공급 상황을 파악해 가면서 개입을 최소화해야 한다. 시장의 자율적인 기능이 회복될 수 있도록 해야 한다. 설전에 나올 25번째 대책에 어떤 내용이 담기느냐에 따라 정부의 부동산 정책 결과가 달라질 것이다.

아홉째, 부동산 시장의 연착륙이다. 한국 가계의 포트폴리오는 부동산이 76%를 차지한다. 미국은 부동산이 45%을 넘지 않고 선진국들은 대개 40% 미만이다. 일본은 부동산 폭락으로 잃어버린 20년을 보냈다. 우리나라의 지난해 주택매매거래 총액이 360조 8000억 원을 기록했다. 가계대출 규모는 약 1580조 원으로 주택담보대출 890조 원, 신용대출 690조 원 정도다. 우리나라의 GDP 대비 가계부채 비율은 101.1%로 세계 최고 수준이다. 주택 담보대출의 규모가 많은 상태에서 주택가격이 폭락하면 금융시장이 직격탄을 맞아 거시경제 위축을 초래한다. 가계부채 규모를 적정수준으로 관리하는 것이 시급하다. 마지막으로, 부동산 심리의 안정이다. 부동산은 심리이며 민심이기 때문이다. 민심을 잡으려면 부동산 시장 상황을 정확히 인식하고 국민이 원하는 대책을 내놔야 한다.

(내외통신 2021. 01. 12.)

부동산 해법 훔쳐오고 싶다

정부 관계자는 경제 분야 대정부 질문에서 "부동산 정책 실패를 사과하라."는 야당 의원들의 요구에 "정부 정책이 제대로 작동하지 못했다"며 "부동산 가격 폭등으로 상처 입은 분들에게 죄송한 마음"이라고 자세를 낮췄다. "방법이 있다면 정책을 훔쳐오고 싶은 심정"이라며 문재인 정부의 부동산 정책 실패를 인정했다.

정부는 27번 째 부동산 대책을 발표했지만 결과는 처참하다. 공급을 늘리겠다고 했지만 과천 정부청사 용지 주택 공급 백지화 등 추진하던 수도권 도심 내 신규 택지 공급 계획도 크게 흔들리고 있는 상황이다. 임대차3법이 촉발한 전셋값 폭등은 잦아들 기미를 보이지 않고 오히려 전셋값 폭등이 재현되며 매매값도 끌어올리는 형국이다.

정부는 실거주 규정이나 임대차 3법 등 부작용이 명백한 법과 정책은 다시 들여다볼 생각조차 안 하고 있다. 저금리 장기화에 편승한 '영끌', '빚투'로 가계부채 증가세가 지속하고 집값 버블은 위험 수위로 치닫는 등 금융 불균형은 가중되고 있는 모양새다. 부동산 정책이 왜 이렇게 시장의 신뢰를 잃었을까. 이유는 명백하다.

첫째, 무능이다. 정부가 집값을 계속 띄우는 정책을 내놓다 보니 집값은 계속 오르게 된 것이고 정책 책임자와 관료의 무능이 부동산 정책을 이렇게 망가뜨려 놓은 것이다. 성과도 내지 못하는데 모든 정책을 왜 기재부에서 하나. 대한민국은 기재부 나라가 아니다.

둘째, 원인 분석 실패이다. 집값 상승 원인을 투기꾼, 글로벌 유동성, 1인 가구 증가, 공급부족, 전 정부 때문이라며 변명으로 일관했다. 그래서 폭등할 수밖에 없었다며 지난 4년간 남 탓만 하다가 이지경이 됐다.

셋째, 부동산 정치이다. 부동산을 정책을 내놓는 것이 아니라 부동산을 정치로 봤다. 부동산을 정치로 보는 순간부터 접근법, 대책 모두 스텝이 꼬이기 시작했으니 해결책을 못 찾고 부동산 늪에 빠지게 된 것이다.

넷째, 세금 정치이다. 정부의 부동산 국정 핵심기조는 '부동산을 주거 안정 및 실수요자 보호'였다. 하지만 현실은 세금으로 옥죄는 세금정치에 몰두했다. 세금정치는 선거에서 필패(必敗)다. 그 결과가 지난 4.7 재·보궐 선거에서 증명됐다. 내년 대선과 지자체 선거 결과는 어떻게 될 것인가.

다섯째, 우왕좌왕 정책이다. 정책의 일관성이 없이 그 때 시장 현황에 맞춰 땜질식 대책으로 일관하다보니 애초에 성과는 기대하기 힘들었다. 대표적 사례가 임대사업자 혜택시행과 폐지다. 전·월세 상한제, 임대차3법 강행 등 일일이 거론하는 것은 의미가 없다. 한마디로 디테일이 부족했다. 악마는 디테일에 있는데 말이다.

여섯째, 무책임과 내로남불이다. 부동산 정책을 입안하는 정책 당국자와 건설업체 관계자와의 검은 카르텔, 개발 정보 입수로 돈만 벌겠다는 도덕적 해이, 나만 잘 살면 된다는 내로남불 등이 복합적으로 작용했다.

마지막으로, 국민의 심리를 헤아리지 못했다. 부동산은 심리다. 부동산 심리는 현장에서 빠르게 변하는데 대책은 항상 뒷북만 치고 탁상공론을 우격다짐으로 추진했다. 정책 담당자 중에 심리 전문가 없다는 치명적 결함이 있다.

이제 국민은 부동산 정책은 정부가 콩으로 메주를 쓴다 해도 곧이듣지 않는다. 정부의 부동산 정책은 신뢰를 잃었기 때문이다. 집값을 잡으려면 지난 12월 국토부 수장을 잘 뽑았어야 했다. 인사가 만사(萬事)인데 결국 인사가 망사(亡事)가 됐다.

집값은 어느 한 가지에 따라 오르지 않는다. 다양한 경제·심리적 요인, 시중의 유동성, 금리 등 복잡하고 다양한 요소에 따라 오르고 내린다. 그렇다면 부동산 해법은 무엇일까.

첫째, 그냥 시장에 맡겨라. 지난 4년 간 부동산 가격을 폭등시켜 놓고 임기 말에 부동산을 잡겠다는 것은 어불성설(語不成說)이다. 솔직히 늦어도 한참 늦었다. 현 정부는 부동산을 잡을 타이밍을 놓쳤기에 그냥 시장에 맡겨 두면 된다. 종부세나 양도세 정책도 여러 논란만 야기할 뿐 시장 안정 효과에 대한 기대감은 크지 않다. 국내 부동산 시장에 양극화가 심화되면서 금리를 올리든 안 올리든 한국은행의 통화정책에 휩쓸리지 않는 사람들이 상당수 있다. 세금과 금리로 이제는 부동산을 잡지 못한다. 방법이 하나 있긴 하다. 정부 출범 전 가격으로 돌리기 위해선 지금까지 시행한 모든 정책을 되돌리면 되지만 불가능하다. 그래서 그냥 놔두라는 것이다.

둘째, 부동산 연착륙은 차기정부 몫이다. 차기 정부가 출범하면 어차피 부동산은 하향 안정세에 접어들 것이다. 역대 정부 부동산 동향을 살펴보면 오름, 내림이 반복됐다. 노무현 정부 시절 종부세 도입·실거래 신고 의무화·DTI 도입·재건축 초과이익 환수제 도입 등으로 규제를 강화했지만 폭등했다. 이명박 정부는 고가주택 기준 상향·규제지역 해제·세금규제 완화·토지거래허가구역 해제를 통한 규제완화로 안정화시켰다. 박근혜 정부는 양도세, 취득세 면제, LTV·DTI 규제완화, 재건축 연한 완화, 공유형 모기지 확대 등 규제완화로 가격이 하락했다. 반면 문재인 정부는 규제지역 확대, 신DTI, DSR 도입, 재건축 안전진단 강화, 민간택지 분양가 상한제 부활 등 규제강화 정책을 쏟아냈지만 폭등했다. 정권 교체 때마다 규제강화와 완화를 반복하는 일정한 패턴이 존재한다. 차기 정부는 어떤 선택을 할까. 내년 대선이 부동산 버블이 일시에 터지지 않고 연착륙 시키는 전환점이 되어야 한다.

셋째, 부동산 심리를 안정시켜야 한다. 심리가 부동산에 어떻게 영향을 주는가. 부동산 심리란 가치(Value)다. 가치는 심리에서 출발한다. 가치는 개개인의 욕구에서 형성되며 객관화된 것이 가격이다. 부동산 심리란 효용과 만족감이며 욕망·욕구다. 여기서 욕망은 강남에 거주한다는 지역적 신분을 말한다. 조선시대 양반 비율은 1.9%였는데 서울 강남에 살면 신분 상승이 된다고 생각하는 것과 같은 이치다. 그래서 너도 나도 강남으로 모여들고 살고 싶기에 강남 집값이 폭등하는 것이다. 강남 아파트 소유는 바로 사회적 위치를 나타내며 희소성은 가격에 영향을 미친다. 부동산 심리인 군중심리효과, 더 큰 바보 이론, 후방거울 효과, 의존효과를 막지 못한 것이 패착이다. 부동산 정책 입안에 심리 전문가를 참여시켜야 한다.

넷째, 넌 제로섬 게임(Non Zero-Sum Game)이어야 했다. 현재 부동산 시장은 제로섬 게임(Zero-Sum Game)이다. 토지와 건물은 한정되어 있다. 교통 인프라가 좋고 살기 편안 곳은 정해져 있다. 집을 지을 토지는 고정되어 있다. 누구나 도심에 살고 싶어 하기에 제로섬 게임을 하는 것이다. 어릴 때부터 경쟁에서 이기는 교육을 받았기에 남의 것을 뺏어야 내 것이 되는 그런 사회에서 살아온 것이다. 부동산은 제로섬 게임이 아니라 넌 제로섬 게임이 되어야 한다.

다섯째, 지역균형발전 정책 추진이다. 수도권에 전 국민 50%가

모여 살고 있다. 수도권 인구를 분산시켜야 한다. 왜 이렇게 수도권에 인구가 몰리는 것일까. 살기 좋은 인프라가 있기 때문이다. 일자리가 많고 교육과 의료 혜택을 받기 쉬운 환경이 갖춰져 있어서다. 대기업 본사, 대학과 대학병원은 왜 꼭 서울에 있어야 할까. 지역균형발전을 해야 더불어 잘살 수 있다. 구체적으로 지자체 개발 펀드 조성으로 부동산 투기 수요를 지방 관광 개발로 유도해야 한다.

여섯째, 공급의 다양성이다. 국민의 욕구는 다양하다. 정치인과 전문가들은 4인 가구 기준 아파트 공급이 부족하다고 난리다. 절대 그렇지 않다. 인구는 감소하고 1인 가구는 늘어나는데 공급을 많이 했다고 집값이 폭락하면 어떻게 하나. 아무도 미래를 예측하지 않고 현 상황만 보고 판단을 하는 오류를 범하고 있다. 부동산 대책은 장기적인 안목을 갖고 입안을 해야 한다. 현재 공급이 수요를 못 따라 간다고 아파트를 수십 층 올리면 30~50년 후에는 어떻게 할 것인가. 허물고 재건축할 것인가 철거할 것인가, 환경은 생각하지 않고 있다. 미래 세대에게 부담을 주는 일은 그만둬야 한다.

일곱째, 소유보다는 공유다. 부동산을 소유해서 돈을 버는 세상은 끝났다. 이제 부동산은 투기의 대상이 아니라 거주라는 개념이 정착되어야 한다. 에어비앤비(Airbnb) 숙박 서비스 모델을 지자체 주도로 시행하는 것도 검토해야 한다. 지방에 애착을 갖게 하는 방안으로 지자체 역사·문화·음식과 농업·어업 체험을 주말 농장과 유사하게 자기 지분이 있는 공동 소유권을 갖게 하는 방식으로 운영해 매년 실제 분배하는 것이다. 살기 좋은 지방을 만들면 수도권에 몰리지 않는다.

여덟째, 신기술로 무장한 주택 지방 공급이다. 서울 집값이 비싼 것은 사회적 가치가 몰렸기 때문이다. 욕망과 심리의 구조적 뒤틀림이 서울 집값으로 연계된 것이다. 이런 현상도 모르고 세금정치로 강남 집값을 잡겠다고 하는 것은 아마추어라고 자인하는 것이다. 지방에 원격 의료, 자동방범 기능, 태양열·지열 냉난방, 폐수 자동 정화 등 AI 기능을 가진 최첨단 고급 주택 건설의 계기로 삼고 그 경험을 수출하면 새로운 부가가치 창출의 기회가 될 수 있다. 부동산의 미래 산업인 프롭테크를 육성해야 한다.

아홉째, 'K-행복소득' 추진이다. 재원 부담이 전혀 없는 'K-행복소득'을 추진하면 매월 4인 가족 200만 원이라는 기본소득이 보장되기에 꼭 수도권에 살 필요가 없어진다. 복지 사각지대를 없애고 국민 모두가 경제생활에 고통을 받지 않고 살기 좋은 농어촌에 안정적으로 정착할 수 있다. 부동산 문제도 해결 가능한 것이 바로 'K-행복소득'이다.

마지막으로, 가치(Value)를 부동산에 두지 말아야 한다. 디지털 트랜스포메이션·AI 혁명 시대에 정치인들이 가치를 둘 곳은 AI, IoT, BigData, 5G, Bio, Robot, 자율 주행차 등 미래 신산업과 신기술이다. 실물 자산에 대한 관심보다 메타버스 등 사이버 경제 영토를 확대해야 대한민국 경제는 발전할 수 있다. 새 시대 새로운 지도자는 국정의 가치를 미래와 AI+X산업에 두어 부동산 걱정 없는 나라를 만들기를 기대한다. (경기매일 2021. 06. 27.)

부동산 적폐

LH 사태는 '부동산 적폐'이다

대선을 1년 앞둔 시점에 LH 사태가 일파만파로 번지고 있다. 임기 5년차 레임덕은 없을 것이라는 공언이 위협받고 있다. 부동산 정책은 정부의 아킬레스건으로 최대 악재로 작용하고 있다. 갤럽 최근 여론조사에 의하면 국민 74%가 부동산 정책에 대해 잘못하고 있다고 평가하고 있다. 부동산 적폐인 LH 사태 해법을 Q&A 형식으로 풀어보자.

Q: 문제 본질

A: 기회가 평등하지 않고 과정이 공정하지 않다. 정부가 내건 모토가 무너지고 있다. 이번 사건은 단순히 부동산 불평등 문제가 아니라 사회·정치 전반적 구조적 문제다. AI 시대 대한민국 사회를 투명하고 평등하며 공정한 시스템을 만드는 계기로 삼아야 한다. 정치권은 국민이 느끼는 상실감, 박탈감, 허탈감, 배신감을 어떻게 메꾸어 줄 것인가 엄정하게 인식해야 한다.

Q: 미칠 파장

A: 부동산은 전세대가 관심을 갖고 있는 분야다. 청년층은 공정과 정의를 중요시 한다. LH 투기 의혹 사태는 공정과 부동산 폭탄 이 동시에 터진 형국이다. LH 직원이 비공개 내부 정보를 이용 한 전문 투기꾼 행태에 세대와 이념을 불문하고 온 국민이 공분 하고 있다. 민심의 향배에 따라 정권의 명운이 걸렸다.

Q: 시대정신

A: AI 빅데이터 분석을 통해 최근 사회의 핵심 가치를 뽑아보면 공 정과 정의에 대해 국민의 관심이 제일 높다. 특히 평창올림픽, 인국공 사건에서 누적된 불공정이 LH로 폭발했다. 현재 한국경 제의 최고 가치는 공정인데 LH 사태가 그걸 건드렸다. 1년 채 남지 않은 대선의 가장 큰 이슈는 공정, 부동산, 경제가 될 것이 다.

Q: 불공정

A: 최근 개인이 부동산이나 주식 투자로 몰려 광풍이 불어 닥친 것 은 정부가 공정한 경제사회를 만들지 못한 탓이 크다. 대기업 연 봉인상 잔치, 비대면 기업의 성과급 인상 등 취업 준비생들과 소 득 빈부 격차는 커지고 있다. 청년들은 노력에 결과가 연봉으로 받아야 한다는 인식이 강하다. 반칙을 통한 불로소득을 용납할 수 없다는 공감대가 형성되어 있다. 정책의 실패가 공정 가치를 훼손하고 있는 게 문제다.

Q: 수습 방지

A: 규제와 처벌, 환수, 변혁이라는 4방향으로 해야 한다. 금융권은

비주택담보 대출에 대한 핀셋 규제와 제 2금융권 대출 규제 등을 마련해야 한다. 국회에서 부랴부랴 재방방지 및 처벌·환수, LH 5법 등을 쏟아내고 있는데 국민이 납득할 만한 수준의 법안이 제정될 수 있을지 주목된다. 당장 할 수 있는 것은 부동산은 공공적 성격이 강한 만큼 범국민 합의를 통해 토지대장과 등기부등본을 소유자 이름으로 검색 가능하도록 'AI 부동산 검색 시스템'을 구축하면 공직자, 정치인의 투기를 상시적으로 감시할 수 있다. LH 기능과 조직을 분할해야 한다. 지방공사가 꺼려하는 공공임대 취약 주거환경에 선택과 집중해야 한다. 임직원들의 비리를 막기 위해 업무 추진 시 '청렴 서약서'를 사전에 동의받아 만약 불법이 밝혀지면 환수할 수 있는 제도를 마련해야 한다.

Q: 2·4 대책

A: 핵심은 공공주도의 공급대책이다. 83.6만 호 중 민간 2/3 동의가 필요한 57만 호가 당장 문제이다. 공공주도 신뢰가 바닥인 상태에서 만약 똑같은 조건으로 민간이 개발하겠다고 한다면 어떻게 할 것인가. 더 큰 문제는 물량이 안 나오겠구나하는 시장의 인식이다. 공급이 부족하다는 심리가 퍼지면 시장이 불안해진다. 정부에서는 말로만 3기 신도시 추진하겠다고 하는데 정책에 디테일이 있어야 부동산 심리를 안정시킬 수 있다. 장관 사의표명, LH 사장이 공석인 상황에서 주택공급 차질은 불가피하다. 정책을 결정하고 집행하는 수장 공석이 길어지는 것은 바람직하지 않다. 국토부와 LH 개혁할 혁신 전문가를 임명해 2·4 대책을 세

밀하게 추진해 나가야 한다.

Q: 적폐 척결

A: 정부는 불법투기 의혹에 대해 사생결단의 각오로 철저히 수사해
불법 범죄 수익은 법령에 따라 철저하게 환수하겠다고 밝혔다.
또한 국민 신뢰 회복 불능에 빠진 LH를 정비하는 특단의 조치로
뼈를 깎는 과감한 혁신을 단행한다. 앞으로 LH 임직원은 실제
사용 목적 이외의 토지 취득을 금지시키고 토지를 관리하는 정
보시스템을 구축해 상시적으로 투기를 예방하고 관리 감독할 수
있도록 체계를 마련한다. 내부 통제를 총괄하는 준법윤리 감시
단을 설치해 불법에 대한 감시·감독 체계가 상시적으로 작동할
수 있는 시스템을 제도화 한다.

Q: 부동산 적폐 청산 리더가 나와야

A: LH 사건으로 유발된 부동산 적폐 청산과 부동산 불평등 문제는
대선 정국까지 핵심 이슈가 될 전망이다. AI 시대에 맞는 부동산
에 대한 새로운 철학과 비전을 제시하는 후보가 한국호(號)의 선
장이 되어야 한다. 더불어 AI 시대에 부동산 적폐를 청산할 리
더가 나와야 한다.

(경기매일 2021. 03. 13.)

불법투기의 커넥션과 카르텔

LH(한국토지주택공사) 직원들의 광명·시흥 신도시 땅 투기 의혹에
대한 국민들의 분노가 하늘을 찌른다. 오랜된 불법투기의 커넥션과

카르텔을 끊어 내야 한다. 해결책을 Q&A 형식으로 풀어보자.

Q: LH 역할

A: LH 미션은 국민 주거안정의 실현과 국토의 효율적 이용으로 삶의 질 향상과 국민경제 발전을 선도하는 것이다. 경영목표로 주거안정 지원가구 360만 호와 117만 개 일자리 창출이다. 과연 그럴까. 국민 주거안정을 위해 국민이 부여한 독점개발권과 토지 강제수용권, 토지용도 변경권 등 특권을 부여 했음에도 불구하고 공공주택 확충보다 토건 마피아 세력의 배만 불리는 것에 대한 철저한 반성이 선행되어야 한다. LH 권한을 토지공사와 주택공사로 분리하고 구조조정을 해야 한다.

Q: 문제

A: 지금까지 LH가 도시개발사업 등을 통해 무엇을 기여했는지. 국민들의 주거 안정에 어떤 역할을 했는지. 설립 취지인 국민 주거안정에 전혀 부합하지 않고 집값 거품만 조장해 온 것은 아닌지 밝혀야 한다. 사법부 분양원가 공개 판결조차 거부하며 높은 분양가로 지난 20년 동안 집장사, 땅장사에 몰두했다. 거대 건설 마피아와 연계해 장사만 일삼는 공기업이 언제까지 필요한지 의문이 든다. 지난해 부채가 132조 원, 2024년은 부채가 180조 원을 넘을 것으로 추산된다.

Q: 검은 커넥션과 카르텔

A: 우려했던 뿌리 깊은 부패가 결국 현실로 다가오고 말았다. 수십 년 전부터 국회의원, 건설 마피아, 관련 공무원들의 묵계에 의한 신도시 개발 토지 투기에 대해 드디어 터질 것이 터졌다. 국민

의 부동산 불평등에 대한 분노가 하늘을 찌른다. LH 투기 사건은 신도시 개발정책에 대한 치명적 신뢰 손상을 가져왔다. 그렇지 않아도 25번째 부동산 대책도 아직 효과가 나오지 않고 있는데 엎친데 덮쳤다. 국민 최대 관심사가 부동산인데 LH 투기 의혹 처리에 정권의 명운이 걸렸다.

Q: 2030 분노

A: 청년들은 공정하지 못한 사회에 대해 분노하고 있다. 일자리가 없어 미래에 대한 불안이 사회 전반에 깔려있는 와중에 LH 직원들의 반칙을 접한 2030은 허탈감에 빠졌다. 집을 가진 벼락부자 동료 앞에서 벼락거지 신세로 전락한 2030은 '영끌(영혼까지 끌어모은)'이 '영털(영혼이 털린)'이 되어버린 형국이다. 열심히 일하는 정직한 청년들만 바보가 되는 불공정한 세상이 되어 가고 있다. 이번 사건을 제대로 처리하지 못하면 상대적 박탈감이 큰 2030의 이탈은 가속화될 것이다. 자칫 정부의 모든 정책에 대한 신뢰를 잃을 수 있다.

Q: 부동산 불평등

A: 소득·자산 불평등 문제의 본질은 부동산이다. 상위 10% 약 400만 명의 기득권은 소득의 절반을 가져가고 부동산의 70%를 소유하고 있다. 자산소득 중 부동산에 대한 임대 소득이 불평등의 주범이다. 전체 인구 중 토지를 소유하고 있는 개인은 33.4%, 이중 상위 10%가 면적의 96.5%, 가액기준으로 68.4%를 소유하고 있는 게 부동산 불평등의 현실이다.

Q: 불로소득

A: 부동산은 자산으로 인정된다. 물가상승과 매입가격에 대한 이자를 인정하더라도 부동산 소득에서 매입 가액에 대한 이자를 뺀 나머지는 불로소득이다. 부동산 불로소득은 약 400조 원, GDP의 26%로 추정된다. 땅과 주택 소유에 따라 막대한 규모의 부동산 불로소득이 발생한 것이 소득 불평등의 주요 요인으로 작용하고 있다. 부동산 개발지역을 파고드는 투기세력을 근절해야 불로소득을 차단할 수 있다.

Q: 환수

A: 부동산 특혜 정보 입수로 불로소득을 획득한 투기꾼에 대해서 효율적으로 환수 또는 차단하지 않고서는 투기 수요를 잠재울 수 없고 소득 불평등을 완화하기란 불가능하다. 국회에서 특별법을 제정해서 국고로 환수시키고 소급 적용도 해야 한다. 단기 투자자에 대한 개발이익 환수 정책을 도입해야 한다.

Q: 법 개정

A: 공직자·공공기관 직원, 국회의원, 지방자치 의원 등에 대한 투기 행위를 막을 수 있는 부패방지법과 공공주택 특별법 개정이 필요하다. 정보이용 및 누설에 대한 대상이나 범위를 확대하는 방향으로 법 개정을 하고, 내부자 범위를 넓게 인정하는 몰수형도 신설해야 한다. 공직자의 부동산 보유제한과 거래 감독을 대폭 강화하고 투기 방지 제도를 보다 더 강력하게 마련해야 한다. 개개인의 일탈을 막을 시스템도 구축해야 한다.

Q: 수사 기관

A: 25번째 대책인 2·4 부동산 정책은 LH 투기 파문으로 신뢰에 결

정타를 입었다. 국민의 신뢰를 회복하려면 공직자의 부패사건으로 분류해 검찰이 수사해야 한다. 1, 2기 신도시 부동산 투기 수사도 검찰이 담당해 유력 정치인 등 정관계 인사들이 시세 차익을 거둔 걸 밝혀낸 바 있다. 부동산 투기의 전문적인 수사 기법과 다양한 범죄에 대한 수사 역량이 필요하기에 검찰이 수사를 해야 한다. 물증 확보를 위해 광범위한 조사와 계좌 추적, 압수수색을 하는 검찰이 수사를 한다면 국민의 신뢰를 얻을 수 있다. 공익감사 청구를 받은 감사원도 나서야 한다.

Q: 전수 조사

A: 조사 범위도 중앙정부, 공기업 직원, 국회의원, 지방자치 선출의원, 지방자치 공무원, 여야 정치인 등으로 대상을 넓혀 전수조사를 벌여야 한다. 조사 대상은 3기 신도시뿐만 아니라 세종시와 서울 영등포나 서울역 인근 쪽방촌 사업 등 주요 부동산 개발 대상자로 범위를 확대해야 한다. 전수 조사할 때 구체적으로 해야 한다. 신도시의 토지 소유자 전수조사를 통해 그 소유자가 공무원과 공기업 직원들의 4촌 이내로 잡고 이들을 전수조사를 하면 어디에서 문제가 되는지 확인이 가능하다.

Q: 정책 제언

A: 사람과 정책방향, 부동산 철학을 바로 잡아야 한다.

첫째, 정부는 이번 기회에 부동산에 대한 올바른 정책철학을 세워야 한다. 정권이 바뀌더라도 달라지지 않는 'K-2050 부동산 정책'을 입안해야 한다. 실패한 부동산 정책에 대해 국민들은 더 이상 신뢰하지 않는다. 부동산에 대한 심리를 제대로 읽어서 정책을 입안해야 한다.

둘째, 공급정책을 위한 공공 일변도 택지개발 방식을 바꿔야 한다. 정보를 사전에 접하고 투기하는 세력을 막으려면 장기적인 국토개발 계획을 통해 택지를 순차적으로 조성하는 방식을 도입해야 한다. 민간이 적절히 주택을 공급할 수 있도록 유도해야 한다.

셋째, 정책 입안자들이 공익을 위해 정책을 세울 수 있도록 제도적 장치와 사익에 휘둘리지 않도록 감시 체계를 마련해야 한다. 공직자가 부동산 투기하다가 발각되면 강력히 처벌하는 제도를 마련해 부정부패를 근절하는 문화를 정착해야 한다. 차명거래나 제3자를 통한 매입 등의 방식을 차단하기 위한 'AI 부동산 감시 시스템'을 구축하고 공직자 재산신고 범위를 확대해야 한다.

넷째, 공공과 민간의 역할을 나눠야 한다. 공공기관에는 개발정보를 이용 시세차익을 얻을 수 없는 임대주택 등 소외계층 개발에 집중해야 한다. 일반 민간 분양은 부동산 시장에 맡기면 된다.

다섯째, 신도시 정책을 전면 재검토해야 한다. 현재 우리나라는 91%가 도시화가 완성된 상태다. 산업화 시대 노동 인구가 농촌에서 도시로 유입됐을 때 필요했던 신도시 개발이 현재도 필요한지 면밀히 검토해야 한다. 기존의 도시 인프라에 디지털을 입혀 살기 좋은 환경을 갖추는 쪽으로 가는 것이 바람직하다. 인구절벽인데 언제까지 환경을 파괴하면서까지 대규모 신도시 공급을 추진할 것인가.

마지막으로, 공직자 부동산 백지신탁제, 토지 보유세와 기본소득에 대한 특권과세를 강화하고 토지 과열 지역에 대해 시장 친화적 토지 활용제도 도입을 논의해야 한다. 부동산 불평등을 해결하는 정책을 추진하면 국민의 지지를 얻을 수 있다.

(경기매일 2021. 03. 07.)

부동산 적폐 청산

LH 투기 의혹 사태는 부동산 적폐다. 부동산 적폐 청산이 블랙홀처럼 정국을 빨아들이고 있다. 정부는 부동산 적폐청산과 투기와의 전쟁을 선포해 정면 돌파를 시도하고 있다. 하지만 연일 LH 투기 사태와 연관된 의혹들이 눈덩이처럼 커져 성난 민심이 들불처럼 번지고 있다. 부동산 적폐청산 해법을 Q&A 형식으로 풀어보자.

Q: 적폐 청산

A: 정부는 단호한 의지와 결기로 부동산 적폐 청산과 투명하고 공정한 거래질서 확립을 남은 임기동안 핵심적인 국정 과제로 삼아 강력히 추진한다. 말로만 하지 말고 철저한 조사를 통한 추상같은 처벌이 따라야 한다. 불로소득은 모두 환수조치하고 사전 개발정보를 통해 투기 가능성이 있는 곳은 전수 수사해야 한다. 지금 국민이 바라는 부동산 적폐청산이란 투기 의혹을 낱낱이 파헤쳐 진상을 철저히 규명하는 것이다. 단순히 정부가 도덕적이지 않다는 프레임을 벗어나는 선언에 그쳐서는 안 된다. 투

명하고 공정한 사회로 가는 분기점이 되어야 한다.

Q: 2·4 대책

A: 2·4 대책은 전국 83.6만 호 매머드급 공급계획이었지만 장소와 물량의 구체적인 계획이 담겨있지 않아 천만다행이다. 핵심은 공기업 주도로 역세권과 저층 주거지, 재개발·재건축 단지에서 빠른 속도로 주택을 공급하는 것이다. LH의 공정성·투명성에 흠집이 나면서 빠른 속도 추진은 이미 동력을 상실했다. 변창흠표 2·4 공급대책 판을 다시 짜야 한다. 왜냐하면 공기업이 부동산 투기와 부패 행위로 신뢰가 땅에 떨어진 상황에서 57만 호는 민간의 참여가 전제인데 땅주인이 누가 공공개발에 동의하겠는가.

Q: 해법

A: 첫째, 인사 문제이다. 주무장관이 없어도 진행에는 문제가 없다. 국민은 사의를 표명한 주무장관 얼굴을 더 이상 보고 싶지 않다. 즉시 사표 수리하고 새로운 인물을 임명해야 한다. 둘째, 다주택자 매물 유도다. 다주택자 양도세 중과 유예 기간이 5월 말이다. 그동안 다주택자의 매도 물량이 어느 정도인지 분석해 더 나올 수 있도록 보완책을 마련해야 한다. 셋째, 매수 심리 안정이다. 2·4 공급대책 실효성이 떨어져 실수요자가 선회하지 않도록 매수 심리를 안정 시켜야 한다. 넷째, 철저한 수사다. 적폐청산이란 구호가 아니라 모든 수사 능력을 동원해 의혹부터 밝혀 엄벌에 처해야 한다. 다섯째, LH 개혁이다. 토지수용권, 독점개발권, 용도변경권 등 3대 특권을 준 것은 국민을 위해 싸고 좋은 주택을 지어서 집값을 안정시키라는 취지다. 공공의 특권

이 많을수록 사전 정보를 활용해 투기 의혹이 발생한다. 혁신도시를 추진하면서 LH에 과도한 권한을 준 것이 부메랑으로 돌아왔다. 임대주택 공급과 신도시 큰 그림만 맡는 것도 고려해야 한다. 여섯째, 반값 아파트 성공 모델을 보여줘야 한다. 과거 보금자리 주택 1평에 약 6백만 원에 건설해 30평 아파트 건축 원가는 1억 8천만 원 정도였다. 물가 상승률을 감안해도 3억 원 내외로 지을 수 있다. 우선 정부나 서울시가 소유 중인 땅에 몇 백 가구라도 공급을 시작하면 집값을 연착륙 시킬 수 있다. 일곱째, 입법 제도의 개선이다. 국회는 재발 방지를 위해 LH 5법을 추진해야 한다. 정부는 기존의 감시 시스템이 작동하지 못한 것에 대해 엄격히 따져봐야 한다. 주택부와 부동산 거래분석원이 없어 정보가 사전에 누출되어 불법 투기가 된 것이 아니다. 여덟째. 정책전환이다. LH 중심의 공공주도 정책을 계속 추진한다면 투기를 막는 것은 한계가 있다. 규제를 풀어 민간도 협력하는 정책을 검토해야 한다. 돈 버는 사람 따로 있는 주택대책이 아니라 근본적으로 1가구 1주택을 제공하는 부동산 정책으로 전환해야 한다. 아홉째, 중대형 장기 임대 주택을 집중적으로 공급해야 한다. 싱가포르 모델을 참고해 한국형 모델로 만들어야 한다. 마지막으로, 건전한 부동산 문화 확산이다. 부동산 투기로 불로소득을 없애야 하고 불평등이 해소되는 사회를 만들어야 한다. 이제 더 이상 땅과 아파트가 돈벌이 수단으로 전락되지 않기를 바란다.

(경기매일 2021. 03. 16.)

2·4 공급대책 주택시장 안정될까

정부가 전국 83만 가구 규모의 부동산 공급 대책을 시행한다고 발표했다. 기존 3기 신도시 등을 통해 추진 중인 127만 가구를 합하면 200만 가구가 넘는 공급쇼크 수준이다. 당·정은 대규모 주택 공급에 따른 투기 수요 원천 차단 의지를 밝히면서 부동산 시장이 안정화 될 것으로 기대했다. 바람직한 부동산 정책을 Q&A 형식으로 풀어보자.

Q: 발표 배경 및 특징

A: "지금까지는 투기를 억제하고 주택가격 상승에 따른 수요 억제 대책이 중심이었다. 하지만 집값은 오르고 전세대란이 일어났다. 그래서 2·4대책은 LH와 SH공사 등 공공기관이 재건축·재개발 사업을 주도해 공급물량을 대폭 늘리겠다는 취지를 담고 있다."

Q: 기존정책과 차이점

A: "높은 건물이 없는 역세권 주변, 준공업지역, 저층 주거지, 단독주택 밀집지역 등을 공공이 주도해서 13년이 걸리는 기간을 5년으로 단축하겠다는 것이다. 민간업체 협업과 패스트트랙 인허가로 기간 단축이 눈에 띄는 변화이다."

Q: 공급정책으로 전환한 이유

A: "지난해 말부터 주택시장을 움직이는 수요자체가 바뀌었기 때문이다. 이전에는 투자와 투기수요에서 지금은 실수요자, 패닉수요. 영끌 수요자가 집값을 리드한다. 그 이유는 전셋값이 오르기

때문이다. 전세 물량이 없다보니 매수를 하는 것이다."

Q: 공급을 늘린다고 부동산 가격이 안정될까

A: "83만 호는 어마어마한 물량이다. 서울에만 32만 3000가구가 공급되는데 이는 강남3구 아파트 수와 맞먹는 수준이다. 공급을 늘리면 집값이 안정되는 것은 맞지만 공급이 도심 외각이라면 수요가 있을지는 의문이다."

Q: 구체적 공급 지역은 발표하지 않았는데

A: "시장 참여가 얼마나 될지 아직 불확실하기 때문이다. 역세권 주거지나 준공업지역이 어디인지 짐작할 수 있다. LH와 SH가 주도하지만 실제 시공은 민간 건설사, 시공사 디벨로퍼가 담당한다. 현장에서 실제로 얼마나 빨리 계획처럼 시행되어 공급 될지가 중요하다."

Q: 청약제도 자격 완화

A: "누구나 도심지에 분양 받을 수 있다는 기대감에 패닉바잉을 진정시키는 효과가 있다. 기본적으로 신규공급 아파트는 좋은 위치에 있고 많아야 한다. 청약 자격은 있는데 청약할 아파트가 없다면 그것도 문제이다."

Q: 시장 반응

A: "대책을 예상에서 이미 빌라 등은 가격이 올랐다. 시장 참여자들은 굉장히 빠르게 행동한다. 돈이 움직이기 때문이다. 주택 시장 움직임이 너무 빠르다. 2달 전과 상황이 다르다. 대책을 미리 알고 시장은 움직인다.

Q: 아쉬운 점

A: "땅 소유자와 세입자간 합의를 도출할 수 있는 실행 방안과 참여하는 민간기업 수익 방안이 빠져있어 실제 얼마나 추진될지는 불투명하다. 당장 전셋집이 없어 고통 받고 있는 세입자와 다주택자들이 집을 내놓도록 유도하는 대책이 없다. 주택이 원활하게 거래될 수 있게 숨통을 터줘야 한다."

Q: 문제점 및 보완 사항

A: "숫자는 발표했는데 향후에 어떻게 실행할 것인가 구체적으로 나와야 한다. 순환정비 사업은 순차적으로 할 수 밖에 없는데 패스트 트랙을 한다고 해도 5년 내에 공급되기는 어렵다. 단기 호재에 대한 투기 수요 유입 억제 대책을 세워야 한다. 최소 5년 이상 걸리는 공급대책이 시장에서 먹히느냐가 문제다. 여러 대책이 중복됐을 때 5년 후에는 시장이 어떻게 될 것인가를 예측해야 한다. 향후 역세권에 공급이 넘치는데 수요자가 없다면 어떻게 할 것인가. 부동산 정책은 장기적인 안목이 필요하다."

Q: 25번째 대책이 성공하려면

A: "빠른 실행력과 액션플랜이 필요하다. 일단 특별 지역을 선정해 성공 모델을 만들어야 한다. 패스트트랙 실현, 세입자 보호, 무주택자 청약을 보여줘야 시장에서 신뢰를 얻는다. 민간업체를 재개발 사업에 끌어들이기 위해서는 3기 신도시 참여를 보장하면 된다."

Q: 향후 집값은 어떻게 되나

A: "전셋값이 불안하다. 청약 대기자들이 30% 추첨제로 인해 내 집 마련을 미루고 전세 시장에 유입되면 전셋값은 폭등할 수 있다.

서울 집값은 싸지 않다. 가격이 올랐고 투자 수요가 줄었고 세금이 오른 상황이다. 하락장에 대비해야 한다. 중요한 것은 연착륙이 되어야 한다."

Q: 총평

A: "현실성이 떨어지는 숫자 목표제시다. 공급하겠다와 부지를 확보하겠다는 엄연히 다르다. 서울에서는 공공재개발 공모에 참여한 25% 비율을 적용해 5만 5천 가구를 공급한다고 산출했는데 탁상공론 계산이다. 개발 공유 이익이라는 새로운 규제를 토지 소유자들이 받아들여 협조할 수 있을지 관건이다. 성공 여부는 시장의 반응에 달려있다."

Q: 바람직한 부동산 정책

A: "부동산은 심리다. 실수요자의 심리를 안정시킬 수 있는 정책이어야 한다. 패닉바잉의 불안한 수요를 억제하기 위해 5년을 기다리라는 공급대책이 성공하려면 위치와 속도가 중요하다. 기간 측면에서 아쉽다. 패닉 수요를 잠재워야 하기 때문에 당장 선호하는 지역에 공급할 수 있는 대책이 중요하다. 부동산 트랜드를 AI와 프롭테크 융합 산업으로 전환해야 할 시점이다 "

(내외통신 2021. 02. 05.)

부동산 불평등 해법

부동산 불평등의 본질적 원인은 부동산 불법 투기다. 해법을

Q&A 형식으로 풀어보자.

Q: 부동산 투기 행위

A: 공공성을 망각하고 내부정보를 이용해 부당 이익을 취한 것은 단순히 개인 일탈이 아니라 국민에 대한 배신이며 국가 기강을 무너뜨리는 중대 범죄다. 이참에 부당이득은 반드시 몰수 하도록 제도적 허점을 손봐야 한다.

Q: 조사 방식

A: 과거 1, 2기 신도시 수사는 직계존비속뿐만 아니라 친인척과 지인까지 수사를 했다. 이번과 같이 국민이 납득할 만한 결과를 내지 못한 조사는 별의미가 없다. 하나마나 한 조사를 하느라 수사의 골든아워를 놓치고 있다. 초기에 제대로 수사를 해야 국민의 신뢰를 얻을 수 있다. 땅주인과 LH 직원을 단순 대조하는 방식으로 차명 거래는 찾을 수가 없다. 사실 관계를 확인한 아주 기초적인 수준의 조사다. 바보가 아닌 이상 제 명의로 투기하는 사람이 있겠나. 계좌 추적을 통해 매입자금 실소유자가 밝혀진다면 차명 거래를 확인할 수 있다. 정부의 부동산 범죄와의 전쟁 선포가 허언(虛言)이 되지 말아야 한다. 모든 행정력과 정책 수단을 동원해 투기 세력을 발본색원 해야 한다.

Q: 문제의 본질

A: 정부가 내세운 가치인 기회의 평등, 과정의 공정, 결과의 정의가 크게 훼손된 사건으로 국민 불신이 크다. 국민은 부동산 불평등이 불공정하고 정의롭지 못하다고 느끼고 있다. 공공주택 공급은 민간보다 더 저렴하게 공급한다는 것을 전제로 한 것인데 민

음이 무너졌다. LH에 의한 공공 신도시 개발의 신뢰가 땅에 떨어진 판국이다. 열심히 일하는 정직한 사람들만 바보가 되는 불공정한 세상이 되어가고 있다. 이번 사건을 제대로 처리하지 못하면 자칫 정부의 모든 정책에 대해 신뢰를 잃을 수 있다. 특히 취업 기회까지 박탈당한 청년층의 분노는 더 클 수밖에 없다. 부동산 불평등은 정권의 명운이 걸린 문제이다. 이번 조사가 용두사미가 된다면 국민의 분노는 어디로 향할 것인가.

Q: 해법

A: 근본적인 해법은 일탈을 저질렀을 때 강력한 처벌을 제도화하고 신뢰가 떨어진 광명·시흥 신도시 조성을 전면 재검토하는 것이다. 이제는 대규모 공공 개발 방식을 전환할 시점이다. 이번 사태를 해결하기 위해서는 사람, 조직, 정책, 제도를 변혁하고 신속한 수사와 불법 행위를 사전에 막는 시스템 구축이 절실하다. 첫째, 책임을 물어야 한다. 국토부 장관이 재직하던 시절 사건이 일어난 만큼 즉각 책임을 지고 물러나야 한다. 일 수습이 먼저가 아니다. 고양이에게 생선을 맡길 수 없기 때문이다. 셀프조사로는 신뢰를 얻을 수 없다. 차명으로 투기 한 것이 밝혀진 임직원에 대해서는 일벌백계 해야 한다.

둘째, 조직 개혁이다. 조직의 투명성과 효율성을 위해 조직 개편보다 더 강력한 해체까지 검토해야 한다. 땅 투기 의혹이 일 수 있는 기능을 지방공사에 넘기는 방식은 또 다른 일탈로 이어질 수 있다. 개발 기능을 민간에 이양하는 것도 너무 많은 혜택이 특정 기업에 돌아가는 또 다른 불공정이 나올 수 있다. 전문가들과 깊은 논의를 거쳐 국민 합의를 도출해야 한다.

셋째, 제대로 된 정책 수립이다. 부동산 불로소득 환수를 위한 혁신적이고 창의적인 정책이 필요하다. 25번째 미봉책은 오히려 부동산 가격만 폭등시켜 국민의 신뢰를 상실했다. 전국에 퍼져 있는 부동산 불로소득 환수를 위한 'AI 부동산 환수 시스템'을 구축해야 한다. 공공개발을 발표할 때 불로소득에 대한 환수 대책을 반드시 포함해야 한다. 기본주택 정책도 시행해야 한다.

넷째, 제도 혁신이다. 일례로 원 토지소유자들의 재정착을 돕고, 현금 보상 시 주변 토지 가격을 더 상승시키는 문제점을 개선하고자 '대토보상제도'를 마련했는데 제도의 허점으로 인해 투기 수단으로 변질됐다. LH 공사 직원들이 제도적 맹점을 이번에 이용했다. 보완책을 마련해야 한다. 공직자 부동산 백지신탁제, 토지 보유세와 기본소득에 대한 특권과세를 강화해야 한다.

다섯째, 빠른 수사다. 시일을 끌면 끌수록 그만큼 위험이 눈덩이처럼 커진다. 데이터 수사 기법을 이용해 1, 2기 신도시 수사 기준에 최대한 배우자 직계 가족을 중심으로 조사를 해야 무엇이 투기의 실체인지 명확히 드러날 수 있다. 국민의 원하는 수사의 주체가 어디인지 여론조사에 나와 있다. 공직을 이용한 불로소득은 반드시 몰수하고 오래전부터 관행처럼 이어온 부동산 투기 고리와 불공정을 반드시 끊어 내야 한다. 선제적으로 특검을 제안하는 정치인이 나오기를 기대한다. 마지막으로, 투기, 불로소득을 막는 'AI 부동산 감시, 조세 시스템 구축'을 해야 한다. 부동산 투기를 유도하는 기획부동산의 임야 또는 맹지 지분 쪼개기 등 거래를 사전에 막을 수 있다. 리얼타임으로 전국 땅 거래를 누가, 언제, 어떤 목적으로 매입하는지 자금출처는 정당한지 한 번에 파악이 가능하다. 투기세력을 시스템적으로 색출할 수 있다. 땅 투기로 인해 막대한 규모의 부동산 불로소득이 발생한 것이 소득 불평등의 주요 요인으로 작용하고 있다. 국민은 부동산 투기를 원칙적으로 차단하기를 바란다. 이번 사태 해결에 정권의 운명이 걸려있다. 현장에 정답이 있다. 부동산은 심리이다.

(경기매일. 2021. 03. 11.)

복지

기본소득의 허구

기본소득은 허구다

　더불어민주당의 유력한 대권주자인 이재명 경기도지사의 간판 정책인 '기본소득'에 후발 주자들의 집중 공세가 강화되고 있다. 가장 먼저 포문을 연 이낙연 전 대표는 지난 5월 26일 한국신문방송편집인협회 초청 대선 후보 토론회에서 "재원 조달 방안이 없다면 허구"라며 이 지사의 기본소득 정책을 공개 비판했다.

　이어 지난 28일에는 KBS 라디오에서 "국민의 한 사람에게 달마다 50만 원을 준다고 해도 우리나라 1년 예산의 절반보다 더 많은 돈이 필요하다. 세금을 지금보다 2배로 내야 한다는 이야기"라며 "부자건 가난한 사람이건 똑같이 나눠주는 것이 양극화 완화에 도움이 될 리가 없다고" 말하며 대안으로 '신복지 제도'를 주장했다.

　정세균 전 국무총리도 30일 자신의 유튜브 채널인 〈정세균 TV〉에서 이 지사의 기본소득의 문제점을 조목조목 짚었다. 기본소득에 대해 "유토피아에서나 상상할 만한 구상으로 오랜 숙고 끝에 내린

결론은 기본소득이 현시점에 우리에게 필요하지도, 적절하지도, 바람직하지도, 지속 가능하지도 않다"며 강도 높게 비판했다.

그는 "연 50만 원의 기본소득은 수령하는 입장에서는 월 4만 원 정도인 반면, 이를 위해서는 연 26조 원이 소요된다"며 "가성비가 너무 낮고, 불평등 해소에도 도움이 안 된다"고 지적했다. 그는 "이 지사는 동일하게 나눠주고 과세를 통해 형평성을 기하자는 입장이라 하는데, 효과도 불공명한 기본소득을 실시하려고 국가대계인 조세개혁을 하자고 하면 국민들이 얼마나 동의하겠느냐"고 반문했다.

또한 "국민들이 우선 소액이라도 받아보고 효능을 느끼면서 증세에 동의해줄 거라는 믿음은 동화에나 나올 법한 이야기"라며 직격탄을 날리며 대안으로 '마이마이 복지'를 제시했다.

지난 27일 "김대중, 노무현 전 대통령의 정신을 이어가겠다"며 공식 대선출마 선언을 한 이광재 의원도 언론 인터뷰에서 "이 지사의 기본소득은 현실성이 낮다"며 "제한된 지역과 계층에 한해 실시할 수 있는 성격"이라며 대안으로' 평생복지'를 제시했다.

민주당에서 처음으로 지난 9일 대선 출마를 선언한 박용진 의원도 '기본 소득 만능론'을 철저히 검증해야 한다며 "복지정책이 현금을 얼마나 나눠주느냐 일변도로 흘러가면 안 된다"고 주장했다.

오세훈 서울시장은 이재명 지사의 기본소득에 '안심소득'으로 맞불을 놓았다. 오시장과 이 지사는 사흘째 SNS에서 상대 정책을 비판하며 공방을 이어갔다.

이 지사는 지난 28일 "오 시장의 안심소득은 저성장 양극화 시대에 맞지 않는 근시안적 처방"이라고 공격하자, 오 시장은 "기본소득이라는 이름을 붙여 금전살포를 합리화하는 포장지"라고 반격했다.

그러자 이 지사는 29일 "서울만 해도 17조 원으로 추정되는 안심소득 재원은 어떻게 마련할지 밝혀 주시면 좋겠다"고 공격했다.

이에 오 시장은 "이 지사의 구상이야말로 증세가 필요한 사안이라 국민이 동의할지 의문"이라고 맞받아쳤다. 그러자 이 지사는 30일 "안심소득은 납세자가 배제되는 시혜·선별 정책으로, 지역화폐형 경제 정책보다는 훨씬 더 '선심성 현금살포'에 가깝다"며 "재원대책 제시도 없이 연 17조 원이나 들여 시민 500만 명을 골라 현금을 나눠주겠다는 오 시장님께서 저를 '선심성 현금살포'라 비난하시니 당황스럽다. 적반하장도 유분수"라고 직격탄을 날렸다.

이에 오 시장 역시 SNS에서 "이 지사님의 가짜 기본소득, 무늬만 기본소득이야말로 안심소득에 비해 역차별적이고 불공정하며, 경기 진작 효과도 훨씬 떨어진다"며 "17조 원을 언급하셨는데, 현재 서울시 안심소득은 그 절반도 들지 않도록 설계하고 있다"고 맞받아쳤다.

이 지사의 기본소득은 재산 유무, 노동 여부와 무관하게 모든 국민을 대상으로 매월 50만 원을 나눠주는 보편적 복지제도다. 다만 이 지사는 일시에 실시하기 어려운 점을 고려해 연간 1회 50만 원부터 시작하되, 매년 조금씩 횟수를 늘려 종국에는 매월 지급하겠다는 방식이다.

현재의 재정규모로 전 국민에게 10~20만 원의 기본소득은 가능하지만 50만 원은 어려운 측면이 있다. 반면 오시장의 안심소득은 중위소득 100%(4인 기준 연소득 6,000만 원) 이하 가구를 대상으로, 중위소득과 실제 소득 간 차액의 50%를 차등 지원해주는 방안이다. 예를 들어 연소득 4000만 원인 4인 가구에는 1000만 원(중위 소득 기준에 미달한 2000만 원의 50%)을 지원해 주는 구상이다.

전직 관료들이 대안으로 제시한 마이너스 소득은 소득이 많은 사람에게는 세금을 더 많이 거두는 누진과세를 통해 소득 재분배 효과가 커지게 하자는 고비용 복지 개념이다. 재원마련은 인적공제·근로소득공제 폐지, 연관 분야 구조조정, 부가세율 인상, 사회복지 지방비, 근로 및 자녀 장려금 전환에서 조달 가능하다는 전제가 깔려있다.

기본소득이든 안심소득이든 마이너스 소득이든 재원 마련이 문제다. 이 지사의 기본소득을 실현하려면 매년 60조~300조 원 들어갈 것으로 예측된다. 오 시장의 안심소득을 서울시에 적용하려면 17조 원 이상 예산이 투입되어야 한다.

연간 40조 원은 서울시 1년 예산의 40% 이상이 들어가 현실성이 떨어지기는 마찬가지다. 또한 안심소득은 복지 체계의 대수술을 전제로 한다는 점에서 정책의 실현 가능성에 대한 충분한 논의, 중앙정부와 협의, 국민적 공감대와 설득이 필요하다.

기존 복지 수혜자의 피해가 없도록 하려면 추가적인 재원확보는 불가피하다. 마이너스 소득은 기초생활보장제도 중에서 생계급여는 중위소득 30%까지 지원되는데 그 수준이 월 50만 원이다. 성인 1인당 월 50만 원(연간 600만 원), 18세 이하 월 30만 원(연간 360만 원)

정할 경우 필요 재원은 172조 7000억 원이 소요된다.

이제는 보편적 복지와 선별적 복지 논쟁에서 벗어나야 한다"며, "기본소득, 안심소득, 마이너스 소득, 신복지 제도, 마이마이 복지, 평생복지 모두 재원 조달 없이는 실현 불가능한 정책이다.

기본소득, 마이너스 소득 그리고 안심소득 등 기존의 현금복지 제안은 먼저 1년 동안 재원을 마련해서 마련된 재원의 범위 내에서 다음해 1년 동안 12개월로 나누어 지출하자는 것이다. 그런데 행복 소득은 완전히 역발상 개념이다. K−행복소득은 먼저 재정지출을 하고 케인스의 재정투자승수 효과를 통해 2~3년에 걸려서 확대된 매출에 과세를 하면 재정 투자 원금이 회수된다.

장점으로 "재원 부담이 없으며, 선별복지의 장점인 정말 필요한 사람에게 두텁게 지원한다는 취지를 살리고, 단점인 복지 사각지대 문제를 커버하고, 아울러 경제 살리기를 통해 일자리 창출이 가능 하며, 자영업자 손실보상제 문제를 해소시킬 수 있는 방법이다"라 고 말했다.

블록체인 기술을 활용하여, 전 국민에게 1년 동안 매월 지급된 행복소득을 통해 거래를 활성화시키고, 커진 경제 파이를 통해 경 제를 활성화 시킬 수 있다며 행복소득은 AI 시대 복지제도의 게임 체인저가 될 것이다. (경기매일 2021. 05. 31.)

기본소득 허구를 파헤친다

대선을 8개월 남짓 앞둔 현재 대선 후보들 간 정책 대결이 뜨겁게 달아오르고 있다. 대선 핫이슈 논쟁의 시작은 기본소득이다. 후보마다 기본소득에 대한 생각이 달라 상대방을 비판하고 있는 상황이다.

AI 시대의 대선 주자는 기본소득이 코로나19로 고통 받는 지금 왜 필요한지, 재원은 어떻게 마련할 것인지, 필요하다면 어떻게 실현시킬 것인지 제대로 밝혀야 한다. 그래야 국민의 신뢰를 받을 수 있다. 주요 정치인들이 주장하는 복지논쟁이 왜 허구(虛構)인지를 파헤쳐본다.

첫째, 기본소득은 공책(空策)이다. 10년 후에나 매월 50만 원을 주는 것이 가능하기 때문이다. 재원 대책은 탄소세, 로봇세 등 현재로서는 원천적으로 불가능한 것을 주장하고 있다. 현재 실현 가능한 것은 연 50만 원을 지급하는 것인데 월 50만 원 주는 것처럼 착시 현상을 노리고 있다. 쉽게 말하면 연 50만 원과 월 50만 원을 착각시키는 것이다. 연 50만 원을 지급한다는 것은 매월 4만 원을 주는 것이다. 기본소득을 도입해 부족한 소비를 늘려 경제를 살리고, 누구나 최소한의 경제적 풍요를 누리며 하고 싶은 일을 하는 사회를 만들겠다는 목표가 2030년도에 과연 가능할까.

둘째, 안심소득은 미적분책(微積分政策)이다. 정부 관련부처와 얽히고설킨 문제를 풀기 어렵기 때문이다. 한마디로 문제를 풀기 위해 관련 부처와 논의하다가 수학 시험 종친다.

복지체계의 대수술을 전제로 한다는 점에서 중앙정부와 협의, 국민적 공감대와 설득이 필요하다. 기존 복지 수혜자의 피해가 없도록 하려면 추가적인 재원확보는 불가피하다. 중위소득의 100%에 못 미치는 계층만 지원하겠다는 선별적 복지 제도로 서울 시민 전체를 대상으로 할 경우 10조 원 이상, 전 국민으로 확대할 경우 53조 원의 예산이 매년 투입될 전망이다. 재정 확보도 큰 문제이지만 정책의 실현 가능성에 의문이다.

셋째, 공정소득은 산수정책(算數政策)이다. 더 주기 위해 더 걷으면 된다는 덧셈 뺄셈을 기반으로 하기 때문이다. 기존 조세 제도와는 별도로 공정소득 재원 마련을 위한 목적세 형식으로 추가 세금을 받자는 것이다. 소득이 적어서 공정소득 혜택을 받는 저소득자는 좋겠지만 기존의 세제에 추가로 세금을 더 내게 되는 고소득자를 전혀 배려하지 않고 있다. 산술적 계산은 맞을 수 있지만 돈을 더 내게 되는 납세자 심리를 전혀 고려하지 않았다. 소득이 높으면 각종 대출이 많을 수 있다. 대출의 80% 금액을 고소득자 20%가 차지하고 있다. 현실을 모른 채 책상에서 계산기만 두드려 나온 선거에서 지는 필책(必敗政策)이다.

넷째, 마이너스 소득은 영책(Zero 政策)이다. 혜택 받는 수만큼 피해보는 사람도 많아서 선거 때 득표에 플러스와 마이너스를 합해 따진다면 큰 의미가 없기 때문이다. 최저 생계수준을 설정하고 소득이 이에 미달하면 그 차액의 일정비율을 국가가 메워주는 방식이다. 소득이 많은 사람에게 세금을 더 많이 거두는 추가 누진 과세를 통해 소득 재분배 효과가 커지게 하자는 고비용 복지다. 재원 마련은 인적공제·근로소득 공제 폐지, 연관분야 구조조정, 부가세율 인상, 사회복지 지방비, 근로 및 자녀 장려금 전환에서 조달 가능하다는 전제가 깔려있다.

소득이 전혀 없는 사람에게 600만 원(-1200×50%=600만 원)을 주자는 것으로 기준 이하의 소득을 버는 사람은 더 적게 벌수록 더 많은 혜택을 받게 되어 근로의욕을 떨어뜨리는 치명적 약점을 내포하고 있다. 재원마련을 위해 문제는 기준 이상의 소득을 버는 사람은 더 많이 벌수록 더 많은 세금을 내게 되는 구조다. 현행 근로장려금은 일을 더 하면 혜택을 주는 제도인데 마이너스 소득은 정반대의 효과를 불러오게 된다. 한마디로 근로 징벌(懲罰) 세금이며 근로 포기(抛棄) 장려금이라 할 수 있다.

이런 난제를 과연 해결하기에 앞서 먼저 우리의 처한 어려운 현실을 따져보자. 현재 한국 사회는 양극화 심화, 일자리 참사, 경제적 고통, 저출산, 집값 폭등, 고령화, 저성장 등 빈부 격차가 날로 심해지고 있는 양상이다. 왜 이렇게 됐을까. 이유는 명백하다. 코로나19 이전부터 사회·경제적 문제가 누적된 결과다.

AI 시대를 맞아 기술의 급격한 발전과 대면·비대면 사업의 양극화로 부익부 빈익빈 현상이 더 커지고 있다. 이런 상황을 조금이라도 완화시키기 위해 기본소득이 필요하다는 공감대가 형성되어 가고 있는 중이다.

얼마를 매달 지급해야 경제도 살리고 어려움에 처한 국민에게 도움을 주며 사회 경제적 평등과 공정한 사회를 만들 수 있을까. 코로나19 경제위기 극복을 위해서는 6개월 동안 18세 이상 모든 국민에게 50만 원을 지급해야 내수를 살릴 수 있다.

주요 대권 후보들이 주장하는 기본소득은 과연 매달 50만 원을 줄 수 있을까. 줄 수 없는 모든 복지 정책은 전부 가짜이든지 정치적 포퓰리즘이든지 아니면 선거를 위한 슬로건으로 봐야 마땅하다. 정책은 실현가능할 때 빛을 발한다. 실현가능하지 못한다면 정책이 아니라 탁상공론이다.

지금까지 각 후보들이 주장하는 모든 정책은 막대한 재원을 어떻게 마련할 것인지에 대한 뾰족한 해법이 보이지 않는다. 그것은 당장 추진할 수 없다는 것을 의미하기에 복지 논쟁은 여기서 그만 멈춰야 한다.

그렇다면 이런 난제를 어떻게 해결해야 할까. 재원문제를 풀기 위해서는 역발상이 필요하다. 기존의 기존소득 정책은 먼저 조세를 통해 재원을 마련하고 지출한다는 생각에서 못 벗어나고 있다. 반대로 먼저 돈을 지급하고 나중에 과세를 통해 지급한 돈만큼 환수할 수 있다면 재원 마련이라는 난제가 풀린다는 것을 생각하지도 못하고 있다.

기존의 소득 정책들은 1년 동안 재원을 마련하고 다음 1년 동안 지출하기 때문에 근본적으로 매월 50만 원을 지급하기 위한 재원 마련이 원천적으로 불가능하다. 디지털 화폐 시대는 이런 문제를 해결할 수 있다.

포스트 코로나 시대를 대비해 'K-행복소득'을 대한민국 기본소득 정책으로 도입하면 소모성 논쟁은 사라지게 된다. 새 시대 대한민국의 복지정책을 제안한다.

'K-행복소득'은 해책(解法政策)이다. 진짜 정책(正答政策)이라는 뜻이다. 선 지급 후 환수하는 방식으로 시스템은 이미 AI와 블록체인 기술을 활용해 개발해 놓았다. 매월 1인당 50만 원을 18세 이상 국민에게 지급한다면 132조 원의 재원이 필요하다. 케인스의 재정투자 승수 효과를 통해 2~3년에 걸려서 확대된 매출에 과세를 하면 재정투자 원금이 회수된다는 논리에 맞게 거래할 때마다 블록체인 기술을 활용에 전액 환수 가능한 알고리즘을 개발해 완성해 놓았다. 재원 부담이 전혀 없는 시스템이다.

'K-행복소득' 도입의 장점은 이렇다. 재원 부담이 없고 경제 활성화를 시킬 수 있다. 양극화, 부동산 문제도 해결하고 인플레를 발생시키지 않는다. 자영업자 소상공인을 살릴 수 있다. 기존의 복지 체계를 유지하기에 혜택을 받아온 저소득자로부터 반감이 없다. 선별복지의 장점인 정말 필요한 사람에게 두텁게 지원한다는 취지를 살리고, 단점인 복지 사각지대를 커버한다. 내수를 살려 일자리 창출이 가능하며, 자영업자 손실보상제 문제를 해소시킬 수 있다. 성공한 모델을 국외에 수출해 외화도 벌어들이고 전 세계에 성공한 복지 모델로 만들 수 있는 일석이조의 정책이다.

현장을 모르고 윗사람 눈치만 보고 무늬만 정책과 설익은 정책은 국민의 삶을 더 어렵게 한다. AI 혁명시대의 'Great 대한민국'의 정책은 세미 아마추어가 아니라 슈퍼 정책 전문가의 조언을 받아 입안해야 성과를 낼 수 있다. (경기매일 2021. 07. 02.)

기본소득 vs 행복소득

　내년 대선은 그 어느 때보다 정책대결이 펼쳐질 것이다. 어떤 아젠다가 국민의 마음을 사로잡을 수 있을까. 코로나19로 국민 모두 고통 받는 상황에서 복지 이슈를 선점하면 승리는 딴 논 단상이다.

　보편복지 논쟁이 갈수록 치열해지고 있는 중심에는 기본소득이 자리 잡고 있다. 기본소득은 애당초 규모가 커지고 효율성이 떨어지는 복지제도를 현금 지급으로 단순화해 작은 정부를 지향하는 보수 진영의 구조조정 정책의 일환이었다. 하지만 현재 논의 중인 기본소득은 구조조정은 온데 간 데 없이 사라지고 현금만 더 지급하자는 것으로 변질됐다. 모든 국민에게 아무 조건 없이 재산 및 소득 여부와 무관하게 매달 일정한 현금을 지급한다는 고비용 복지 개념이다. 최대 걸림돌은 재원조달이다.

　생계유지에 필요한 최소한의 금액인 60만 원을 지급하기 위해선 매년 360조 원의 예산이 소요된다. 이 금액은 국내총생산의 20%에 이르고 국세와 지방세를 합한 모든 세금을 충당해야 가능한 엄청난 금액이다. 전직 관료들이 대안으로 던진 "세상에 공짜 점심은 없다"로 유명한 신자유주의 경제학자 밀턴 프리드먼(Milton Friedman)이 주장하는 부(負)의 소득세제(Negative Income Tax)는 세금을 낼 형편이 못되는 일정 소득 이하에는 마이너스 소득세(보조금)를 지급한다. 소득이 많은 사람에게는 세금을 더 많이 거두는 누진과세를 통해 소득 재분배 효과가 커지게 하자는 고비용 복지 개념이다.

　기초생활 보장제도 중에서 생계급여는 중위소득 30%까지 지원되는데 그 수준이 월 50만 원이다. 성인 1인당 월 50만 원(연간 600만 원), 18세 이하 월 30만 원(연간 360만 원) 정할 경우 필요 재원은 172조 7,000억 원으로 추정된다. 재원마련은 인적공제·근로소득공제 폐지, 연관 분야 구조조정, 부가세율 인상, 사회복지 지방비, 근로 및 자녀 장려금 전환에서 조달 가능하다는 전제가 깔려있다. 여기서 아이디어를 얻은 안심소득은 기존 현금성 복지를 일부 폐지하거나 축소해 도움이 절실한 빈곤층을 지원하는 선별적 복지 체계를 추구한다. 중위소득의 100%에 못 미치는 계층만 지원하겠다는 선별적 복지제도 개념이다. 서울 시민 전체를 대상으로 할 경우 10조 원 이상, 전 국민으로 확대할 경우 53조 원의 예산이 매년 투입될 전망이다. 안심소득은 복지체계의 대수술을 전제로 한다는 점에서 정책의 실현 가능성에 대한 충분한 논의, 중앙정부와 협의, 국민적 공감대와 설득이 필요하다. 기존 복지 수혜자의 피해가 없도록 하려면 추가적인 재원확보는 불가피하다. 기본소득이든 마이너스 소득이든 안심소득이든 정치적 슬로건이다. 포퓰리즘을 경계하고 어떻게 재원을 마련할 것인지 재정 건전성을 어떻게 유지할 것인지를 명확하게 밝혀야 한다. 증세 없는 복지는 허구이기 때문이다. AI 시대는 보편적 복지와 선별적 복지 논쟁에서 벗어나야 한다. 정치적 논리가 아니라 사회적 필요를 충족할 현실적인 복지정책으로 행복소득(幸福所得)을 제시한다.

첫째, 재원마련이 필요 없다. 먼저 지급하고 나중에 과세하는 역발상이다. AI 행복소득 시스템과 블록체인 기술을 활용하면 재원을 회수할 수 있다. 전 국민에게 매월 30만 원 년 총 180조 원을 지급한

후 전액 회수가 가능하기에 따로 재원확보를 하지 않아도 된다.

둘째, 선별적 복지의 장점은 살리고 단점은 커버한다. 고소득자가 받은 돈은 최고 90% 회수가 가능해 거의 지원되지 않는 방식이다. 선별적 복지의 장점인 저소득 계층에 유리하며 복지 사각지대가 완전히 소멸된다. 안심소득 단점은 선별비용이 많이 들고 혜택받을 사람이 적기에 못 받는 것인데 해결 가능하다.

셋째, 경제 활성화로 지역경제와 자영업자를 살릴 수 있다. 예일대 교수 어빙 피셔(Irving Fisher)의 교환방정식 소득모형(MV=PT)은 종이돈 시대의 화폐수량설(Quantity Theory of Money)이다. M은 통화량, V는 화폐 유통 속도, P는 물가, T는 거래 총량이다. 지폐 시대는 V를 조절 할 수 없어서 사람들의 관행이나 습관에 맡길 수밖에 없었다. 하지만 AI 시대는 화폐 유통 속도 V를 조절해 경제 활성화가 가능하다.

마지막으로, 복지와 경제성장, 복지와 일자리 창출의 두 마리 토끼를 잡을 수 있다. 기본소득은 경제성장을 보장하지 못해 일자리가 창출되지 않는다. 하지만 행복소득은 경제 규모를 최소 3배 이상 확대시켜 경제적 효율성이 개선된다. 이러한 소득 증가는 일자리 창출로 연결된다. 그러면서도 분배와 복지, 사회보장 등 경제적 형평성에도 기여한다. 행복소득을 선점하면 대선을 거머쥔다.

(경기매일 2021. 05. 23.)

'기본소득' 논쟁 멈춰야

기본소득이 요즘 정치권의 뜨거운 화두이다. 주요 대권주자들이 기본소득과 경쟁할 복지 구상을 내놓으면서 대선을 향한 전초전이 치열해지고 있다. 사실상 대선을 겨냥한 복지 어젠다 경쟁은 이미 불붙었다. 대선 레이스가 본격적으로 시작되면 복지논쟁 불꽃이 튈 전망이다. 기본소득의 쟁점은 6가지 정도다. 첫째, 재원조달 방안이다. 증세 없는 복지는 허구다. 기본소득이든 마이너스 소득이든 안심소득이든 공정소득이든 정치적 슬로건이다. 어떻게 재원을 마련할 것인지, 재정 건전성을 어떻게 유지할 것인지를 명확하게 밝혀야 한다. 공짜 점심은 없기 때문이다. 둘째, 지원 대상이다. 코로나19 경제 재난 위기 상황에서는 모든 국민에게 지급하는 보편복지가 맞다. 선별적 지급은 시시각각 변화하는 개개인의 경제적 상황을 정확히 선별하지 못해 항상 복지 사각지대가 생긴다. 재정부담이 크다는 문제가 있지만 해결 가능하다. 셋째, 지급 방식이다. 지역화폐로 지급해야 소비 증대 효과와 재정 투자 승수 효과가 크다. 돈이 소상공인과 자영업자에게 흘러가도록 유도해야 내수 경제가 활성화되기 때문이다. 수출 위주로 경기가 회복되고 있다고 하지만 내수 경기는 어려운 상황이기에 더욱 그렇다. 구축효과(驅逐效果, Crowding Out)를 줄일 수 있다. 넷째, 기본소득제다. 노벨경제학상을 수상한 아비지트 배너지(Abhijit Banerjee)교수의 저서 *Good Economics for Hard Times*에서 주장하는 '모든 국민에게 연간 백만 원 소액을 기본소득으로 지급하는 방안'은 개발도상국 케냐에서 실험 중인 방식이다. 경제 규모 세계10위 대한민국의 현실에는 맞지 않는 모델이다.

다섯째, 현실성이 없는 포퓰리즘이다. 기본소득은 예산을 아껴 분기마다 25만 원씩 연 100만 원을 주고 향후 세금을 올려서 10년 후 쯤엔 기초생계비 수준인 월 50만 원, 한 해 600만 원을 주자는 것이다. 하지만 1인당 월 50만 원을 10년 후 주자는 것은 현재 재원 마련이 불가능하다는 것을 드러내는 것이다. 마지막으로, 조세 부담 상승이다. 조세는 정권 운명을 걸어야 하는 민감한 사안이다. 국민의 동의 없이 함부로 올려서는 안 된다. 기본소득을 도입하려면 이미 높은 조세 부담율을 더 올려야 하는데 국민적 합의가 필요하다.

대선을 9개월 남짓 남겨 놓은 정치권의 진부한 기본소득 논쟁은 그만둬야 한다. 지금까지의 쟁점을 전부 해결 가능한 'K-행복복지' 정책을 도입해 대한민국 복지정책으로 결정하면 된다.

장점은 이렇다.

첫째, 국가부채가 늘지 않는다. 고소득자는 이듬해 과세로 환수하기 때문에 재정 낭비적인 측면을 최소화시킬 수 있다.

둘째, 복지 사각지대가 없다. 가장 공정한 복지다.

셋째, 지역경제 활성화와 자영업자를 살린다. 구축효과 해결이 가능하고 가계부채 감소라는 긍정적 측면이 발생한다.

넷째, 인플레이션이 없다. 다양한 방식으로 조세를 부과하여 지출된 금액 이상의 세수를 확보할 수 있기 때문이다.

다섯째, 선별적 복지의 장점은 살리고 단점은 커버한다. 선별지급의 단점은 정작 급하게 혜택 받을 사람이 필요한 적기에 못 받는다는 것이다. 마지막으로, 복지와 일자리 창출의 두 마리 토끼를 잡을 수 있는 유일한 해법이다.

그렇다면 K-행복소득을 어떻게 운영해야 할까. 첫째, 'K-행복복지 추진단(가칭)'을 설립해야 한다. 추진단장은 AI와 블록체인 현장 전문가와 금융·조세 정책 전문가로 꾸려져야 한다. 코로나19 극복을 위한 경제 활성화를 최우선 목표로 해야 한다. 둘째, 바로 지급이 가능하다. 소수 정예 조직이 갖춰지면 3달 이내에 국민 1인당 매달 10만~50만 원씩 6개월 지급이 실현 가능하다. 2021년 9월부터 6개월 간 코로나19 특별 지원금 형태로 지급할 수 있는데 예산 부담이 전혀 없다. 셋째, 빠른 실행이다. 코로나19 위기 상황 속에서 자영업자 및 소상공인을 살리고 내수를 활성화시켜야 경제가 활성화될 수 있다. 관건은 스피드한 추진이다.

대선주자들은 기본소득 논쟁에서 벗어나야 한다. 정치권은 이제 복지논쟁은 그만둬야 한다. 향후는 AI 시대 경제 성장과 미래 먹거리 확보, 일자리 창출을 가지고 논쟁해야 한다.

(경기매일 2021. 06. 06.)

현실성 없는 '기본소득' 딜레마 해법

여권의 유력 대선주자 이재명 경기지사가 지난 7월 22일 국회에서 정책 발표회를 열고 '전 국민 기본소득'을 공식 공약으로 제시했다. 이 지사는 "장기적으로 기본소득의 최종 목표 금액은 기초생활 수급자 생계비 수준인 월 50만 원으로 판단한다"면서도 "재원 형편상 차기 정부 임기 내에 최종 목표에 도달할 수는 없다"고 말했다. 기본소득의 핵심은 19~29세 청년에게 지급하는 청년 기본소득과 나머지 국민에게 지급하는 보편 국민소득이다. 청년층에는 보편 국민소득에 청년 기본소득을 더해 지급한다는 계획이다. 이는 2016년 성남시장으로 시작한 청년배당과 기본 설계가 동일하다. 2023년부터 연 100만 원이 청년 기본소득으로 추가된다. 보편 국민소득에 청년 기본소득을 더해 차기 정부 임기 말 기준 청년 1인당 연간 총 200만 원을 받을 수 있다는 것이다.

보편소득은 차기 정부 임기 다음 해인 2024년 1인당 연 25만 원으로 시작, 단계적으로 확대해 차기 정부 임기 내 연 100만 원으로 늘린다는 구상이다. 4인 가구 연 400만 원에 해당한다. 소멸성 지역화폐로 지급하는 방법론과 함께 국토보유세·탄소세 부과 같은 재원 마련 방안까지 제시했다. 기본소득은 과연 현실성이 있는지 촘촘히 따져봐야 한다. 기본소득은 도입 필요성은 물론이고 예산 대비 효과, 기존 복지제도와 중복성, 노동시장에 미칠 영향, 재원 조달의 현실성 등에 대해 검증해야

첫째, 기본소득 개념이 아니다. 모든 국민에게 인간다운 생활이 가능한 최저생활비를 지급한다는 기본소득 개념과는 거리가 멀다. 기본소득이란 사회 양극화를 줄이고 사회 구성원의 최저생계를 유지하면서 자립·자활을 유도하자는 개념에서 나왔다.이 지사 말대로 최저생계비에 해당하는 월 50만 원을 지급하려면 연 310조 원이라는 재원이 필요하다. 지난해 국세수입 285조 원을 웃도는 엄청난 금

액이다. 기본소득을 실현하려면 국세수입 전액을 투입하고도 모자라 국채라도 발행해야 할 지경이다. 정부의 기본 기능인 국방·교육·사회보장 등을 포기해야 가능한 일이다.

둘째, 현실성이 떨어진다. 기본소득은 국민에게 용돈을 나눠주자는 게 아니다. 또한 기존의 복지 연장은 더욱 아니다. 행정 비용을 포함하지 않고 단순 지급 액수만 추산해서 이 지사 주장대로 실행하려면 2023년에만 19조 7500억 원, 연 59조 원이 필요하다. 해마다 지급 액수를 늘리기로 했기에 임기 말엔 2021년 본예산 558조 원의 15%가 넘는 돈을 써야 한다. 청년은 월 10만 4000~16만6000원, 국민은 2만 1000~8만 3000원이다. 과연 10만 원도 안 되는 금액을 기본소득이라고 주장하면서 국민을 납득시킬 수 있을까.

셋째, 재원조달 방식의 현실성이 떨어진다. 이 지사는 필요한 재원 중 25조 원은 기존 예산 절감, 예산 우선순위 조정, 물가 상승에 따른 세금 증가분으로 연 25만 원을 우선 지급하고, 다른 25조 원은 조세감면 축소, 기본소득 토지세와 기본소득 탄소세 신설 등 증세를 통해 지급액을 마련하겠다고 했다. 하지만 지출할 곳이 대부분 정해져 있는 정부 예산은 1조~2조 원을 줄이기가 쉽지 않다. 재정 구조조정은 정부에서 해마다 '마른 수건 짜기'식으로 해오던 터라 기존 사업을 대규모로 축소하지 않는 이상 불가능하다. 의무지출 비중이 크기 때문에 재량 지출 조정만으로 대규모 예산을 마련하기는 어려운 게 현실이다.

넷째, 조세 감면 축소다. 이 지사는 대안으로 '교정 과세'를 내놓았다. 이것은 기본소득 토지세와 탄소세를 신설하는 사실상의 증세다. 이마저도 조세 저항으로 쉽지 않을 것이다. 토지세만 해도 재산세, 종합부동산세 등 토지에 이미 부과되는 세금이 있어 중복 논란을 피할 수 없다. 납세자 반발은 물론 이중과세로 위헌 논란을 불러일으킬 소지까지 있다. 신용·체크카드 소득공제는 축소도 어렵다. 기업 연구개발·시설투자 세액공제는 각국의 반도체, 배터리 산업 유치 경쟁으로 오히려 대폭 늘려야 하는 상황이기 때문이다.

다섯째, 여야 대권주자들의 복지논쟁이다. 기본소득을 둘러싼 여야 대선후보 간 복지 논쟁이 뜨겁다. 기본소득은 불공정, 신복지가 더 종합적이라는 '포괄적 복지론'의 이낙연, 선별적 재정지원이 기본소득 보다 좋다며 기존 복지 접근성을 높여야 한다는 '마이마이 복지'의 정세균, 세금 나눠주는 프레임에서 벗어나야 한다는 '국민 행복자산'의 박용진, 복지는 현금복지보다 일자리 복지로 전환되어야 한다며 더 이상 이재명식 포퓰리즘 일회성 현금 복지로 서민들을 유혹해서는 안 된다는 홍준표, 전 국민 동일 지급은 사회에 아무 도움이 안 된다며 '선별적 소득 지원론'의 유승민, 하후상박식 지급 기본소득은 역차별적이고 불공정이라는 '안심 소득'의 오세훈, 기본소득은 무책임한 선동 국가찬스를 통해 교육·직업 훈련에 투자해야 한다는 원희룡, 일률적 분배는 공정이 아니라는 'K-기본소득'의 안철수, 현금복지 대신 인적자본 확충·강화에 재정 투입해야 한다는 김동연 등 대선주자 후보들은 일제히 이재명표 기본소득을 공격하고 나서는 형국이다. 마지막으로, 전 국민을 대상으로 한 실험은 맞지 않다.

세계적으로 기본소득을 시행하는 국가는 없다. 다만 석유 등 천

연자원 판매 수익을 재원으로 활용할 수 있는 미국 알래스카는 1982년부터 현재까지 시행 중이다. 하지만 핀란드 등 일부 국가에서 특정 계층, 지역 대상 실험을 하고도 본격 도입하지 않는 것은 기대하는 효과가 적고 막대한 재정지출만 하기 때문이다. 왜 이런 정책을 새로운 새 시대에 핵심정책으로 도입해 전 국민 대상으로 실험하는 첫 번째 국가가 되어야 할까.

이 지사는 "기본소득은 일자리가 사라지고 양극화가 극심해진 미래 사회에, 국민을 살리고 나라를 살리며 시장경제를 살리는 가장 유효한 핵심정책이다"고 주장하지만 번지수를 잘못 짚었다. 그렇다면 현실성이 떨어지는 기본소득 대안은 어떤 것이 있을까. 재원 조달 문제를 해결한 'K-행복소득'을 해법으로 제시한다.

(내외통신 2021. 07. 23.)

재난지원금 논쟁을 잠재우는 'K-EIP'

한국판 'K-EIP 경제 활성화 지원금'

미국에서는 재난지원금을 공식적으로 'EIP(Economic Impact Payment)'라 부른다. 언론에서는 'Stimulus Check' 또는 'Stimulus Payment'이라는 표현을 사용한다. 직역하면 코로나로 인한 '경제적 충격 지불금'이라는 의미로 재난보다는 경제적 충격을 강조한 표현이다. 경제를 활성화하기 위한 지급이란 뜻으로 'Stimulus Check'를 사용한다. 재난 지원금이 아니라 경제 활성화 지원금으로 명칭을 바꿔야 한다.

한국판 K-EIP 경제 활성화 지원금' 이란 무엇인가? 첫째, 개념이다. 전 국민에게 기초적인 생활비를 디지털 화폐로 선 지급하여 소비 지출하게 하고, 시장에서 거래되는 금액에 대해 세금을 부과하여 지출된 자금을 다시 환수하는 방식이다. 둘째, 목적이다. 코로나19 경제위기 사태에 전 국민에게 일정한 금액을 매달 지급함으로서 내수를 활성화시켜 자영업자·소상공인을 살리는 것이다.

셋째, 시스템의 주요 내용이다. AI와 블록체인 기술을 활용해, 전 국민에게 일정한 기간 동안 매달 'K-EIP' 경제 활성화 자금을 지급하는 것이다. 커진 경제 규모를 통해 만들어진 소득에 대해 과세하여 전 국민에게 지급된 돈의 원금을 다시 환수하는 방식이다. 재정 부담 없이 재난지원금을 지급할 수 있다는 의미다.

넷째, 작동방식이다. 'K-EIP'는 먼저 전 국민에게 1년 동안 12개월로 나누어 디지털 화폐로 돈을 지급해 거래의 시장규모를 키우는 것이다. 거래가 확대되어 경제는 활성화된다. 확장된 시장에 과세를 하면 재원이 만들어지는 방식이다.

다섯째, 환수 시스템이다. 맨큐(Gregory Mankiw) 하버드 교수가 주장한 "일정 액수를 지급하고 소득세를 부과한다"는 논리에 근거해 AI와 블록체인 기술을 활용해 '자동 환수 알고리즘'을 만들어 놓았다. 예를 들면 1년에 8800만 원에서 1억 5천만 원까지는 종합소득세는 35%다. 10억 원 이상은 45%다. 'K-EIP' 시스템에서는 매달 지급한 30만 원에 대해서만 소득세를 새로 산정 물린다면 고소득자에게는 80%이상 회수가 가능하다. 이런 방식으로 지난 1년 소득에 따라 환수할 수 있는 시스템이다. 이해를 돕기 위해 쉽게 설명하면 거래할 때마다 부가세 같은 세금을 부과해 환수할 수 있는 시스템이다. 고소득자는 거의 100% 환수가 가능하며 중위 소득자는 주어진 조건에 따라 3%에서 50% 가능하다. AI와 블록체인 기술을 활용해 소득 분위별로 작동 '알고리즘'을 완성해 놓았다.

재원 부담 없이 어떻게 '한국판 EIP'를 지급할 수 있을까. 해법은 AI와 블록체인 기술을 활용해 디지털 화폐로 지급해 80%를 환수할 수 있는 'K-행복소득' 시스템에 있다. 장점은 첫째, 역발상 개념이다. 먼저 재원을 마련하고 나서 지급하는 방식이 아닌 반대로 선 지급, 후 환수 방식이다. 먼저 돈을 지급하고 나중에 과세를 통해 지급한 돈 만큼 환수할 수 있다. 기존 종이 화폐시대는 유동성을 위해 돈을 강제로 회전시킬 수 없었지만 디지털 화폐 시대는 AI와 블록체인 기술을 활용해 선 지급 후 환수가 가능하다.

둘째, 재원부담이 없다. 그레고리 맨큐(Gregory Mankiw) 하버드대 교수는 일정 액수를 지급하고 모든 사람에게 소득세를 부과하면 된다고 주장한다. 국민에게 일정 액수를 지급하면서 일정한 세율로 소득세를 걷을 수 있다.

셋째, 경제 활성화를 시킬 수 있다. 영국 경제학의 대표 학자 케인즈(Johm Maynard Keynes) 투자 승수 이론은 한 사람의 소득이 다른 사람의 소득이 된다는 전제에서 출발한다. 정부의 경제 활성화 지원금 지출로 한 사람의 소득이 늘어나면 증가한 소득 일부가 소비지출에 쓰일 것이고, 그 소비 지출이 다른 사람의 추가 소득을 창출하고 그 소득의 일부가 소비되어 또 다른 사람의 소득을 창출하는 연쇄 반응을 바탕으로 국민소득이 몇 배로 증가할 수 있다는 원리다. 결국 경제 활성화가 핵심이다. AI와 블록체인 기술을 활용해 디지털 화폐를 사용하면 투자 승수를 극대화 시킬 수 있다.

넷째, 인플레이션이 발생하지 않는다. 케인스가 말한 투자 승수 이론으로 국민소득이 증가한다고 하여도 실질적 부의 창출에 기인한 소득 증가가 아니라 화폐 가치가 하락할 수 있다는데 어려움이 있다. 재정확대가 유동성의 증가를 가져와 인플레를 일으킬 수 있다. 이러한 인플레는 부동산 가격의 상승으로 이어져 서민들에게 더 큰 고통을 준다. 따라서 인플레가 발생하지 않게 재정 지출을 해야 한다. 다섯째, 고용률 2.4% 상승이다. 성장률 전망이 떨어지면 고용 전망도 나빠진다. 경제성장률과 실업률의 연관 관계를 정리한 것이 오쿤의 법칙(Okun's Law)이다. 한국은행은 실질총생산이 1% 감소할 경우 실업률이 0.23% 증가한다고 추정하고 있다. 한국은 고용탄성치 0.4%로 계산하면 고용 증가율은 2.4%가 된다. 역대 정부는 경제 성장률 3%에 30만 명 일자리 창출 목표를 제시했었다. 경제성장률을 6% 잡으면 최소 60만 명의 좋은 일자리를 창출할 수 있다.

여섯째, 자영업자와 소상공인 비정규직을 살릴 수 있다. 코로나19의 가장 큰 피해자는 그들이다. 직원 있는 자영업자 약 137만 명, 직원 없는 자영업자 약 416만 명, 무급 가족노동자 약 170여만 명을 살릴 수 있다. 한은의 보고서에 따르면 고용원이 있는 자영업자와 대면 서비스 업종의 자양업자가 특히 큰 타격을 입은 것으로 나타났다. 이들은 빚에 눌려 힘든 시간을 보내고 있다. 이럴 때 신속한 매출을 올릴 수 있도록 '한국판 EIP'를 지급해야 한다.

일곱째, 'K-EIP' 수출로 일자리를 창출할 수 있다. 'K-방역'에 이어 'K-EIP'가 또 한 번 전 세계 'K-코로나19 경제회복 정책' 글로벌 스탠다드로 우뚝 설 수 있다. 전 세계에 대한민국의 'K-EIP'를 표준 모델로 만들 수 있다. 한국에서 성공에 수출한다면 외화도 벌고 일자리도 창출하는 일석이조 모델이다.

마지막으로, 구시대 경제학에서 탈피해야 한다. 경제 관료와 정치권은 구시대 경제학 지식에 얽매이지 말고 디지털 화폐시대, AI

와 블록체인 기술을 활용해 디지털 머니를 얼마든지 정책 의도대로 회전시킬 수 있고 나중에 환수 가능하다는 것을 생각하지도 못하고 있다. 안타깝기 그지없다. 현재로서 대한민국 경제를 살릴 수 있는 유일한 해법은 '한국판 EIP'지급이다.

'한국판 K-EIP 조직 구성이다. 첫째, 'EIP 추진단'(가칭) 만들어야 한다. 단장은 장관급으로 여당과 민간 전문가 공동으로 맡으면 된다. 정부 측 단장은 전직 장관으로 재임 중 성과를 내고 추진력을 갖춘 정치인이 적격이다. 조직은 부단장, 총괄 관리자, 모바일·금융·세무·홍보·정무팀장 등으로 소수 정예 15인 이내로 구성하면 된다. 둘째, 업무다. 총괄 관리자는 전체 업무를 관장한다. 금융팀장은 4400만 명 가상계좌를 개설해야 한다. 모바일 책임자는 모바일 결제 방식과 연계를 해야 한다. 조세팀장은 국세청에 업무 지원을 하고 세금 정산 방법을 확정해야 한다. 홍보팀장은 대국민 홍보와 사용방법을 설명해야 한다. 정무팀장은 당·정·청과 긴밀히 협력하는 업무다. 셋째, 추진 일정이다. 조직구성(2주)과 마스터 플랜(2주), 금융기관 및 모바일 업체 업무협약(4주), 대국민 홍보(2주), 집행(6개월)이다. 운영기간은 시스템 구축 2달과 추진 6개월이다. 대선전까지 한시적 운영이다. 넷째, 19세 이상 4400만 명에게 6개월 간 30만 원씩 디지털 화폐로 지급한다. 기간은 올해 9월부터 내년 2월까지다. 예산은 79조 2000억 원이 필요하지만 K-행복소득 시스템을 활용하면 80% 회수가 가능하기에 15조 8400억 원의 재원만 있으면 된다. 결론적으로 1/4분기 세수 여유분 19조 원을 가지고 지급하고도 남는다. 마지막으로, 코로나19 경제 위기를 극복할 수 있다. 재원 마련 문제를 제대로 해결한 'K-행복소득' 시스템을 활용해 '한국판 EIP'를 지급하면 한국경제를 살릴 수 있다.

(경기매일 2021. 06. 16.)

나랏빚 놔두고 퍼주면 민심이 돌아올까

끝내 눈덩이처럼 불어난 나랏빚을 갚지 않을 모양이다. 올해 더 걷힌 세금 33조 원을 국민 80%에게 1인당 25만 원~30만 원씩의 코로나19 위로금을 지급하기로 합의하고 2차 추경을 편성하기로 했다고 전해진다.

4·7 재보궐 선거로 떠나간 2030 세대 민심을 달래기 위해 일정 소득 이하인 청년이 매달 10만 원을 저축하면 정부가 10만 원을 지원하겠다고 한다. 32만 명 이상 청년에게 연간 3조 8000억 원 가량에 이자율 추가지원, 세제 혜택을 고려하면 필요한 재원은 연간 4조 원이 넘어 설 것으로 보인다.

정부는 왜 이렇게 국민에게 돈을 못 퍼줘서 안달일까. 진정 코로나19로 타격을 받은 민생 경제를 살리기 위해 퍼 주는 것일까. 아니면 떠나간 민심을 잡기 위해서 세금으로 선심을 쓰는 것일까. 과연 나랏빚을 눈덩이처럼 늘리면서 경제를 살릴 수 있을까, 2030의 지지를 받을 수 있을까. 결과는 8개월 남짓 앞으로 다가온 대선에서 국민의 선택을 보면 알게 될 것이다.

막대한 재정 확대 정책의 궁극적인 목표는 무엇일까. 정책에 대한 신뢰가 떨어진 마당에 국가채무 1000조 원 시대를 앞당기면서까지 무리하게 추진하는 이유가 궁금하다.

첫째, 당정의 헛발질로 보편·선별 복지 논쟁이다. 80%, 신용카드 캐시백 등 쓸데없는 사안을 갖고 당정의 줄다리기로 에너지를 낭비하고 있다. 자산은 계산이 안 된다. 소득이 많아도 부채가 많을 수 있고, 소득이 없어도 자산이 많을 수도 있다. 정부가 말하는 상위 20% 고소득자일수록 가계부채와 주택담보대출 비중이 높다. 국민의 절반이 주택 담보대출을 받았고 신용대출도 받고 있다. 가계부채는 1765조 원이 넘었다. 금리가 1% 오르면 이자부담은 연간 12조 원 가까이 늘어난다. 지난해 소득대비 가계부채 비율이 200% 넘었다. 집값 폭등과 코로나19 사태로 국민 누구도 경제 상황이 녹록치 않다. 보편복지가 답이다. 고소득자는 나중에 세금으로 환수하면 되기 때문이다.

둘째, 1인당 국민소득 3만 달러의 허구다. 한은의 발표에 따르면 지난해 우리나라 1인당 국민총소득(GNI)는 환율상승 영향으로 31,881달러(3762만 원) 대로 낮아졌다. 2년 연속 감소했다.

1인당 GNI는 국민이 국내외에서 벌어들인 총소득을 인구로 나눈 통계로 한 나라 국민의 생활 수준을 파악하는 지표로 사용된다. 1인당 가계총처분가능소득(PGDI)은 17,756달러(2095만 원)다. 국내총생산이 높다고 해서 국민 생활과 복지 수준이 꼭 3만 달러가 된다는 것은 아니다. 실제로는 반 토막 정도다. 여기에 개인 부채는 포함되지 않은 허구적 지표라고 볼 수 있다.

셋째, 돈을 마구 푼다고 재정주도성장으로 자영업자·소상공인은 경제난에서 벗어날 수 있을까. 정부는 긴급재난지원금을 1차 14조 3000억 원, 2차 7조 8000억 원, 3차 9조 3000억 원, 4차 20조 6000억 원 총52조 원을 쏟아 부었다. 5차 재난 지원금까지 합치면 총67조 원을 지급하게 되는데 내수 활성화로 자영업자·소상공인은 경제고통에서 벗어났을까. 경제성장률 1% 높인다고 국민의 삶이 나아질까. 좋은 일자리가 늘어날까. 혹시 보여주기를 위한 수치에 집착하는 것은 아닐까. 역대정부의 경제 성장률을 기억하는 국민은 아무도 없다.

넷째, 인플레이션 위기는 어떻게 넘을까. 시중에 돈이 넘쳐 한국 경제는 인플레이션 위기에 직면해 있다. 지난달 소비자 물가 상승률은 2.6%로 한국은행의 물가 안정 목표 연 2%를 훌쩍 뛰어 넘었다. 시장금리도 덩달아 오를 추세다. 국민은 장보기가 겁난다. 계란 한판이 만 원인 시대다. 역대 정부이래 달걀이 이렇게 금값인 경우는 없었다. 서민은 이제 라면에 계란 풀기도 무섭다. 예전에 식당에 가면 계란을 싸놓고 손님이 공짜로 계란 후라이를 해먹던 그 시절이 그립다. 국민이 원하는 것은 경제 성장률도 아니고 정책이고 뭐고 그냥 계란 후라이라도 부담 없이 마음대로 먹고 싶다는 것이다.

다섯째, 정책다운 대책이 없이 전부 돈 퍼주기 정책뿐이다. 나라 살림을 이렇게 거덜 내도 되는 것일까. 나중에 미래세대가 왜 그때 그렇게 빚을 많이 져서 우리를 힘들게 하느냐고 물으면 그 당시 정책 책임자는 어떤 답변을 내놓을까. 정책은 아마추어가 하면 요지경이 된다. 정책은 슈퍼 프로가 해야 하는 이유다. 정책의 평가는 국민이 평가한다는 것을 간과하면 안 된다.

여섯째, 경제를 왜 정치로 풀까. 경제는 경제논리로 해결해야지 정치논리가 개입하면 안 된다. 정부의 최대 실책인 부동산 대책도 부동산 정치를 해서 실패했다는 것을 반면교사로 삼아야 한다. 애초에 소비 활성화를 위한 설계가 잘못됐다. 재난지원금은 가계부채 완화에 별 도움이 되지 못한다. 25만 원을 사용해도 내수 활성화에 얼마나 기여할지 의문이다.

마지막으로, 국민이 원하는 것은 무엇일까. 25만 원의 위로금이 아니다. 국민의 염원은 경제를 살려 놓으라는 것이다. 청년은 용돈 성격이 짙은 현금 10만 원 지원이 아니라 노력만큼 월급을 받을 수 있는 양질의 일자리를 원하는 것이다. 일자리 정부는 지난 4년간 얼마나 좋은 일자리를 만들었을까. 국민은 많은 것을 원하지 않는다. 그냥 배부르고 등 따시면 되는 것이다. 지금은 어떤가. 계란도 마음대로 먹지 못하고 집도 구하기 어려운 시대다. 누가 이렇게 만들어 놓았나.

(경기매일 2021. 06. 30.)

국가재난 부르는 '재난지원금'

당정에 따르면 소득하위 80% 이하 가구에 1인당 25만 원의 5차 재난지원금이 지급될 것으로 전망된다. 4인 가구는 100만 원, 5인 가구는 125만 원이 되는 셈이다. 소득 하위 80%는 본인 부담 건강보험료 합산 금액을 활용해 선정 기준 금액을 정할 방침이다. 소상공인·자영업자에게는 최대 700만 원의 피해 계층 맞춤형 지원금을 주는 방안도 검토되고 있다. 2차 추경예산안은 30조 원대 초반으로 알려졌다. 문제점을 살펴보자.

첫째, 재난지원금 명칭이다. 1997년 외환위기를 맞아 수백만 명이 실업자가 발생됐다. IMF는 재난이 아니라 무능한 김영삼 정부 경제팀의 '경난(經濟災難)'이라고 했다. 마찬가지로 코로나19는 재난이 아니라 국산 치료제 개발이라는 허망한 믿음에 백신을 늦게 도입한 정책 판단 미스인 '정난(政策災難)'이다. 조속히 구매 결정하였다면 지금쯤은 집단 면역이 형성되어 내수가 살아 날 수 있지 않았을까하는 아쉬움이 남는다. 재난이라고 명칭을 붙여 정부도 어쩔 수 없었다고 하려는 것은 아닐까 의구심이 든다. 지원금이든 위로금이든 본질은 내수를 활성화시켜 자영업자와 소상공인을 살리는 것이 아니었나. 그렇다면 '경제 활성화 지원금'이 정답이다.

둘째, 선별지급이다. 고소득층에는 소득 재분배 효과가 떨어지는 직접 재난지원금 대신 카드 사용액 캐시백으로 돌려주는 간접지원을 하고 이를 통해 소비 진작 효과까지 내자는 것이 기재부 논리다. 그러기 위해선 개인 카드별 소비를 통합할 수 있는 시스템이 필요하다. 시스템 개발 투자와 시간이 걸리고 3분기에 목돈을 쓰고 캐시백을 받은 후 취소하는 블랙컨슈머를 어떻게 막을 것인지도 해결해야 한다. 고소득자는 세금으로 환수할 수 있기 때문에 전 국민 보편지급이 맞다.

셋째, 국가재난이다. 국가채무 증가로 '국난(國家災難)'이 올 수도 있다. 나라 빚은 2017년 660조 2000억 원에서 집권 마지막해인 2022년에 1070조 3000억으로 증가하게 된다. 이런 위중한 상황에 국민

위로금 지급이 먼저일까 국가 빚을 갚는 게 우선일까. 가정이라면 어떻게 할까. 마스크 쓰느라 고생 많았으니 빚을 내 바캉스를 가야 할까. 가계 채무를 변제해 이자 부담을 줄이는 것이 먼저일까. 현명한 가장이라면 과연 어떤 선택을 할까. 국민이 위로금을 받으려고 180석을 밀어 주었을까. 자기 돈 아니라고 이렇게 마구 써대면 안 된다. 개그맨들의 "여기서 이러시면 안돼요."가 문득 떠오르는 이유는 뭘까.

넷째, 자영업자·소상공인 맞춤형 지원금이다. 최대 700만 원이 코로나19 거리두기로 피해를 입은 700만 자영업자에게 지원금이 될 수 있을까. 현장을 모르는 탁상공론이다. 정책 책임자라면 가까운 상가나 시장에 나가봐라. 한집 걸러 비어 있다. 많은 자영업자들은 막대한 손해를 보고 파산 직전이다. 진정 소상공인을 위한다면 한 달 임대료도 안 되는 쥐꼬리만큼의 위로금이 아니라 장사가 잘 될 수 있도록 환경을 조성해주는 것이 정부의 역할이 아닐까. 문제 해결 포인트가 빗나가도 한참 빗나갔다.

다섯째, 정책 언밸런스이다. 유동성 증가로 인플레이션을 야기하는 재난지원금과 유동성 증가를 억제하려는 긴축 정책과의 언밸런스다. 중소기업 대출 잔액은 지난해 8월 482조 2000억 원 규모에서 올해 3월 521조 2000억 원으로 증가했다. 가계부채는 지난 1년간 150조 원 폭증해 3월말 사상 최대인 1765조 원이 됐다. 그 중 70%가 변동금리 대출이라 금리가 1% 오르면 이자 부담이 12조 원 이상 확 늘어난다. 시중에 돈이 많이 풀리니 부동산도 또다시 들썩인다. 물가가 오르는 인플레이션도 문제다. 한국은행은 긴축카드를 꺼내 들어 통화는 긴축인데, 재정은 확대하는 엇박자가 난다면 시장은 어느 장단에 춤을 춰야 할까. 위로금이라는 현금 살포에 매달리지 말고 글로벌 금리 인상 충격파에 선제적으로 대응하는 것이 먼저 아닐까.

여섯째, 경기부양 효과 미지수다. 정책 당국은 1인당 25만 원 지급으로 정말 경제 활성화가 된다고 생각하는 것은 아니겠지. 당에서 주자고 하고 BH 눈치 보다가 어쩔 수 없이 자리보전용으로 내놓은 가능성이 농후하다. 애당초 자영업자·소상공인을 살리는 획기적인 정책 같은 것은 아예 관심이 없었고 생각하지도 않았을 것이다. 역대 정권 말기 상황을 살펴보면 나서는 공무원은 한 명도 없었다는 것은 이미 증명된 사실이다.

마지막으로, 대선이다. 만약 돈을 풀어 국민의 환심을 사려고 한다면 언감생심(焉敢生心)이다. 지난해 마스크 사태 이후 재난지원금을 지급 후 치른 총선은 위기 상황을 잘 극복하라고 여당에게 전폭적으로 지지를 보내 준 것이다. 하지만 지금은 다르다. 재난금 받는다고 여당을 지지하지는 않을 것이다. 부동산 문제는 해결된 것이 없고 젠더 갈등은 지속되며 내수는 어렵기 때문이다. 지난 4년 간 실행한 정책에 대해 어느 것 하나 속 시원히 성과를 낸 것이 없기에 새 시대 새 변화를 원하고 있는 것이다. 'K-EIP'를 6개월 지급해 경제를 살린다면 상황은 변할 수 있다.

유동성이 커지는 만큼 이자 수익 비중이 90%에 가까운 은행들이 대출을 추가로 확대한다면 장기적으로 서민 삶은 더 피폐해질 것이다. 이런 문제 투성인 상황에서 유력한 정치인들은 복지 논쟁을 가속화하면서 재난지원금을 확대하려고 한다.

그렇다면 어떻게 내수를 활성화시켜 자영업자·소상공인을 살릴 수 있을까. 해법은 의외로 간단하다. 한국판 경제 활성화 'K-EIP' 지급으로 결정하면 모든 문제가 해결된다.

국민에게 물어보자. 15조 이상의 돈을 쏟아 부어 1인당 25만 원의 위로금을 받을 것인지, 재원부담이 전혀 없이 1인당 30만 원을 6개월 동안 180만 원을 받아 내수를 활성화 시키고 중소기업·자영업자·소상공인을 살릴 수 있는 'K-EIP' 지급이 좋은지 말이다.

(경기매일 2021. 06. 25.)

재난지원금 해법 'K-EIP'

긴급재난지원금 지급의 문제점을 짚어본다. 첫째, 국가 재정 부담 급증이다. 올해 2번째 추경안이 편성되면 홍 부총리가 취임한 이후 7번째 추경안으로 추경 규모는 총 100조 원을 돌파한다. 국가채무는 2017년 660조 2000억 원에서 집권 마지막해인 2022년에 1070조 3000억으로 증가하게 된다. 미래 세대에게 부담을 더 이상 주면 안된다.

둘째, 초과 세수는 나라 빚을 갚아야 한다. 올해 4월까지 전년대비로 더 걷힌 세금이 32조 7000억 원에 달한다. 재난지원금을 전 국민에게 1인당 30만 원 씩 주면 약 15조 원, 소득 하위 80~90%까지 지급하면 10조 원 넘게 든다. 세수 여유분은 급증한 국가채무를 갚아야 하는 것이 정상적 국가 운영이다.

셋째, 경제 활성화다. 소상공인에게 지급된 기존의 재난지원금 규모로는 거리두기 및 집합금지로 매출이 줄어든 것을 만회할 수 없다. 지금까지 전 국민에게 지급된 금액으로는 코로나19 사태로 피해를 입은 자영업자를 살릴 수 없으며 그 정도 액수로는 내수 활성화도 되지 않는다.

넷째, 신용카드 캐쉬백의 실효성이다. 백신 접종 속도가 붙으면서 하반기 내수 회복은 빨라질 전망이다. 굳이 신용카드 캐시백 같은 정책으로 새로운 소비효과를 감소시킬 필요는 없다. 저신용·저소득자는 신용카드 발급도 어렵고 소비 여력도 없다. 캐시백은 직접적으로 창출할 효과는 매우 적다.

다섯째, 소비 진작 효과를 보여주기 통계 수치 만을 위한 기만정책이다. 재난에 직접 피해도 없고 재난 와중에도 오히려 소득 증가가 있었던 부유층인 고소득층이나 일부 중산층만을 위한 소비 잔치로 그들에게만 혜택을 주는 것이다. 재난지원금 본래 취지와는 전혀 맞지 않는, 국민을 기만하는 얄팍한 탁상공론이며 관료들의 전형적인 보여주기식 구태의연한 정책이다.

마지막으로, 인플레이션 우려이다. 그동안 재정 확대로 인플레이션 우려가 커지면서 금리 인상과 출구 전략을 논하고 있는 시점에서 고소득층의 소비를 독력하는 정책을 내 놓는 것은 효율적이지 않다. 시장에 떠도는 여윳돈이 부동산에서 주식으로 가상화폐로 주식으로 이동하고 있다. 부동산으로 몰린다면 어떻게 할 것인가. 이제는 인플레이션과 재정 억제 정책이 필요할 때다. 재난지원금 해법은 '한국 EIP' 지급이다. (경기매일 2021. 06. 22.)

대선 뒤흔들 '한국판 EIP' 지급

기재부는 2차 추가 경정 예산안 편성에 대해 "추경관련 대상 사업들을 꼼꼼히 검토하면서 채무상환도 일부 반영하는 것을 검토할 것"이라고 밝혔다. 올해 초과 세수 규모를 30조 원으로 가정해도 중앙정부가 쓸 수 있는 재원은 18조 원 정도다. 하지만 여당은 전 국민 재난지원금 지급 등을 위해 2차 추경 편성 규모를 가능한 늘리려 하고 있다. 그 규모와 지급 대상 등을 둘러싼 당정 간 '삿바 싸움'은 불가피할 전망이다. 긴급재난지원금은 국가 또는 지방자치단체가 코로나19에 따른 국민의 생계 안정과 소비 촉진 등을 위해 지원하는 금액이다. 정부는 지난해 3월 30일 코로나19로 인한 경기 침체를 해소하기 위해 지급하기로 결정했다. 지금까지 정부가 4차례 지급된 규모는 50조 9000억 원이다. 5차를 15조 원이라고 하면 총 65조 9000억 원이 된다. 긴급재난지원금 지급이 코로나19로 경제적 어려움을 겪은 가구에서 한계소비성향이 높게 관찰되어 직접적인 피해를 입은 가구의 소비지출을 증가시키는 방향으로 도움을 주었다는 분석이다. 내수 불황으로 700만 명 자영업자는 파산 일보 직전이다. 서울지역 상가 10곳 가운데 4곳은 임차인을 못 찾아 비어 있는 것으로 드러났다. 명동의 공실률은 38.3%를 기록했다. 소상공인은 코로나19 장기화로 인한 불황의 직격탄을 맞고 있다. 지금은 코로라19

로 인한 경제 전시 상황이다. 내수가 활성화되어야 경제를 살릴 수 있다. '한국판 EIP' 지급을 해야만 하는 이유다. 미국에서는 재난지원금을 공식적으로 'EIP'. 일본은 '特別定額給付金', 한국은 '긴급재난지원금'이라 부른다. 재난 및 안전관리기본법 제3조(정의) 제1호에서 재난(災難, Disaster)이라 함은 국민의 생명·신체 및 재산과 국가에 피해를 주거나 줄 수 있는 것으로 자연·인적·민방위 사태를 말한다. 정부는 코로나19 같은 감염병은 사회재난이라는 입장이라고 하면서도 충분한 보상 및 지원을 하지 못하고 있는 게 현실이다.

재난지원금을 '한국판 EIP'로 명칭을 바꿔야 한다. 재난 지원에서 경제 활성화로 개념을 전환해야 한다. 대다수 국민들은 경제 활성화 지원금을 원하지만 국가채무가 늘어나는 것에 대해 걱정이 앞선다. 왜냐하면 재원 마련은 결국 증세로 이어지고 미래 세대에게 나라 빚을 떠넘기면 안 된다는 것을 알고 있어서다. 지난 4년간 나랏빚은 410조 원이 늘었다. 대선은 9개월 남짓 남았지만 대한민국은 영원해야 하기 때문이다.

국가 채무를 늘리지 않고 기존의 재원만으로 경제 활성화를 시킬수 있는 묘안이 있다. 해법은 '한국판 EIP'이다. 2022년 대선의 시대정신은 더불어 '먹고사니즘' 민생이 될 것이다.

민생을 살리는 정책 경쟁은 이미 불붙었다. 국민께 '경제를 살리겠습니다'라는 믿음을 주는 진영이 정권 교체든 재창출이든 할 수있다.

'한국판 EIP'는 현재 상황에서 경제를 살릴 수 있는 유일한 해법이다. 경제가 살아난다면 대선 판도는 어떻게 될까. 국민의 선택은 경제일까, 공정일까. 아니면 둘 다일까.　　　　(경기매일 2021. 06. 16.)

재난지원금 논쟁의 해법은 '보편 복지'

보편복지·선별복지 누가 맞을까. 보편복지가 맞다. 지난 10년 간 복지 논쟁이 벌어질 때마다 지켜진 선거 승리 절대 법칙이 있다. 보편복지가 타당한 이유는 이렇다.

첫째, 국민 심리(心理)다. 세금을 내는 국민은 누구나 복지 혜택을 받고 싶어 한다. 납세자 입장에서 볼 때 재난지원금은 내가 낸 세금을 가지고 정부가 생색낸다고 생각한다. 소득에 관계없이 주는 혜택을 거절하는 납세자는 극소수다. 1차 재난지원금 14조 3000억 원 중 기부액은 2803억 5000만 원(73만 7000건)으로 2%에 그친 것을 보면 알 수 있다. 애초 정부는 고소득자·사회지도층·공무원 등의 기부를 유도해 최소 1조 원 모금을 자신했지만 의외의 결과가 나왔다. 외환위기 시절 금 모으기 등 캠페인과는 상황이 본질적으로 다름을 간과했기 때문이다.

둘째, 보편복지는 필승이고 선별복지는 필패다. 유권자 4400만 명 중 누구도 자기를 뺀 다른 사람에게만 혜택을 주는 것을 즐거워할 사람은 없다. 600조 원에 육박하는 예산 집행에서 배제되면 마음이 쓰린 것은 인지상정이다. 민심 저변에는 나보다 재산도 많고 장사도 잘 되는데 받고, 나는 못 받는 것에 대한 불만이 많다. 오히려 재난지원금을 못 받아서 생기는 불만이 꽤 있다는 것을 알아야 한다. 선별복지는 반대 유권자만 늘리는 것이다.

셋째, 모든 국민에게 적은 돈이라도 지급하면 필승이고 소수에게 큰돈을 주면 필패(必敗)다. 다수에게 적은 돈이라도 주면 승리하고 소수에게 큰돈을 주면 패배한다는 뜻이다. 월 몇 만 원이라도 내게 주는 정치인을 좋아하고 수천만 원이나 수억 원이라도 남에게 주는 정치인은 선호하지 않는다. 어려운 사람에게 두텁게 혜택을 주자는 논리는 받는 사람은 좋아하겠지만 받지 못한 다수는 박수치고 응원하지 않는 것이 인간의 기본 심리이기 때문이다.

넷째, 보편복지를 포퓰리즘이라고 비난하면 필패다. 2011년 무상급식 사태 이후 지난 10년 간 선거를 분석해보면 알 수 있다. 어떠한 명분과 이유를 막론하고 전 국민에게 혜택을 주는 보편복지를 포퓰리즘이라 비난하고 선거에서 승리한 정치인은 없다는 것을 의미한다. 대선주자들은 지지도를 올리려면 보편복지를 주장해야 한다. 포퓰리즘이라고 비판하면 지지율은 정체되거나 떨어진다. 내게 혜택이 없는 선별복지 정책은 국민들의 선호도가 낮기 때문이다.

다섯째, 지역화폐를 지급하면 승리한다. 지역 경제를 활성화시키려면 현금보다는 지역화폐를 지급하는 것이 효율적이다. 700만명 자영업자들은 현금을 지급하면 안 쓰거나 다른 지역에서 쓰게되기에 자기 가게의 매출 증대에 도움이 되지 않는다고 생각하기 때문이다. 자영업자와 소상공인은 현금지급보다 지역화폐를 더 선호하는 것으로 나타났다. 지역화폐 운영의 문제점을 개선해 지역

경제 활성화에 마중물 역할을 해야 한다.

여섯째, 소득 상위 30% 가구도 받기를 원한다. 통계청 발표(2020년 4/4분기)에 의하면 가구당 월 1000만 원 넘는 건 5분위 중 상위 20% 뿐이다. 국민소득이 1인당 3만 달러라면 3인 가구 평균 혹은 중위 소득은 월 1000만 원이 되어야 한다. 하지만 3분위 소득 3인 가구는 월평균 460만 원으로 현실은 1인당 1만 5천 달러로 반 토막인 상황이다. 3분위 소득 3인 가구 가처분 소득이 380만 원에 불과한 어려운 상황이 우리의 현실이다.

일곱째, 수도권에 살아도 대부분 경제난에 허덕인다. 수도권에 거주하는 유권자는 의료보험체계에서 전국과 비교해 상위 30%에 대부분 해당된다. 지방보다 소득이 높을 수 있지만 생활비나 물가를 비교해보면 삶의 수준은 낮은 게 현실이다. 가구당 소득이 높아도 대학생이나 노인은 자기 통장에 입금되는 돈이 필요하다. 1인 가구 증가로 수도권에 사는 많은 유권자들은 설사 가족이 수입이 많아도 자신과는 별개라고 생각한다. 재난지원금 지원 대상 선정은 의료보험료로 결정한다. 그런데 그 통계는 2년 전 소득으로 계산된다는 데 문제가 있다. 지금 당장 어려운데 지난 소득으로 결정하니 받지를 못하기 때문에 불만이 발생한다.

여덟째, 받고 싶은 것은 유권자의 본심이다. 일부 정치인은 고소득자와 부유층에 혜택을 주기보다는 피해를 입은 저소득층에게 두텁게 지원하자는 선별복지를 주장한다. 하지만 그러한 논리를 펴기에 앞서 민생과 유권자의 본심을 살펴보면 왜 보편복지가 맞는지 알 수 있다. 누구나 자신이 혜택을 받고 싶은 것은 인간의 본성이다. 선거의 본질은 유권자의 심리를 잡는 게임이다. 유권자의 속내를 모르고서는 선거에서 이길 수 없다.

마지막으로, 'K-EIP' 도입을 강력히 제안한다. 'K-EIP'는 재원 부담이 없고 경제 활성화를 시켜 코로나19 불황에서 벗어날 수 있다. 정부가 5차 재난지원금으로 책정한 금액은 15조 원이 넘지만 25만 원을 한 번만 지급할 수 있다. 하지만 'K-EIP' 시스템은 동일한 재정으로 월 30만 원을 유권자 4400만 명에게 6개월간 지급할 수 있다. 블록체인 기술 활용과 디지털 화폐 시대이기에 가능하다.

4400만 명 개개인이 180만 원을 6개월간 지속적으로 사용한다면 내수는 살아 날 것이다. 25만 원을 선별지급으로 한 번만 지급할 것인지 30만 원을 6개월 간 보편적 지급해 경제를 살린 것인지 삼척동자(三尺童子)도 어느 것이 좋은지 알 수 있다. 'K-EIP' 정책을 도입하면 대박이다. 이제부터는 'K-EIP' 정책의 시간이다.

(경기매일 2021. 06. 28.)

자영업자 살리는 'K-EIP' 지급

코로나19 4차 대유행의 불길이 거센 것은 K-방역의 참담한 실패를 의미한다. 정부는 지난 7월 12일부터 야간 3인 이상 사적 모임 금지 등의 내용을 담은 새로운 거리두기 4단계를 2주간 시행한다고 밝혔다. 지금까지 가장 강력한 거리두기 조치이며 야간 모임을 불가능하게 만드는 사실상의 'AI 시대 야간 통행금지'이다. 사적모임

인원·다중이용시설 인원 제한 기준 완화로 잔뜩 기대하고 있던 자영업자는 망연자실한 상황이다.

정부의 방역 정책 실패로 상가는 텅텅 비었고 폐업 점포는 한 집 걸러 수두룩하다. 벼랑 끝에 몰린 자영업자와 소상공인은 더 이상 버틸 여력이 없다. 국회에서 논의 중인 33조 원의 2차 추경 집행에 대해 정치권은 각각 다른 목소리를 내고 있는 실정이다. 보편지급이냐 선별지급이냐 자영업자의 손실보상이냐에 대해 논쟁만 벌이고 있다.

현장 상인들은 "30만 원의 위로금은 필요 없으니 그 돈으로 백신을 구입해 빨리 접종해 집단면역을 형성해 달라고" 절규하고 있다. 코로나19 종식의 유일한 길은 백신 접종인데 정치권은 엉뚱한 처방을 내놓고 있다고 한탄하고 있다.

진정 자영업자와 소상공인을 살리려면 독일이나 일본같이 80% 이상 손실보상을 해주면 된다. 하지만 정부의 재정상태로는 도저히 불가능한 일이다. 그러면 한정된 재원으로 내수를 살릴 수 있는 최적의 방안을 모색해야 하는 것은 당연한 일이다.

당·정의 주장대로 1인당 재난지원금 25만 원 총 14조 원을 푼다고 과연 내수가 활성화되어 자영업자를 살릴 수 있을까. 자영업자와 소상공인에게 한 달 치 월세도 안 되는 몇 백 만 원을 준다고 얼마나 버틸 수 있을까. 진단이 잘못되니 처방이 엉뚱하다. 언 발에 오줌 누기와 다를 바 없다.

코로나 발생 후 1년 6개월 동안 버텨온 자영업자를 살리려면 코로나19 이전 상황으로 돌리는 것이 최선이다. 하지만 현재로서는 불가능하다. 아니면 시장에 300조 원 이상 돈을 풀어야 그나마 내수가 활성화 된다. 문제는 인플레로 인한 부동산 폭등과 재원 마련을 할 수 없다는 것이다.

그렇다면 내수를 활성화시켜 자영업자와 소상공인을 살리는 묘안은 없을까. 해법으로 'K-EIP' 지급을 제안한다.

(경기매일 2021. 07. 13.)

사회 양극화 문제를 해결하는 'K-행복소득'

'K-행복소득'

'K-행복소득'이란 무엇인가? 첫째, 개념이다. 기본소득의 대안이다. 전 국민에게 기초적인 생활비를 디지털 화폐로 선 지급하여 소비 지출하게 하고, 시장에서 거래되는 금액에 대해 세금을 부과하여 지출된 자금을 다시 환수하는 'New 복지'다. 둘째, 목적이다. 코로나19 경제위기 사태에 전 국민에게 일정한 금액을 매달 지급함으로서 최소한의 경제적 활동을 보장하는 'AI 시대 대한민국의 New 복지' 실현이다. 셋째, 시스템의 주요 내용이다. 디지털 화폐 시대에 AI와 블록체인 기술을 활용해, 전 국민에게 일정한 기간 동안 매월 지급하는 것이 'K-행복소득'이다. 넷째, 작동 방식이다. 작동 방식은 안심소득, 마이너스 소득 그리고 기본소득 등 기존의 현금복지 제안은 먼저 1년 동안 재원을 마련해서 마련된 재원의 범위 내에서 다음해 1년 동안 12개월로 나누어 지출하자는 것이다. 하지만 'K-행복소득' 완전 역발상으로 먼저 전 국민에게 1년 동안 12개월로 나누어 디지털 화폐로 돈을 지급해 거래의 시장규모를 키우는 것이다. 거래 확대로 경제는 활성화된다. 확장된 시장에 과세를 하면 재원이 만들어진다는 방식이다.

다섯째, 환수 시스템이다. 맨큐(Gregory Mankiw) 하버드 대학교 교수가 주장한 "일정 액수를 지급하고 소득세를 부과한다"는 논리에 근거해 AI와 블록체인 기술을 활용해 '자동 환수 알고리즘'을 완성해 놓았다.

여섯째, 이론적 기반은 '화폐 수요이론'이다. 예일대 교수 어빙 피셔(Irving Fisher)의 교환방정식 소득모형(MV=PT)은 종이 돈 시대의 화폐 수량설(Quantity Theory of Money)이다. M은 통화량, V는 화폐 유통 속도, P는 물가, T는 거래 총량이다. 지폐시대는 V를 조절할 수 없어서 사람들의 관행이나 습관에 맡길 수밖에 없었다.

하지만 AI 시대는 화폐 유통 속도 V를 조절할 수 있다. 블록체인 기술을 이용해 'K-Coin'을 발행하면 가능하다. 'K-Coin'이 시장에서 5번 돌면 소득이 5배 증가하고 경제를 5배 활성화 시킬 수 있다. 사전에 재원 마련 없이 전 국민에게 기본소득 50만 원을 지급해 경제를 활성화 시킬 수 있다.

결론적으로 증세 없이 복지가 가능한 시스템을 구축할 수 있다. 정부가 재원을 'K-Coin'을 통해 지출하고 나중에 시스템을 통해 그 돈을 환수할 수 있다는 역발상이다. 코로나19 경제위기를 돌파할 유일한 해결책이다.

그렇다면 화폐 수요 이론이란 무엇인가.

화폐수요란 사람들이 어떤 한 시점에서 수중에 보유하려는 화폐의 총량을 화폐에 대한 수요를 말한다. 화폐수요는 일정 시점에서 측정하는 저량(貯量)의 개념이다. 화폐는 통화로서 수익성이 없는 금융자산이다.

화폐의 거래 유통속도는 일정기간 동안에 일어난 모든 생산물 거래에서 화폐의 각 단위가 평균적으로 몇 번씩 사용되었는가 하는 회전(turnover) 수를 말한다. 유동성은 어떤 자산이 그 가치의 손실없이 얼마나 빨리 교환의 매개수단으로 바뀔 수 있는가 하는 정도를 말한다.

고전학파인 피셔(I. Fisher)의 거래수량설[1](또는 교환방정식)은 $M \cdot V = P \cdot T$다(M 통화량, V 화폐의 거래 유통속도, P 일반 물가수준, T 거래량 의미한다). 가령, 좌변의 통화량이 증가하고, 유통속도가 불변이라면 우변의 물가수준이나 거래량이 증가하여야 하는 것이다. 거래량 대신 최종 생산량의 크기를 의미하는 실질 총생산량 y를 고려하여 소득기준으로 표현하면 $M \cdot V = P \cdot y$다. 여기서 y는 실질 총생산량이다.

화폐의 유통속도는 사회적 관습에 따라, 실질 총생산량은 완전고용 수준에서 일정하게 주어진다고 가정한다. 통화량이 증가하면 똑같은 비율로 물가수준이 상승한다.

거래 수량설은 단기에서 통화량과 물가수준 사이에 비례적인 관계가 있음을 주장하는 물가 결정 이론이다.

고전학파는 통화량의 증가가 물가 상승을 유발시킬 뿐, 실물 부분인 생산물 시장에서 산출량 증가에 기여하는 것이 전혀 없다고 한다. 이를 화폐의 중립성(화폐의 베일관)이라 한다.

화폐는 실물경제를 반영하는 그림자(Veil)이다. 이런 관점에서 화폐는 단순한 재화의 교환 수단으로 실물의 움직임을 명목적으로 나타내줄 뿐이기에, 실질적으로 아무런 영향을 미치지 못하고 단지 물가 수준에만 영향을 끼친다고 고전학파 경제학자들은 주장했다. 이런 개념을 화폐의 베일관 또는 고전학파 이분법이라고 한다. 이는 실물경제에 대해서 화폐의 중립적 성질을 지적한 것이다. 그리고 거래 수량설에 기초한 화폐 시장과 세이의 법칙(Say's Law)을 따르는 생산물 시장은 전혀 별개의 시장으로 여긴다. 이를 고전학파의 이분법이라 한다.

화폐수요의 결정의 수식은 $M \cdot V = P \cdot y$다. $M = (1/V) \cdot P \cdot y$를 얻을 수 있다. 화폐수요는 명목소득의 일정비율$(1/V)$로 결정된다. 거래수량설에서의 화폐의 기능은 오직 거래의 편의를 위한 교환의 매개 수단 기능으로 유량 개념 화폐다.

화폐와 인플레이션(EC 방정식, 프리드만) $M \cdot V = P \cdot y$ 양변에 log 취하고 미분하면 $M + V = P + y$이므로 $\triangle M/M$(통화량변화율)$+\triangle V/V$(유통속도변화율)$=\triangle P/P$(물가상승률)$+\triangle y/y$(경제성장율) 식이 성립한다. 피셔의 주장대로 화폐의 유통속도가 일정하다고 가정하면 화폐의 유통속도 변화율은 '0'이다. 따라서$\triangle M/M = \triangle P/P + \triangle y/y$가 성립된다.

고전학파인 마샬(A. Marshall)의 현금잔고수량설[2]은 사람들이 현금을 보유하는 이유는 화폐의 수취시기와 지불시기가 다르기 때문이다. 이에 사람들은 편리한 거래를 위해 자신의 명목소득의 일정비율(k)을 화폐로 보유한다. 이는 화폐의 가치 저장 수단으로서의 기능을 강조한 것이다. 현금잔고방정식(Cash Balance Equation)은 Md=kPy(마샬의 k=화폐보유비율)이다.

만일 화폐공급이 증가하면 실질화폐 잔고량을 일정하게 유지하려고, 화폐를 처분하기 시작하여 재화와 서비스에 대한 수요증가에 따라 물가가 상승하게 된다. 마샬의 k는 사회의 거래관습에 의해 결정된다. 따라서 전쟁이나 천재지변 등이 없는 한, 크게 변하지 않으므로 일정하다. M·V=P·y을 변형하면, M=(1/V)·P·y이고, 여기에서 M =Md라면, 결국 k=1/V 이므로, 마샬의 k는 현금수량설에서 거래 유통속도의 역수이다. 또 화폐 유통속도가 일정하므로, 마샬의 k 도 일정하므로 자산으로서의 화폐에 대한 수요를 인정한 것이다.

케인스의 유동성 선호설(theory of liquidity preference)[3]은 화폐를 거래 수단으로만 생각한 것이 아니라 가치 수단으로 생각했다. 가령, 화폐(통화)와 채권을 비교하면, 채권이 화폐보다 수익성이라는 측면에서는 더 큰 가치가 있을지언정 즉각적인 거래 수단으로서는 부적절하다. 다시 말해서 가치의 손실 없이 교환가치를 가질 때, 화폐(통화)가 가장 크다고 할 수 있으며, 케인스는 이를 자산의 유동성이 높다고 보았다. 이러한 뜻에서 케인스는 유동성을 화폐 자체로 보아 통화수요를 유동성 선호라고 표현했다.

유동성 선호의 동기는 이렇다. 거래적 동기에 의한 화폐수요는 화폐의 수취와 지불 간의 시차를 메우기 위한 화폐보유로서 소득의 일정 비율로 M(거래)=K, Y 결정된다.

예비적 동기에 의한 화폐수요는 예상하지 못한 지출에 대비한 화폐보유로서 소득에 따라 결정되는데 M거래에 포함된다. 이는 거래적 동기에 의한 화폐수요와 함께 활성잔고(Active Balance)라고 한다.

이자율과 채권가격 영향으로 투기적 동기에 의한 화폐수요는 향후 이자율이 상승하리라고 예상되는 경우 채권 대신 화폐를 보유하는 것을 말한다. 채권을 구입하기 이전에 일시적으로 보유하는 가치 저장 수단으로서의 화폐, 즉 채권과 대체관계에 있는 화폐보유이며 이는 이자율과 역의 관계를 갖게 된다.

$M(투기)=l(r)$ 같은 화폐수요를 유휴잔고(Idle Balance)라 한다. 여기서 화폐수요가 이자율의 감소함수인 것은 유통속도가 이자율의 증가함수라고 하는 것과 같다. 예를 들어 이자율이 상승하면 화폐수요가 감소하는데, 이는 이전보다 더 적은 화폐로도 같은 규모의 재화와 서비스 거래가 가능하다는 것이므로 유통속도가 증가함을 의미한다.

유동성 선호설에 입각한 화폐 수요는 거래적·예비적 및 투기적 동기에 의한 화폐수요의 합계이다. 이를 표현하면, $Md=k \cdot M+l(r)$이다. $Md=k \cdot M-l(r)$ 여기서 (-)는 방향성을 뜻한다. 결국 $Md=L(Y, r)$ r이자율, Y실질소득이다. 광의의 화폐시장 균형 조건은 $Md+Bd=Ms+Bs$다. 여기서 Md 통화수요, Bd 채권수요, Ms 통화공급, Bs 채권공급이다. $Md-Ms=Bs-Bd$가 된다.

왈라스 법칙(Walras' Law)에 이해 화폐시장이 '0'이면 균형을 위해 채권시장도 '0'이 된다. 만약 화폐시장이 '0'보다 크면, 화폐시장에서 초과수요가 발생할 것이고 이는 이자율 상승을 가져온다. 이 경우,

당연히 채권시장도 '0'보다 커지게 되고 이는 채권시장의 초과공급을 초래하여 채권가격의 하락을 가져올 것이다.

정리하면, Md=L(Y, r)에서 화폐수요는 소득의 증가함수이자 이자율의 감소함수이다.

화폐수요는 소득과 이자율에 영향을 받는데, 불안정한 이자율에 더 큰 영향을 받기 때문에 화폐수요도 상당히 불안정한 것으로 보인다.

유동성 함정(Liquidity Trap)은 채권가격이 더 이상 오르지 않고 앞으로 하락하리라고 예상하는 경우, 즉 이자율이 최저수준이라고 예상되는 경우 사람들이 채권을 모두 팔고 화폐로 보유하게되어 투기적 동기에 의한 화폐수요 l(r)이 r에 대해 무한 탄력적으로 되는 부분을 의미한다.

소득의 변화 요인은 화폐수요곡선의 변화를 불러온다. 소득이 증가 또는 감소하면 거래적 화폐수요가 증가 혹은 감소하게 되므로 화폐수요 곡선은 오른쪽과 왼쪽으로 이동하게 된다. 이자율이 변동하면 화폐수요곡선 자체의 이동이 발생하지 않고 곡선을 따라 곡선상의 이동만 일어난다.

유동성 선호설의 특징은 일반적으로 거래적 동기의 화폐수요는 소득에 영향을 받기 때문에 안정적이나, 이자율에 의해 좌우되는 경제주체의 심리에 영향을 받는 투기적 동기의 화폐수요는 불안정적하다. 전체 화폐수요는 불안정한 투기적인 화폐수요에 주로 영향을 받기 때문에 이자율의 변화에 따라 화폐수요는 크게 변하게 된다. 즉 화폐수요의 이자율 탄력도가 매우 커져 LM 곡선의 기울기가 완만하게 그려진다.

   프리드만(M. Friedman)의 신 화폐수량설[4]은 고전학파의 화폐수량
설(현금잔고수량설)과 케인즈의 유동성선호설을 종합한 이론으로 전
제는 다음과 같다. 최근 다양한 금융자산이 개발되고 거래관습이
급속히 변화함에 따라 화폐의 유통속도는 매우 불안정한 양상을 보
인다. 화폐유통속도가 일정하지는 않지만 변화 정도가 작기 때문에
k값은 안정적이다. 또한 임시소득을 제외한 예측 가능한 항상 소득
을 기준으로 하므로 화폐수요도 예측이 가능하다.
   화폐수요 함수에서 채권과 주식의 예상수익률과 예상물가상승률
이 낮을수록 그리고 화폐예상수익률이 높을수록 k가 커져서 실질화
폐수요는 증가한다. 화폐가 단순히 교환의 매개 수단으로서만이 아
니라, 자산의 한 형태로서 수요된다고 본다. 즉 화폐수요도 다른 대
체자산의 수익률, 부의 규모, 자산보유자의 취향 등과 같이 일반적
으로 자산의 수요를 결정하는 변수들에 의해 결정된다고 본다.
   장점은 'K-EIP'에서 언급한 부분과 같다. 'K-행복소득' 조직 구
성이다. 첫째, 'K-행복소득'(가칭) 추진단 신설이다. 정부 측 단장은
장관이 맡고 부단장, 총괄 관리자, 모바일·금융·세무·홍보·정무팀장

(각주)[1] [2] [3] [4](출처 : *Macroeconomics 6th edition by N. Gregory Mankiw*. 경제학 세상이야
   기 Daum Blog syeconomics15112646 제40장 화폐수요이론)

등으로 소수 정예 15인 이내로 구성하면 된다. 둘째, 업무다. 총괄
관리자는 전체 업무를 관장한다. 금융팀장은 가상계좌를 개설한다.
모바일 책임자는 모바일 결제 방식과 연계한다. 조세팀장은 세금
정산 방법을 확정한다. 홍보팀장은 대국민 홍보와 사용방법을 설명
한다. 정무팀장은 당·정·청과 긴밀히 협력한다. 셋째, 추진 일정이
다. 조직구성과 마스터플랜(1주), 금융기관 및 모바일 업체 업무협
약(1주), 대국민 홍보(1주), 집행(6개월)이다. 운영기간은 시스템 구축
2주와 추진 6개월이다. 대선전까지 한시적 운영이다. 넷째, 지급방
식이다. 19세 이상 4441만 명에게 6개월 간 50만 원씩 디지털 코인
으로 지급한다. 기간은 올해 9월부터 내년 2월까지다.

　다섯째, 재원이다. 예산은 133조 2300억 원이 필요하지만 'K-행
복소득 시스템'을 활용하면 기본적으로 80% 회수가 가능하기에 26
조 7400억 원의 재원만 있으면 된다. 알고리즘의 조건에 따라 100%
회수도 가능하다. 'K-행복소득'은 대선 복지 논쟁의 게임 체인저이
며 사회 양극화, 최저임금, 기본 일자리 문제도 해결 가능하다. 새
로운 새 시대에 과잉복지 해법으로 적격이다. 포스트 코로나 시대
를 대비하고 750만 명의 자영업자·소상공인을 단기간에 살리려면
재정문제를 해결한 'K-행복소득'을 도입해서 실시해야 한다.

대선 게임 체인저 'K-행복소득'

　대선이 9개월 남짓 남았다. 역대 대선을 분석해보면 어김없이 연

합·연대, 쇄신경쟁, 중도(中道) 선점(先占), 시대정신을 선점한 진영이 승리했다. 포스트 코로나 시대 치러지는 내년 대선은 어떨까. 기존 대선 승리의 법칙보다는 민생을 살리는 경제정책과 양극화를 해결하기 위한 복지정책 대결이 될 것으로 전망된다. 정치권에 소득 공방 바람이 불고 있다. 유력 대권 주자들의 소득 논쟁은 환영할 만한 정책 경쟁이다. 대선 전초전에서의 정책 대결이라 논쟁이 바람직하다. 지금껏 보여준 정치권의 공방은 대부분 당리당략에 따른 정쟁만 보여 줬다. 정쟁뿐인 정치로 인해 국민은 짜증이 났고 정치 혐오를 불러왔다. 누구의 소득공방이 더 맞느냐, 더 타당하냐, 더 옳으냐를 논하기는 의미가 없다. 현재 논쟁 중인 유력 정치인의 모든 소득관련 정책은 재원 확보라는 큰 숙제를 안고 있는데 해법이 보이지 않는다. 한마디로 가짜 복지 정책이다. 국민들 듣기 좋아하는 돈 풀기 공약만 쏟아내지 재원 대책은 엉성하기 짝이 없다. 증세 없는 복지는 허구이기 때문이다.

AI 한국경영을 하겠다는 대권주자들의 담론은 기껏 소득 논쟁에 갇혀 있다. 나는 연간 50만 원, 너는 연 간 100만 원 여야를 가리지 않는다. 돈을 주겠다는 포퓰리즘 정책으로 더 이상 국민을 우롱하지 말아야 한다. 현 정부가 출범한 2017년 나라 빚은 660조 원이었다. 기재부의 국가재정운용 계획을 보면 내년 예산을 598조 원으로 가정하더라도 나라 빚은 1070조 원까지 늘어난다. 4년 만에 410조 원이 늘어나는 것이다. 문제의 본질은 돈이다. 어떻게 빚을 줄여하는지 논의는 사라져 안타깝기 그지없다. 미래세대에 부담을 떠넘기는 무책임한 짓은 멈춰야 한다. 가뜩이나 일자리가 없어 힘든 청년

세대의 어깨가 빚으로 으스러질 것이다.

정책 대결의 최종적인 목표는 대한민국 미래를 위해 더 나은 정책을 도출하는 데 있다. 자기 사람만 가지고 좋은 정책을 내놓기에는 한계가 있다. 그다지 스마트하지도 않고 전문성도 부족하며 현장도 모르는데 무슨 창의적인 정책이 나올 수 있을까. 그동안 설익은 정책 발표로 인해 국민이 얼마나 피해를 입었는지 되돌아봐야 한다. 내가 내놓은 정책은 옳고, 남의 정책은 틀렸다는 단세포적 생각은 멈춰야 한다. 정책 입안 능력이 안 되면 좋은 정책을 도입하면 된다. 우리가 백신을 못 만드니 도입하는 것과 같다. AI 시대는 복지 논쟁에서 벗어나야 한다. 정치적 논리가 아니라 경제 활성화를 위한 현실적인 복지 정책으로 'K-행복소득'을 제안한다. 'K-행복소득 시스템'은 A와 블록체인 기술을 활용해 우선 코로나19 경제 위기를 돌파하기 위해 전 국민에게 6개월 간 행복소득을 지급하자는 것이다. 거래를 활성화시키고, 커진 경제 규모를 통해 만들어진 소득에 대해 2~3년에 걸쳐 환수해 재정 부담 없이 기본복지를 시행할 수 있는 기존에 없던 빙식이다. 첫째, 국가부채가 늘지 않아 적자 국채를 발행하지 않아도 된다. 먼저 지급하고 나중에 과세하는 역발상으로 재원 확보가 필요 없다. 고소득자는 다양한 방법으로 과세로 환수하기 때문에 재정 낭비적인 측면을 최소화시킨다. 투자승수 효과가 크고 민간 소비 구축효과가 작다. 둘째, 경제를 활성화 시킬 수 있다. 유효수요 부족 시대는 정부가 돈을 돌게 해야 경제가 선순환할 수 있다. 블록체인 기술을 활용해 현금이 아닌 디지털 화폐로 지급하면 시간·공간을 특정해 돈의 흐름을 정책 의도

대로 유도할 수 있다. 어빙 피셔(Irving Fisher) 예일대 교수의 소득모형(MV=PT) 중 AI 시대는 화폐 유통 속도 V를 조절해 경제 활성화가 가능하다. 셋째, 700만 명 자영업자를 살릴 수 있다. 코로나19의 가장 큰 피해자는 자영업자다. 7일 한국은행의 보고서에 따르면 고용원이 있는 자영업자와 대면 서비스 업종의 자영업자가 특히 큰 타격을 입은 것으로 나타났다. 고용원 수가 많을수록 고정비용이 크고 펜데믹에 따른 경기 침체에 취약하다는 게 한은의 설명이다. 소상공인과 자영업자는 빚에 눌려 힘든 시간을 보내고 있다. 이럴 때 신속한 매출을 올릴 수 있도록 행복소득을 지급해야 한다. 넷째, 바로 지급이 가능하다. 소수 정예 조직이 갖춰지면 2달 이내에 국민 1인당 매달 30만 원씩 6개월 지급이 가능하다. 왜냐하면 재원을 환수할 수 있기 때문이다. 코로나19 경제 재난 위기 상황에서는 개개인의 직면한 경제난을 해결하는 것이 급선무이기에 선 지급 후 과세는 문제가 되지 않는다. 마지막으로, 복지와 경제성장, 일자리 창출의 두 마리 토끼를 잡을 수 있다. 행복소득은 경제 규모를 최소 3배 이상 확대시켜 경제적 효율성이 개선된다. 이러한 소득 증가는 일자리 창출로 연결된다. 그러면서도 분배와 복지, 사회보장 등 경제적 형평성에도 기여한다. 여든 야든 'K-행복소득'을 선점하면 대선 승리의 유리한 고지를 선점할 수 있다. 정부가 도입한다면 코로나19 경제 위기를 극복한 성공한 정부로 남을 수 있다. 정치권은 이제 재원 마련 해법도 내놓지 못하는 소모성 복지 정쟁은 그만두고 AI 시대 경제 성장과 미래 먹거리 확보, 일자리 창출을 가지고 정책 경쟁을 해야 한다. 그것이 국민이 원하는 정치이며 국민 눈높이에 맞는 것이다. 재원 마련 문제를 제대로 해결한 'K-행복소득' 담론 하나가 차기 대권지도를 바꿀 수 있다. 과연 어느 진영 어떤 후보가 헤게모니를 잡을 수 있을까. 대한민국 미래가 걸린 문제다.

(경기매일 2021. 06. 10.)

양극화 해법 'K-행복소득'

한국은 1998년 외환위기 이전까지 성장·고용·분배의 선순환이 이루어져 왔다. 하지만 그 이후 소득, 소비, 산업구조, 자금 조달, 지역 간 경제 활동, 가계지출 중 고정비용 부담, 정규직과 비정규직, 자영업자와 소상공인 등의 측면에서 양극화 현상 또는 차별화 심화 현상이 나타났다.

양극화를 유발시키는 것은 소득 불균형 심화, 내수 대 수출산업 간 성장률, ICT 산업과 전통 산업 간의 경쟁력, 대면과 비대면 사업의 매출, 신용 등급 격차에 따른 자금 조달 능력이 요인으로 작용했다. 원인은 구조조정과 개방의 확대, 경기의 급격한 변동, 금융시장의 불확실성 증대로 근로자와 자산 소득자 간의 격차가 심화되고 있는데 기인한다. 문제점은 성장 잠재력 잠식, 사회 통합력 저하, 분야별 양극화 악순환 생성, 정책 부담의 증가 등이다.

지금까지의 일반적 해소 방안은 저소득층에 대한 지원 확대, 선진 금융구조의 조속한 정착, 인적 자본의 재생산을 위한 투자, 장기적인 산업 정책 청사진 제시 등 단편적 대책뿐이었다.

국민을 현재 불행하게 만드는 가장 큰 요인은 불평등과 양극화다. 코로나19로 인해 실물 경제 내에서도 양극화가 선명히 나타나고 있다. 대기업의 수출은 호조세나 내수 대면 산업은 더 침체되고 있다. 코로나19 사태가 진정될 때까지 획기적 지원책을 내놓지 않는다면 중소기업과 소상공인, 자영업자, 비정규직과 고용시장에서 소외된 저소득층은 파산 직전인 상황으로 몰리게 된다.

우리사회에 양극화가 심해지는 것은 구조적 한정적 경제적 파이에서 제로섬 게임을 하기 때문이다. 또한 정부 정책이 성장보다는 분배에 초점을 두어 발생했다고 본다. 과거에는 성장함으로써 남의 삶이 개선될 때 내 삶도 개선되니 별로 불만이 없었다. 그런데 저성장으로 일자리가 부족하고, 정치권은 성장이 아닌 분배에만 관심을 가진 게 본질적인 이유다. 정부정책은 임금인상이 가계소득 증가와 소비증가로 이어져 생산 증대로 일자리 창출의 선순환을 이룬다고 주장했지만 실상은 정반대 상황이 벌어져 양극화는 더욱 심화되고 있다. 심화되는 양극화 해법으로 'K-행복소득'을 제시해 본다.

첫째, 일자리·교육·의료의 삼각편대 문제 해결이다. 청년 세대는 일자리, 중년 세대는 교육 및 주거, 장년 세대는 의료 지원에 가장 큰 관심이 있다. 'K-행복소득'은 주거와 경제의 선순환을 위한 Changing Triangle로 해결할 수 있다.

둘째, 기본 생활비 보장이다. 수도권은 일자리, 교통, 주거 환경이 좋고 편의시설이 잘 갖춰져 있다. 그래서 수도권 인구 집중은 더욱 가속화된다. 인구가 몰리니 교통 혼잡, 부동산 폭등 등 다양한 문제가 발생한다. 1인 50만 원을 지급할 경우 4인 가족 200만 원의 소득이 보장되면 굳이 수도권에 거주하지 않아도 된다. 재원이 들지 않는 'K-행복소득'으로 이런 문제를 해결할 수 있다.

셋째, 삶의 만족도를 향상시킬 수 있다. 한국 사회는 삶의 만족도가 매우 낮다는 상황에 처해 있다. 의료 기술의 발달로 평균 수명은 계속 길어지고 있다 하지만 안정적인 삶이 보장되지 않아 삶의 만족도가 매우 낮다는 게 문제다. 그래서 자살률이 매우 높고 결혼과 출산에 대한 관심도가 떨어져 저출산 문제에 직면해 있다. 전 세계에서 미래에 가장 빨리 인구가 감소하는 국가가 한국이다. 이런 저출산 문제와 양극화를 해결할 수 있는 것이 'K-행복소득'이다.

넷째, 'K-행복소득' 지급이다. 포스트 코로나 시대 경제를 활성화시키기 위해 18세 이상 4400만 명에게 6개월 간 30만 원을 지급해면 거래를 활성화시켜 내수를 살릴 수 있다. 재정 부담 없이 기본 복지를 시행할 수 있다. 'K-행복소득 종이 화폐 시대의 경제학에서 전혀 생각 못했던 획기적 방식이다. AI와 블록체인 기술을 활용한 디지털 화폐로 지급한다.

마지막으로, 'K-행복소득' 모델 수출이다. 수출로 대한민국 위상을 드높이고 외화도 벌 수 있다.

AI 슈퍼 고용(Super Employment) 새 시대가 몰려오고 있다. 'K-행복소득'을 대한민국 복지 정책으로 도입하는 길만이 슈퍼 고용 시대를 대비하고 양극화를 해소하며 한국경제를 살릴 수 있는 유일한 해법이다.

(경기매일 2021. 06. 21.)

'K-행복소득'과 'K-행복 기본 일자리'

소득이 먼저일까 일자리가 먼저일까. 소득은 어디에서 발생할까. 일자리에서 나온다. 임금 인상이 먼저일까 일자리가 먼저일까. 당연히 일자리가 우선이다. 임금을 올리면 소득이 올라가지만 일자리는 줄어든다. 소주성 정책은 임금인상이 가계소득 증가와 소비 증가로 이어져 생산 증대로 일자리 창출의 선순환을 이룬다고 주장했지만 실상은 정반대 상황이 벌어져 일자리는 사라지고 양극화가 더욱 심화되는 부작용을 낳았다.

일자리와 소득은 고용 없는 성장 시대의 가장 현실적 고민이다. 어제 한국은행이 내놓은 '2019년 산업연관표'에 따르면 취업유발계수는 2018년 11.2에서 2019년 10.1로 떨어졌다. 이는 10억 원 투자했을 때 늘어나는 고용자수가 1.1명 줄었다는 의미로 일자리 창출 여력이 갈수록 더 떨어지고 있는 한국경제 고용 구조적 취약점을 다시 일깨워준다.

'K-행복 기본 일자리'는 코로나19 팬데믹으로 인해 서비스 대면 직종과 자영업자들이 수많은 일자리를 잃고 있기에 필요성이 더욱 부각되고 있다. 기후 변화와 포스트 코로나 시대 환경 변화에 대응하고 청년 일자리 문제를 해결하기 위해 기본 일자리 시스템을 정착시켜야 한다.

'K-행복 기본 일자리'는 일자리에 대한 권리를 법적으로 보장하는 정책이다. 일자리가 보장될 수 있도록 경제·사회·산업 전반의 환경조성이 필요하다. 기본 일자리 상시화로 생산이 확대되고 내수가 활성화 되면 경제성장으로 연계되어 최종적으로 미래 국가 경쟁력이 향상된다.

기본 일자리는 일할 의사와 능력이 있는 모든 사람들에게 일자리를 제공하는 것이다. 무한 탄력적인 기본 일자리를 제공함으로서 청년 일자리 보장제(Youth Guarantee)와 물가안정, 경제 활성화를 동시에 달성할 수 있는 'K-행복 기본 일자리'를 제시한다.

첫째, Goal은 'Jobs Korea'다. Vision은 '일자리 넘치는 대한민국'이다. 정책 방향은 신기술 미래 산업에 선택과 집중이다. 창의적인 아이디어와 발상의 전환, 빠른 실행력이 핵심이다. AI와 빅데이터를 활용해 과학적으로 성과를 내는 조직으로 구성한다.

둘째, 융합정책(Convergency Policy)이다. 현재는 고용 정책이 각 부처별로 따로 추진되고 있는 상황이다. 노동시간 단축, 최저임금 인상, 비정규직의 정규직 전환과 처우 개선, 대기업과 중소기업 간 임금 격차, 청년 실업 대책 등이 각자 입안되면서 개별 논란만 부각되고 해결되지 않고 있다. 융합정책으로 'K-행복 일자리' 효과를 극대화시킬 수 있다.

셋째, 슈퍼고용(Super Employment)이다. AI 시대 미래 일자리 쓰나미가 몰려오고 있다. 일자리 정책을 혁신적으로 새롭게 디자인해 새로운 직종과 일자리에 대비하지 않으면 안 된다. 미래 새로운 일자리의 60%는 아직 나타나지도 않았기 때문이다.

넷째, AI+X 산업에서 창직과 창업이다. AI 기술 활용으로 개발·유지 및 개선 분야, 연관 산업의 간접적 AI 관련 부문 스필오버(Spillover) 효과 경제 전반의 소득 향상으로 새로운 양질의 일자리를 창출할 수 있다.

다섯째, 플랫폼(Platform) 협동노동(協同勞働, Cooperative Labor)이다. 협동노동은 노동자가 출자하고 경영에 참여해 일하는 방식을 말한다. 직장이 없는 소외된 사람들과 비정규직에 대한 불평등이 만연하고 있는 가운데 그들을 돕기에 적합한 일자리 창출 모델이다. 노동자 이익이 우선이며 고용 보호가 최우선이다.

여섯째, 'K-Skills Future System'이다. 미래 기술 직업교육 확대를 위해 'K-AI 기본 일자리 시스템'을 구축해 개개인의 직업 교육 이수와 커리어를 관리하고 빅데이터로 분석해 'K-AI 일자리 맞춤형 매칭 시스템'과 연계 해주는 서비스를 제공해야 한다. 궁극적으로 평생교육 시스템과 연계시킨다.

마지막으로, 지역 간 일자리 격차 해소다. 수도권에 집중된 일자리을 완화해야 한다. 대기업과 중소기업, 수도권과 비수도권 간 불균형 문제 해결이다. 중소기업이 일자리에 핵심이고 미래 기술을 리드할 수 있도록 장기적인 로드맵을 수립해 지원해야 한다.

최근 기본소득이 정치권의 화두이지만 무노동·무소득의 원칙에 따라 기본소득보다 'K-행복 기본 일자리' 논쟁이 벌어지는 것이 바람직하다. 기본 일자리 문제를 해결할 해법으로 'K-행복 일자리'가 적격이다. '바보야 문제는 'K-행복 기본 일자리'야.'

(경기매일 2021. 06. 22.)

한국판 과잉복지 해법 'K-행복소득'

다양한 복지 수요에 맞춰 오랜 기간 다양하게 구성되어온 현행 복지제도를 현실에 맞게 고쳐야 하지만 쉽게 손을 대지 못하고 있는 실정이다. 빠른 속도의 저출산·고령화가 맞물려 기존의 복지 제도를 이제는 서둘러 뜯어 고쳐야 한다. 한국의 사회보장제도의 문제점은 다양하다.

첫째, 대규모 예산이다. 기재부에 따르면 올해 사회복지 분야의 본예산 기준 정부 총지출 규모는 185조 원으로 지난해 167조 원 대비 10.8%가 증가했다. 10년 전인 2012년과 비교하면 118.2%가 늘었다. 복지부는 2018년 GDP대비 11.1% 수준이던 사회복지 지출 규모가 2030년 16.3%, 2050년 25.3%로 급격히 증가할 것으로 전망하고 있다.

둘째, 중복 지원이다. 근로장려금과 자녀장려금 제도가 기존 기초생활보장제도나 아동수당제도와 중복되어 지급되고 있다. 65세 이상 고령자에게 최소한의 소득을 보장하겠다며 도입했던 기초생활보장제도 역시 기존 기초연금제도, 국민연금제도와 겹친다. 이러한 중복 지원은 특정 계층에 대한 지원의 필요성이 인정되면서 기존의 제도를 그냥 놔두고 새로운 제도를 도입해서 생긴 누적된 결과물이다.

셋째, 사각 지대다. 1988년 국민연금 도입이래 33년이 지났지만 사회보험 가입과 연금 수급자는 크게 늘지 않고 있는 상황이다. 사회보험 가입은 2020년 기준 69.8%에 머물러 좀처럼 늘지 않고 있다.

우리나라 노인 자살률은 OECD 평균 3배나 높다. 대부분 경제적 어려움, 건강문제, 부부·자녀와 갈등·단절, 외로움 등이 노인들이 자살을 생각하는 이유다. 또한 노인 빈곤율은 43.4%로 OECD 회원국 평균 14.8%의 3배에 달한다.

넷째, 도덕적 해이다. 지자체의 복지사업 규모가 점차 커지면서 도덕적 해이 문제가 지속적으로 지적받고 있다. 다수의 지자체가 특정 복지사업에 대해 낮은 급여 수준으로 보건복지부와 협의해 놓고 나중에 협의도 없이 수준을 높여 지급하는 경우가 많다. 예를 들면 강원도는 육아 기본수당을 월 30만 원씩 합의했으나 50만 원으로, 충남은 농어민 수당을 연 60만 원에서 80만 원으로 인상했다.

다섯째, 정치권의 기본소득 논쟁이다. 기본복지 추가로 현금을 지원하는 '기본소득'까지 논쟁이 가속화되면서 이른바 '한국판 과잉복지' 문제가 우려되고 있다. 재원조달 방안도 제시 못하면서 선거 때만 되면 제시되는 포퓰리즘 정책에 대한 논쟁은 이제 멈춰야 한다. 그렇다면 한국판 과잉복지 문제를 해결하기 위한 해법은 무엇인가.

첫째, 중앙과 지방 정부의 효율적 역할 배분이다. 무분별한 중복 지원과 지자체 간 고도한 경쟁을 방지하기 위해 중앙과 지방정부의 긴밀한 협조체제가 필요하다. 또한 사회보장 신설변경 협의제도의 개선을 통해 사업을 효과적으로 관리해야 한다. 기준 보조율 적용 원칙을 확립해 합리성을 높이고 지자체 간 재정 여력과 정책 수요 차이를 반영한 차등 보조율 적용을 도입해야 한다.

둘째, 민간 기업 중심의 고용 창출이다. 중앙정부의 재정 지출과 복지확대가 효과를 내기 위해서는 민간 기업 중심의 일자리 창출과 연계되는 트라이앵글 구조가 되어야 한다. 그래야 가처분소득 증가가 내수를 살리고 경기를 선순환 시킬 수 있다.

셋째, 초고령 사회를 대비해 노인 복지정책을 재정비해야 한다. 2025년이 되면 노인 비율이 20.3%로 초고령 사회에 진입한다. 대부분 노인세대들은 자식과 가족을 위한 물질적 희생으로 자신들의 노후를 위해 저축할 여유를 갖지 못했다. 65세 이상 노인의 55%가 수입원의 대부분을 자녀에게 의존하고 있으며 87%가 만성질환을 앓고 있다. 노인복지정책도 사회 구성원으로서 노인 개개인의 다양한 욕구를 충족시킬 수 있도록 최저 생활을 보장해야 한다.

넷째, 사회보장 정책 패러다임의 근본적 전환이다. 포스트 코로나 시대의 사회변화 및 노동자 형태의 변화를 고려했을 때 가장 중요한 것은 현재의 '고용에 기반'한 사회보험 가입 체계를 '소득에 기반'한 가입 체계로 전면 전환하는 것이 필요하다. 소득이 있는 곳에 사회 보험료가 있다는 기조와 가구에서 개인으로 부과 기반이 바뀌는 것을 의미한다.

다섯째, 새로운 국민사회보험 체계 운영이다. 원칙은 가입대상에 있어서 종속성과 전속성은 고려하지 않는다. 부과에 있어서는 종속성에 따라 차별적으로 보험료를 부과한다. 근로자는 근로소득, 고용주는 영업소득에 보험료를 부과한다. 보험료 징수를 국세청으로 통합해 실행해야 한다.

여섯째, 사회보험제도의 개혁이다. 사회적 합의를 통해 충분한 시간을 갖고 논의해야 한다. 방향은 단계별로 추진한다. 1단계는 개별법의 개정을 통해 보험료 부과 방식을 바꾸고 국세청의 기능 강화 및 보험료 부과 징수권을 부여한다. 2단계는 사회보험청의 설치와 사회보장기금으로의 전환이다. 3단계는 사회보장세를 통한 보험료 징수 방식의 효율화다. 결과적으로 보편적 사회보장 패러다임의 강화가 필요하다.

일곱째, 코로나19 극복을 위한 복지제도 확대다. 복지국가의 효과성과 지속성을 높이기 위해서는 무엇보다도 적극적인 재정 전략과 조세 정의에 입각한 조세 개혁이 필수다. 코로나19 위기에서 우리 사회는 복지 사각지대가 광범하게 존재한다. 비정규직, 종속 노동자, 플랫폼 노동자가 사회보장 제도에서 배제되거나 차별을 받지 않아야 한다. AI 기술 발전에 따른 고용 불안과 소득 감소에 대응하는 보편적 사회보장제도 없이는 사회적 연대와 사회통합을 제대로 이룰 수 없기 때문이다.

마지막으로, 보편적 사회보장 패러다임 전환을 위해 기존의 복지제도 문제점을 전부 해결 가능한 'K-행복소득'을 제시한다. 'K-행복소득'은 재원 부담이 전혀 없고 코로나19로 위축된 경제를 살릴 수 있다. 양극화, 부동산 문제도 해결하고 인플레가 없다는 장점을 갖고 있다. 포스트 코로나 시대 정부는 'K-행복소득'을 도입해야 한다. 국민에게 매월 1인당 50만 원을 지급이 가능해 4인 가족 200만 원이라는 기본소득이 보장된다. 복지 사각지대를 없애고 국민 모두가 경제생활에 고통을 받지 않고 노후 생활을 영위할 수 있다. AI 시대 행복한 대한민국 만들기는 'K-행복소득' 실천에 있다.

(경기매일 2021. 06. 29.)

최저임금 해법 'K-행복소득'

최저임금위원회가 7월 12일 전체회의를 열고 내년도 최저임금을 올해보다 5.05% 오른 9,160원으로 의결했다. 주휴수당을 포함한 실질 최저임금은 시급 1만 1,003원이 된다. 문재인 대통령의 '최저임금 1만 원' 대선공약은 소득주도성장에 기반을 두고 있다.

최저임금 인상은 2018년 16.4%로 7,530원, 2019년 10.9%로 8,350원, 2020년 2.9%로 8,590원, 2021년 1.5%로 8,720원, 2022년 5.1%로 9,160원으로 5년 새 최저임금이 41.6%인 1,630원이나 오르게 됐다. 최저임금 상승금액을 놓고 보면 과거 이명박 정부 5년간 최저임금은 1,090원 올랐고, 박근혜 정부 4년간 최저임금은 1,610원 올랐다. 하지만 금리를 따져보면 5년 전보다 엄청나게 올랐음을 알 수 있다.

최저임금이 상승되면 일자리가 사라지는 부작용이 발생한다(고용주가 고용을 꺼리기 때문에). 문재인 정부는 취임과 동시에 일자리 정부를 표방했다. 하지만 일자리는 늘리지 못하고 없어지는 정책만 추진하고 있다. 또한 정부는 재정을 투입해 알바성·티슈형 일자리만 양산하고 있으며 1회성 노인 일자리 창출에 집중해 노인 일자리 정부라는 비판을 받고 있다. 최저임금 상승의 문제점은 무엇인가.

첫째, 일자리 자체가 없어진다. 최저임금 인상 여파로 한동안 일자리 시장은 얼어붙을 것으로 보인다. 한국경제연구원 및 중소기업중앙회 분석에 따르면 9,160원일 경우 일자리가 최대 13만 4000개가 사라지고 실질 국내총생산은 16조 9000억 원 감소할 전망이다. 1만 원이 될 경우 일자리 56.3만 개, 실질 GDP 72조 3000억 원이 줄어들 것으로 추정했다.

둘째, 단순 노무직 일자리가 대폭 줄어든다. 급격한 비용 상승으로 기업은 폐업이나 직원 감축 또는 자동화를 도입하게 된다. 그러면 저임금 근로 노동자 일자리가 없어지게 된다. 결국 저소득층만 더 어렵게 만드는 결과를 초래했다.

셋째, 소상공인과 자영업자는 더 이상 버틸 수가 없다. 코로나19 4차 대 유행으로 가뜩이나 어려운데 최저임금 인상까지 엎친 데 덮쳤다. 코로나19 사태 발생후 1년 6개월을 버텨온 자영업자와 소상공인은 이제는 자포자기를 넘어 절규하고 있다.

넷째, 소득주도성장 정책의 실패다. 저성장과 불황으로 5년째 매출은 제자리 또는 감소하고 있는데 최저임금만 42%가 올랐다. 같은 기간 국민소득은 10.2% 증가에 그칠 전망이다. 이는 소주성의 이론적 근거가 허구였다는 방증이다. 사업하면서 수입은 그대로인데 지출을 반이나 더 하면서 버틸 재간은 없다. 장사가 잘되어야 최저임금을 올릴 수 있지, 최저임금을 올린다고 장사가 잘되는 것은 아니기 때문이다.

다섯째, 급격한 인상이다. 선진국과 비교하면 과속 양상이 더욱 뚜렷하다. 미국 독일 영국 일본 등 주요국 중에서도 가장 높은 수준이기 때문이다. 2019년 기준 한국의 중위임금 대비 최저임금 비율은 62.6%로 주요 4개국에 비해 최대 31%포인트 높은 것으로 집계됐다. 2015년부터 2020년까지 지난 5년간 한국의 시간당 최저임금 연평균 상승률도 9.0%로 가장 높게 나타났다. 그 아래로 영국 5.6%, 일본 2.8%, 독일 2.0%, 미국 0.0% 순이다.

기업들의 고용 부담도 주요국들에 비해 높은 수준인 것으로 나타났다. 특히 일본은 코로나19 사태로 지난해 최저임금은 1엔 10원을 올린 것에 비하면 한국의 인상폭은 세계에서도 유래를 찾기 힘든 수준이다. 최저임금 결정에 대한 문제점은 다음과 같다.

첫째, 최저임금위원회 구성이다. 법에 따라 위원 27명으로 구성한다. 경영계와 노동계, 공익위원이 각각 아홉 명씩이다. 해마다 경영계와 노동계는 각자의 입장만 내세우며 대립한다. 그러다 막판에 몰려 공익위원들의 뜻대로 최저임금을 정하는 패턴을 반복하고 있다. 공익위원은 고용노동부 장관의 제청으로 대통령이 위촉한 사람들이다. 정권이 바뀔 때마다 최저임금 결정 기준이 오락가락하며 정권의 입맛에 따라 결정하는 경향이 있다.

둘째, 상승분을 회복된다는 미래를 전제한다. 공익위원 간사는 내년에는 경기가 정상화되고 회복될 가능성을 고려했다고 한다. 수많은 자영업자·소상공인들의 운명이 걸린 정책을 회복된다는 미래를 전제로 결정한다는 것은 있을 수 없다. 현장과 괴리된 탁상공론이다.

셋째, 업종별 지역별 최저임금 차등화다. 일본에선 산업별 최저임금제가 시행되고 있다. 시골과 강남 한복판 편의점의 직원 최저임금이 같을 수는 없다. 일본 도쿄는 1,013엔이고 지방의 아키다현은 792엔으로 차등을 두고 있다. 전국평균은 902엔이다. 최저임금 결정에 대한 개선책은 무엇일까.

첫째, 최저임금 결정의 객관적 자료를 만들어야 한다. 매년 이런 식으로 최저임금을 둘러싼 노·사·정 갈등을 되풀이하는 건 사회적 낭비다. 최저임금을 객관적 지표에 의해 산출하는 방식으로 개편해야 한다. 예를 들면 물가 상승률이나 시중금리 등을 반영하는 방안을 도입하는 것이다.

둘째, 지역별·업종별로 최저임금 차등화 실현이다. 업종별·지역별 최저임금을 일괄적으로 적용하지 말고 현실화 시켜야 한다. 당연히 업종별로 작업하는 스킬의 차이가 있고 지역별로 생활 물가가 다르기 때문이다.

셋째, 최저 임금 인상 수혜자는 과연 누구인가. 최저 임금 인상으로 자영업자·소상공인은 폐업하고, 최저임금을 받는 저소득층은 일자리를 잃게 되는 게 현실이다. 모두가 피해자인데 과연 누구를 위해 최저임금을 올리는 것인가. 단순히 대선 공약을 지키기 위해 국민의 삶을 어렵게 만드는 것은 아닌지 되돌아봐야 한다.

최저임금 인상의 근본적인 해법으로 'K-행복소득'을 제안한다. 최저임금 인상으로 사업주는 경영난에 허덕이고 근로자는 일자리가 사라져 소득이 감소해 생활이 어려워지고 있다. AI 시대에 일자리는 사라지고 있는데 그렇다면 어떻게 해야 할까. 해법은 코로나 19 종식까지 당분간 일정한 금액을 국민 모두에게 지급해 기본 생활을 보장하면 된다. 하지만 재정이 뒷받침되지 않는 게 문제다.

현재로서 최저임금 인상에 대한 충격을 완화하고 코로나19 4차 대유행의 터널을 통과할 유일한 해법은 'K-행복소득' 지급뿐이다.

(경기매일 2021 07. 14.)

PART 3
대선공약

01

_____

국정기조

Great Korea

문재인 정부가 추진한 정책은 모조리 실패했다. 부동산 정책, 탈
원전, 비정규직 제로, 주 52시간제, 최저임금, 청년실업 등 간판
공약 어느 것 하나 성과를 낸 것이 없다. 새로운 새시대 위대한 대
한민국을 만들어야 하는 이유이다.

○ New 정부

▷ Vision : 'Great Korea'
▷ Mission

◗ 창직의 'Startup Korea'
◗ 일자리 넘치는 'Jobs Korea'
◗ 누구나 행복한 'Happy Korea'
◗ 정의가 살아있는 'Justice Korea'
◗ 역동성 있는 경제 'Dynamics Korea'

▶ 코로나19로부터 안전한 'Safety Korea'

▶ AI 시대 흐름에 빠르게 변하는 'Speed Korea'

▶ 초고령화 사회에 생동감 넘치는 'Young Korea'

▶ 누구나 노력하면 성공할 수 있는 'Success Korea'

▶ 포스트 코로나 시대 Old Korea를 AI 시대 'New Korea'

▷ Catchphrase : 'K.F.C(Korea Future Care)'

▷ Slogan : 'K.F.C를 그대에게' 'Jump to Smart Korea'

▶ '대한민국 미래 케어(care, 돌봄)를 그대에게 돌려드린다'

▶ 여기서 그대는 위대한 코리아(Great Korea)와 모든 국민을 지칭

▶ 대한민국 미래 경제발전을 보장(Guarantee)하며 국민 전체 미래를
   케어(Care, 보살핌) 하겠다는 것을 의미

▶ 국민 모두의 미래 불안 요소인 홈, 일자리, 교육, 의료를 케어하
   고 보장한다는 뜻

▷ 국정목표 : '일자리 넘치는 대한민국'

▶ '안전한 대한민국' + '창업국가 대한민국'

▷ 국정방향 : '대한민국 개조'

▶ 국민에게 행복한 미래를 보장

▷ 국정운영 기조 : 정부주도에서 시장주도로의 전환
▷ 경제정책 :

▶ '시장주도성장' + 'AI 혁신경제' + '데이터 공정경제'

▷ 방법론 : P·P·P + S·S·S + D·N·A

▶ P·P·P : People+Process=Production
사람과 일하는 방식을 개혁해 성과를 내겠다는 전략

▶ S·S·S : Simple+Smart+Speed=Success
심플·스마트한 조직으로 스피드하게 추진에 성공 전략

▶ D·N·A : Direction+Network+Action=Achievement
방향을 정확하게 설정하고 모든 사람의 참여를 통해 성취를 하겠
다는 전략

02

100대 국정과제

New Korea 100대 국정과제

AI 시대 New Korea를 이끄는 'AI 한국경영 CEO'가 등장해야 한다. 새로운 지도자는 대한민국의 미래와 국민의 미래 삶을 케어하고 보살피며 행복을 보장하는 사명감을 가져야 한다. 새 정부를 위해 각 분야별 패러다임 개혁 과제를 제시한다.

○ 100대 국정 과제

(1) 정치 패러다임 변화

   ① 생산적인 AI 정치를 실행한다.

   ② AI 국회로 정책 경쟁의 국회를 만든다.

   ③ 성과를 내는 AI 플랫폼 정부를 실현한다.

   ④ 블록체인 활용으로 정치 독점 권력을 분산시킨다.

   ⑤ 이념 편향, 진영 논리를 배제한 책임 정치의 구현이다.

(2) 정부 패러다임 변화

   ① 정부의 과도한 시장개입을 멈춘다.

② AI 블록체인 시스템 정부 구축이다.

③ 규제혁파를 위한 일하는 방식의 개혁이다.

④ 청와대의 일방적 국정운영 방식의 전환이다.

⑤ 공무원이 갖고 있는 인허가의 권한 분산이다.

(3) 경제 패러다임 변화

① 모방경제에서 리드경제로의 전환이다.

② 수소경제·탄소제로 경제로의 전환이다.

③ 창업·창직의 스타트업 국가 실현이다.

④ 제조업 수출 중심에서 AI 산업 중심으로 재편이다.

⑤ 플랫폼 시대를 선도하는 빅블러 대기업의 육성이다.

(4) 사회 패러다임 변화

① 저출산, 자살을 막아야 한다.

② 공공부문의 대대적인 개혁이다.

③ 중산층이 두터운 사회구조 실현이다.

④ 전 국민 사회안전망시스템 구축이다.

⑤ 시민 참여 플랫폼에 기초한 사회적 대타협이다.

(5) 외교·안보 패러다임 변화

① 동아시아의 네덜란드와 같은 국가 위상이다.

② 북한의 비핵화 전략과 전술의 전면 궤도 수정이다.

③ 중국·일본에 밀리지 않는 레버리지(Leverage) 확보이다.

④ 한·미 동맹 강화, 쿼드(Quad)+ 가입으로 중국에 대응이다.

⑤ AI기술외교 강화와 한반도 지정학적 위치를 적극 활용이다.

(6) 교육 패러다임 변화

① 고등학교 나와도 잘사는 사회 실현이다.

② AI 시대 에듀테크 시스템의 전격 운영이다.

③ 학위와 학벌 시대에서 능력주의 시대로 전환이다.

④ AI 시대에 걸맞은 대학 입시제도의 전면 개편이다.

⑤ 학교교육, 직업교육, 평생교육의 연계로 미래 준비다.

(7) 고용·노동 패러다임 변화

① 대기업 노조 혁신과 고용 유연성 확보다.

② 비정규직이 만족하는 노동구조 실현이다.

③ 동일노동 동일임금 체계의 조기 정착이다.

④근로기간 제한법 폐지, 노동 관련법 개정이다.

⑤ 최저임금, 주 52시간 운영의 전면적 개편이다.

(8) 부동산 정책 패러다임 변화

① 프롭테크 주도의 시장 성장이다.

② 부동산 3법의 전면 개정과 보완이다.

③ 시장 친화적인 토지공개념 제도 도입이다.

④ 3주택 이상 주택 대출금 회수, 법인 특혜 세율의 폐지이다.

⑤ '대한민국 미래 홈 케어(K.F.H.C.)' 1가구 1주택 정착이다.

(9) 일자리 정책 패러다임 변화

① 재정 주도 일회성 알바 일자리 정책의 폐기이다.

② 정부는 일거리, 기업은 일자리 역할 분담이다.

③ 평생 직업교육으로 일자리 안정망의 확충이다.

④ AI 일자리 매칭 시스템 운영으로 일자리 연계이다.

⑤ AI+X 산업에 의한 양질의 일자리 창출 정책 추진이다.

(10) 복지 패러다임 변화

① 부담과 혜택이 불균형 체계의 전면 개편이다.

② AI와 블록체인을 활용한 'K-행복복지' 실현이다.

③ 중부담·저복지 체계를 중부담·중복지로 전환이다.

④ 기초연금·고용보험을 강화하고 건강보험의 개혁이다.

⑤ 공무원연금·사학연금·국민연금을 통합 국세청에서 운영이다.

(11) 정책의 패러다임 변화

① 탈원전 정책의 전면 폐기이다.

② 부동산 정책의 전면 수정이다.

③ 징벌성 세금 정책의 폐기와 시장 친화적 정책 전환이다.

④ 이념에 치중하는 정책이 아닌 민생을 중시하는 정책이다.

⑤ 재정만 지출하는 일자리 정책을 성과 정책으로 전환이다.

(12) 코로나19 방역 패러다임 변화

① 인권침해, 기본권 제약 행정조치를 남발하지 말아야 한다.

② 위드 코로나 시대 거리두기 방역 패러다임을 바꿔야 한다.

③ 간이검사 키트 3회 무료 제공하고 가격을 인하해야 한다.

④ 본질적 치료제인 경구용 치료제 구매 선금 계약해야 한다.

⑤ 방역 대책 수립에 과학·의학전문가 의견으로 결정해야 한다.

(13) AI 전문 인재양성 패러다임 변화

① AI 시대 전문인재 10만 명 양성이다.

② 100세 시대 AI를 활용한 국가평생학습 체계 구축이다.

③ 기술 트랜드 변화에 대처를 위한 전문 직업교육 강화다.

④ 일부 지방대학을 고등직업 전문 교육 중심으로 육성이다.

⑤ 커리큘럼을 산업 현장에 맞게 프로젝트 식으로 변화다.

(14) 디지털 트랜스포메이션 시대 패러다임 변화

① 국가 과학기술 역량 강화이다.

② AI 시대를 맞아 특화된 AI 산업 육성이다.

③ ICT 생태계를 조성, 신 성장 거점 육성이다.

④ 2040년 바이오 시대를 대비해 선제적 투자다.

⑤ 2050년 우주시대를 대비해 선제적 투자를 해야 한다.

(15) 문화·관광·의료·환경 패러다임 변화

① 비대면 시대의 'K-Culture, 한류의 확산이다.

② 기후 변화에 대응하는 탄소제로 정책 실현이다.

③ 특성화된 의료 서비스를 관광산업으로 육성이다.

④ 전통과 미래가 어우러진 문화국가로 발돋움이다.

⑤ 외국인과 함께하는 열린 관광 시대의 개막이다.

(16) 지역균형발전과 분권의 패러다임 변화

① 지방분권이 아니라 지방자치가 우선이다.

② 권한을 주민에게 돌려주는 방식이어야 한다.

③ 중앙정부 권한과 권력을 지방으로 분권이다.

④ 수도권 집중화로 인한 지방 불균형을 근본적 해소다.

⑤ 세금부담 능력과 서비스 수혜자 부담원칙으로 재설계다.

(17) 누구나 잘사는 농어촌 패러다임 변화

① 살고 싶은 행복한 농어촌 만들기다.

② 농어촌 소득 7200만 원 시대 열어야 한다.

③ 역동적이고 풍요로운 농어촌 모습을 만든다.

④ 가족이 살기 좋은 교육, 의료 시설의 확충이다.

⑤ AI 기술을 활용한 농어촌 소득의 안정망 구축이다.

(18) AI로 무장한 강한 국방과 ICT 분야의 남북 간 교류 패러다임 변화

① 디지털 병영 문화와 AI 최첨단 부대 창설이다.

② 방산비리 척결과 AI 군납품 시스템 운영이다.

③ 장병 1인 1특기 함양으로 사회생활 기반 마련이다.

④ 한반도 국토 3D 지도 만들기 프로젝트 공동 추진이다.

⑤ 메타버스 활용한 소통과 이산가족의 화상 만남 추진이다.

(19) 국가가 책임지는 보육 패러다임의 변화

① 육아 문제를 국가 책임지는 책무성을 강화한다.

② 저출산 극복을 위한 AI 활용한 개인 맞춤형 지원이다.

③ 국공립 어린이집 이용률을 70% 이상으로 끌어 올린다.

④ 출생에서 요람까지 '코리아 미래 케어 시스템 운영'이다.

⑤ 'K-AI 육아 시스템'을 통해 안전한 교육 현장 운영이다.

(20) 창업과 창직의 패러다임 변화

① 빅블러 유니콘 기업의 집중 지원과 육성이다.

② 'AI 대국' 도약을 위한 소프트웨어 인력 양성이다.

③ '협동노동 조합' 활성화로 창업과 창직의 활성화이다.

④ '올 디지털 혁신'을 이끄는 '스타트업 국가' 실현이다.

⑤ 학·연·기업을 연계하는 'K-AI 창업지원시스템' 운영이다.

03

방역

방역 : Safety Korea

세계 주요 국가는 방역 패러다임을 바꾸는 중이다. 경제를 희생시키면서까지 확진자 숫자에 집착하지 않겠다는 것이다. '백신 맞으면 코로나 안 걸린다'가 아니라 '백신을 맞고 가볍게 이겨내자'로 방역 방향을 바꾸고 있는 추세(趨勢)이다. 지금부터 방역 당국은 위중증 환자 관리에 중점을 두어야 한다.

○ 현황

▷ 방역 한계

◗ 기존의 거리두기 방역체계의 한계점 도달
◗ 델타변이가 접종자도 전염시켜 집단면역이 불가능
◗ 틀어막기 방역이 1년 6개월 넘어 국민 모두가 지침
◗ 일상의 탈출구를 잃고 지친 국민의 방역의식 느슨해짐
◗ 거리두기나 봉쇄로는 더 이상 변이 바이러스를 막지 못함

▷ 패러다임 변화

◗ '위드 코로나'를 넘어 '포에버 코로나' 시대
◗ 독감처럼 공존하는 위드(With)코로나 시대
◗ 코로나19와 함께 살아갈 궁리를 펴야 함
◗ 방역보다 경제를 우선하는 방향으로 패러다임 변화

○ 문제점

▷ 리더십 부재

◗ 방역도 백신도 신뢰를 잃은 리더십
◗ 집단면역에 대한 환상에서 못 벗어나고 있음
◗ 애매모호한 권한, 누가 책임을 져야하는지 모름
◗ 좋을 땐 서로 자기 자랑, 나쁠 땐 모두 잘못 떠넘기기
◗ 국외 백신 제조사만 쳐다보는 '천수답' 상황, 백신 빈곤
◗ 지금 백신 확보보다 더 중요한 국가적 이슈는 없음

▷ 'K-방역' 허구

◗ 'K-방역'이라는 막연한 환상에 사로잡힘
  → 거리두기로 인해 국민과 자영업자 희생만 강요
◗ 'K-방역' 실체(System)는 없고 이미지만 있음

→ 외국에서 부러워 한다면 'K-방역 시스템'을 수출했어야

▶ 'K-방역'의 성과를 확진자 수로 인식하고 있음
  → 확진자 적음을 전 세계에 방역 성과로 과시, 딜레마 빠짐
▶ 확진자 숫자에 대한 과몰입과 강박감이 여전이 심함
  → 거리두기를 완화할 수 있는 방법은 백신 접종
▶ 코로나 유행의 파고에 따라 풀었다 쥐었다하는 대응
  → 1년 6개월 동안 이어온 거리두기 방역체계의 피로감
▶ AI와 디지털 기술을 방역에 전혀 활용하지 못하고 있음
  → 오로지 'K-방역'이라는 구호와 슬로건만 무성

▷ 백신 수급 및 접종

▶ 접종완료율 OECD 38개국 중 꼴찌
  → 신규 확진자 2000명 넘어섬
  → 현재 접종 완료율 15%(8/10)
▶ 백신 수급 등 모든 것이 안개속이며 불투명
  → 진짜로 백신이 계획대로 도입되는 것인지
  → 부스터 샷을 맞을 수는 있는 것인지 불확실
  → 내년에 맞을 백신은 확보하고 있는 것인지 아무도 모름
▶ 백신 없어 못 맞고, 확보 물량 따라 막아 놓음
▶ 접종 간격을 일괄 6주로 넓히면서 과학적 근거를 제시 못함
▶ 백신 접종 확대에 맞춘 방역대책 재편이 절실

▷ 공무원 희생 강요

❱ 방역 최전선에서 시달리는 방역 담당 공무원
   → 업무량 증가, 100시간 근무 수당은 최대 57시간
   → 사직 공무원 50.4% 증가, 휴직 공무원 39.7% 증가
   → 질병 휴직 늘어나고 복귀 시점을 연장, 명퇴 신청 증가
❱ 방역 당국 새로운 방역지침 전달을 언론에 사전 공지
   → 보도자료를 네이버에 먼저 발표, 현장 공무원 미접종

○ With 코로나 시대 New 방역 제안

▷ 방역 패러다임 변화

❱ 백신 접종률이 80~90%
   → 백신 접종자를 상대적으로 우대해 접종을 유도
❱ 시민의 기본권과 경제활동을 보장하는 방역
   → 특정 계층의 일방적인 희생을 강요하지 않음
❱ 일방적 규제에서 유연한 방역으로 패러다임 변화
   → 유연성 + 자율성 + 창의성 = 우선
❱ 일률적 규제보단 유연하고 탄력적인 New 방역
   → 국민에게 희생 강요하는 방역은 한계 분명

▷ 선진사례

▌안전한 생계를 이어갈 수 있도록 규제를 완화
　　→ 몇 명 이상 못 모이게 하거나 영업 시간 규제 철폐
　　→ 식당 앞 차로 1개를 야외석(실외자리) 활용 허용
　　→ 공연과 전시는 야외 공간을 활용, 즉석 콘서트 허용
　　→ 기업도 재택근무 옵션 부여, 직원들의 안전한 근무 보장

▌규제의 유연성
　　→ 공무원 및 대민 접촉 종사자는 백신 접종 의무화
　　→ 거부하는 사람들에겐 매주 코로나19 검사 대안 제시

▌백신 접종자 우대
　　→ 음식점 출입은 백신 접종자만 허용
　　→ 미접종자는 야외 좌석 또는 테이크 아웃만
　　→ 프로야구 경기장 백신 접종자 전용석 설치 운영

▷ 피해구제

▌취약계층은 선택과 집중을 통해 충분히 지원
　　→ 팬데믹으로 인한 실업자는 실업급여로 구제
　　→ 집세를 내지 못한 임차인들은 '퇴거 유예' 조치 시행

▷ 시사점

▶ 문 대통령은 10월까지 국민의 70% 접종 완료 약속
  → 위드 코로나 시대에 대비하는 New 방역 체계 정립
▶ 백신 조기 확보 실패로 Forever 4단계 굴레에 빠짐
  → 근본적 해결책은 백신 접종, 백신 확보에 국가 총동원령
▶ 기존의 경직된 방역보다는 유연한 방역으로 전환
  → 방역 당국의 대응 체계를 근본적으로 재검토
▶ 위기관리 전문가, 심리 전문가, DX전문가 보완
  → 사고의 Soft + 창의 + 상상 = New 방역
▶ 국민의 방역 스트레스와 희생에 부응
  → 시민들의 행복도는 낮고 방역 스트레스 극심

○ 공약(公約)

▷ 핵심공약

◑ 백신 접종률 전 국민 90% 이상 달성
▶ 접종률을 방역 지침 최우선
▶ 2차 접종률을 방역 지침의 1차 기준으로 정함

◑ 백신 테스크포스(TF) 장관 임명
▶ 백신 수급에 총력을 쏟음

◗ 백신 확보를 위한 민간 기업 협력팀 운영

◑ 비합리 가득한 방역지침을 전면 개정
◗ 전문가 의견 존중, 정치 성향 배제, 장기 계획 수립
◗ 백신 수급 투명한 정보공개, 국민 개개인 접종계획 알림

◑ 코로나 치료제 조기 확보
◗ 말라리아 치료제 알테수네이트
◗ 암치료제 이매티닙
◗ 면역체계 질병 치료에 인플릭시맵

○ 세부방안

▷ New 검사

◗ 자가진단키트 무상 또는 염가 보급
  → 전 국민 3회 자가진단키트 무상 보급
◗ PCR 검사보다 저렴하고 신속한 검사법 개발에 선투자
  → 침(타액) 검사법을 개발한 미 MIT 대학에 구입 계약 추진
◗ Old 코로나 방역을 New 방역으로 전환
  → 한국형 '3T 방역' 체계 전면 개편
  → 진단검사(Test)·역학추적(Trace)·신속한 치료(Treat)의 기존 방식으로는 델타변이 확산을 잡지 못함

→ 무증상이나 경증인 감염자를 대상으로 대규모 검사 실시 방식
에서 증상이 심함 사람들만 검사·치료하고 대응

→ 델타 변이가 향후 접종한 사람도 감염시키고 있기 때문

▷ New 방역

▌AI와 첨단 디지털 기술을 활용한 뉴 방역체계 마련

→ 질병관리청에 ICT·AI·로봇·블록체인 전문가 참여

▌거리두기 세칙에서 2, 4인 규정의 시급한 완화

→ 영국 과거 6인 룰 실시를 참조 활용

▌확진자 통계는 일일 발표 지양하고 주 단위 평균치 발표

→ 확진자에서 중증환자 사망자률 관리로 패러다임 전환

▌장기적인 관점에서 방역의 구조적 체제와 제도를 정비

→ 공적 의료 체계 정비, 의료진 수급, 의료보험제도 정비

→ 백신구매와 방역을 위한 재정 건전성 유지

→ 세원 확충, 조세 체계 정비, 재정사업 전달체계 정비

▷ New 접종

▌백신접종률 전 국민 90% 이상 조기 완성

→ 부스터 샷 확보, 경구용 치료제 조기 선 계약 추진

▌접종자와 미접종자에 따라 특단의 대책을 분리 시행

→ 백신 접종자 모임은 허용

→ 종교시설, 관혼상제 등 백신 접종 여부에 따라 차별 적용

▌경구용 치료제에 대해 선금 계약 조기 실시

　→ 미국연방정부 벤치마킹

▷ New 대응

▌거리두기 효과와 적용 기준을 원점에서 재검토

▌의료체계 마비에 대비해 비상 대응 체계 마련

▌추석전 1차 접종70% 목표보다 50대 이상 2차 접종 우선

▌4차 유행 차단을 위해 방역체계의 패러다임 전환이 필요

▌이제는 좀 더 건설적 방향으로 멀고 길게 New 방역체계

▌감염환자·일반환자 돌볼 수 있는 이중 의료 시스템 구축

▷ 정보공개

▌보도자료를 통해 코로나 관련 모든 정보의 투명 공개

　→ 병상 예비율은 얼마인지

　→ 치명율은 얼마인지

　→ 병상 가동율은 얼마인지(현재 60%)

　→ 얼마나 많은 확진자가 조기 사회 복귀 중인지

▌주 단위로 병상 예비율 발표

　→ 홈페이지와 모바일을 통해 실시간 공개

▌국민 개개인 백신 접종 스케줄 사전에 공지

→ 백신 수급 계획에 따른 개인별 접종 일정 투명 공개

◗ 확진자 발표 때 치명율, 중환자 이행율 동시 발표

→ 홈페이지 발표로는 부족, 공식 보도자료를 통해 발표

▷ 인식전환

◗ 확진자 용어를 감염자나 양성자로 조속히 변경

→ 국민 여론 청취 후 즉시 명칭 변경

◗ 감염자를 멸시하는 분위기 불식 캠페인

→ 사회·직장 분위기상 멸시하는 분위기 불식

▷ 직장·학교·생활

◗ 자가진단 후 무증상 양성자는 재택 근무 허용

→ 직장에서 불이익 없이 2주 간 재택 격리 근무

◗ 학교는 더 이상 온라인 체제 교육 중단

→ 대면교육 실시, 교육 격차 해소, 에듀테크 조기 전면실시

◗ 실외 마스크 착용 의무 행정명령 해지

→ 백신 접종자 한해 즉시 실시

▷ 지원·보상·투자·계약

◗ 자영사업자, 프리랜서 1인 사업자 등 지원

→ 예술 창작 일 종사자 등에 대한 실효적 선별지원책 수립

▶ 백신 접종에 의한 부작용, 사망 시 신속한 보상 체계 마련

  → 국가에서 백신접종 사고에 대한 보상 및 보장

  → 혈소판감소성혈전증(TTS) 검사 의뢰 시 즉각 수용

  → 의료진 판단 외면한 질병청의 형식적 행정편의주의 철폐

  → 사고 인정의 구체적 기준 마련을 통해 국민 불안 해소

▶ 국산 백신 개발에 장기적인 투자

  → 연구 개발 및 전문 인력 양성을 통한 백신 경쟁력 확보

  → 백신 선진 제약사와 연구개발 협력 및 기술 이전 모색

▶ 백신 접종 확대, 부스터 샷 확보, 경구용 치료제 선 계약

04

___

정치

AI 정치·AI 정부·AI 국회

경제발전의 최대 걸림돌은 정치이다. 낡은 정치 패러다임을 끊어
내야 한다. 정치권력이 시장경제를 위축시키고 민생을 힘들게 만
드는 주범이다. 무능·무지·무책임의 포퓰리즘과 내로남불을 걷어
내야 한다.

○ 현황

▶ 편 가르기 정치
▶ 편향된 이념에 치우치는 정치
▶ 공인(公人) 정신은 없고 특권만 누리는 정치

○ 문제

▶ 정치를 줄이고 권력을 나눠야 경제와 민생이 살아남
▶ 견제나 통제를 받지 않는 권력은 개인과 기업의 경제활동을 위축
시키고 민생을 힘들게 함

○ 정치 패러다임의 변화

▶ 생산적인 AI 정치를 실행
▶ AI 국회로 정책 경쟁의 국회를 만듦
▶ 성과를 내는 AI 플랫폼 정부를 실현
▶ 블록체인 활용으로 정치 독점 권력을 분산시킴
▶ 이념편향, 진영논리를 배제한 책임 정치의 구현

○ 행정 패러다임의 변화

▶ 정부의 과도한 시장개입 멈춤
▶ AI 블록체인 시스템 정부 구축
▶ 규제혁파를 위한 일하는 방식의 개혁
▶ 청와대의 일방적 국정운영 방식의 전환
▶ 공무원이 갖고 있는 인허가의 권한 분산

○ 공약(公約)

▷ 핵심공약

◑ 개헌
▶ 20대 대통령 임기 단축
▶ 국회의원 100명, 지방의원 명예 봉사직화

◑ 여성가족부·통일부 폐지
◗ BSS부 신설(바이오·과학·우주)
◗ 이민청 신설

◑ 청와대 권한 축소
◗ 정책 책임 장관제 실시

◑ 공공개혁·연금개혁
◗ 공공기관 구조조정 및 연금개혁

◑ 정부위원회 폐지
◗ 캠프 인사 낙하산 금지

◑ 정책 실명 책임제
◗ 신상필벌

○ 세부방안

▷ 헌법개정(改憲)

◗ 차기 대통령 임기는 3년 중임제
◗ 선거제도 개혁 : 대통령 5년 단임제 폐지
◗ 20대 대통령 임기 단축 : 2024년 국회의원 선거일까지

▶ 국회의원 임기는 3년 100명으로 줄임

▶ 지방의원을 'AI 지방 의원 로봇'으로 대체

▶ 지방의원 선거는 없애고 시장·구청장·군수 이상만 선출

▷ AI 국회로 전환

▶ 국민 입법권 도입

▶ AI 정책 로봇 의원 활용

▶ 국회의원 국민 소환제 도입

▶ 국회를 정책 경쟁의 장이 되도록 개혁

▶ 국회의원 갑질, 권위주의 타파를 시스템화

▶ 국회의원 직무수행에 대한 시민 견제 강화

▷ AI 행정·입법·사법부 시스템 구축

▶ '전자정부'에서 'AI 정부'로 조기 전환

▶ AI 행정부 실현 : 부처 벽을 AI 기술 활용 타파

▶ AI 입법부 실현 : 입법 지원을 AI 데이터로 지원

▶ AI 사법부 실현 : 판결문의 데이터화, AI 판사 도입

▷ 행정부 조직 개편

▶ 여성가족부·통일부 폐지

▶ BSS(바이오·과학·우주)부 신설

▶ 통일부 업무를 외무부에 통합

▶ 이민청 신설

▷ 청와대 권한 축소

▶ 과도한 정책 개입 없앰

▶ 책임 국무총리제 실시, 총리실 실질 정책 책임제 역할

▶ 중장기 국가 비전, 외교, 안보, 국방 등 핵심 과제 위주

▶ 'AI BH 정책 시스템' 구현으로 의사결정 시 데이터 활용

▷ AI와 블록체인 기술 활용 공공 개혁

▶ 탈(脫) 중앙 정부

▶ 독점 권력 구조를 과감히 지방으로 분산시킴

▶ 시민의 자발적 행정 감시 체제 블록체인 시스템 구축

▷ 행정과 일하는 방식 개혁

▶ 인·허가권 AI 시스템 구축으로 투명화

▶ 포지티브(최소 허용)를 네거티브(원칙 허용) 규제로 전환

▶ 사전 규제를 사후 규제로 전환, 정부는 법과 제도만 정비

▷ 공공기관 구조조정 및 연금개혁

▌ 공기관 구조조정
▌ 국민연금, 공무원연금 개혁

05

경제

경제

그동안 한국경제가 추구해온 모방경제의 틀을 깨고 리드경제로 전환시켜야 한다. 이제 우리가 따라갈 모델은 없다. 과거와 같이 효율성에 기반을 두고 선진국을 따라가는 것이 아니라 새로운 가치를 창출하는 선도적 'AI 혁신경제' 시대를 열어야 한다.

○ 소득주도성장 실패

▷ 개념

◗ 경제학 어디에도 없는 탁상공론(卓上空論) 소득증가 → 소비증가 → 생산증가 → 일자리 창출

▷ 현장

◗ 임금증가 → 고용감소 → 비용증가 → 제품가격 상승

▷ 원인

▶ 대기업에 치우친 불평등한 경제구조 개선하지 못함
　→ 최저임금 직격탄을 맞은 자영업자는 비용 상승으로 인해 기업
　　에 단가 조정을 요구할 수 없는 구조
　→ 재벌 중심의 구조, 대기업 체제를 개선하지 않으며 소주성 성
　　장은 불가능

▷ 결과

▶ 실업자 양산과 양극화 심화
▶ 자영업과 서민 생태계를 망가뜨림
▶ 취약계층 계층을 더 팍팍하고 피폐해짐
▶ 최저임금 대폭 올렸지만 기득권 노조에 혜택 집중
▶ 기회는 불평등, 과정은 불공정, 결과는 부정의 사회 정착

○ 경제 현황

▶ 낙수경제의 한계에 봉착
▶ 5년 마다 성장률 1% 하락
▶ 단기적 성장률 높이는데 집중
▶ 정부 단기 경기부양정책만 펼침
▶ 고용없는 성장과 저성장 고착

▌제조업 중심의 수출 산업 구조

▌AI 시대의 미래 먹거리 미확보

▌대기업 중심의 세습 경제 체제

▌제로·마이너스 성장 폭탄 돌리기

○ 문제점

▷ 사회구조

▌저출산·고령화에 따른 저성장과 잠재성장률 하락

  → 추가적인 물가 상승을 유발하지 않으면서 국가에 존재하는 생
     산요소를 최대한 활용할 때 달성할 수 있는 성장률

  → 산업경쟁력 약화, 실업률 상승, 가계소득 감소, 내수 위축

  → 노동투입 약화, 노동 성장 기여도가 떨어지기에 하락

  → 저출산·고령화로 노동·생산량이 더 이상 증가할 수 없음

  → 인적 자본의 취약성, 인재 양성을 위한 투자 부족

  → 신 산업에 대한 투자 부족, 투자 심리 위축

  → 서비스 산업 부진과 낮은 생산성

  → 수출이 내수 시장 발전을 가져오지 못하는 구조

  → 미흡한 사회적 자본, 사회적 신뢰 하락,

  → 사회분열, 기업가 정신의 위축, 세대·지역별 양극화

▌자영업자 비율이 25%로 너무 높음, G7의 2배

  → 비정상적인 노동시장이 자리 잡음

▷ 산업구조

◗ 대기업의 독과점에 의한 부의 양극화 심화
  → 내수시장은 소수의 대기업이 지배
  → 생활 실질 물가가 외국에 비해 상대적 높음
  → 대기업부터 중소기업까지 오너 리스크와 일가의 전횡
  → 산업부분 지원 시스템 미비와 수준 미달
◗ 수출 제조업 중심의 취약한 산업 구조
  → 일부 품목 위주의 수출 제조업 경제
  → 중국 제조업 성장에 따른 기술 격차가 없어짐
  → AI 산업분야에서는 중국이 5년 앞서가고 있음
◗ 과도한 국방비 부담과 병역 의무에 따른 노동력 감소
  → GDP 8% 고정 국방비 지출, 군 복무로 생산력 저하

▷ 생산성·원천기술

◗ 고비용·고물가의 고비용 구조와 저생산성
  → 집값, 비싼 임대료, 교육비, 높은 생활 물가
  → 창업은 어렵고, 국민 대부분이 생활고에 시달림
◗ 원천기술 미보유와 후방산업의 취약
  → 가마우치 경제(종속적 분업구조)에서 벗어나지 못함
  → 연구개발 투자의 낮은 효율성

▷ 글로벌 경쟁력

◗ 금융경쟁력 낮음
  → 관치금융, 모피아의 관행
  → 5대 은행 대부분이 국외 자본에 종속
  → 금융 관리 시스템 부실 금융사고 빈발

◗ 대외변수에 취약
  → 중국의 한한령, 일본의 수출 통제, 미국의 금리조정 등

▷ 최저임금·강성노조

◗ 최저임금 급격한 인상과 주52시간 실시
  → 자영업자, 중소기업 폐업으로 종업원 해고
◗ 강성노조와 국회의 경제입법 독주
  → 귀족노조의 강경 임금 인상 투쟁
  → 기업규제 3법, 중대 재해처벌법, 높은 법인세

○ 패러다임의 변화

◗ 모방경제에서 리드경제로 전환
◗ 수소경제·탄소제로 경제로 전환
◗ 창업·창직의 스타트업 국가 실현

▶ 제조업 수출 중심에서 AI 산업 중심으로 재편
▶ 플랫폼 시대를 선도하는 빅블러 대기업의 육성

○ 공약(公約)

▷ 핵심공약

◑ 경제정책
▶ 시장주도성장 + AI 혁신경제 + 데이터 공정경제

◑ 시장주도 성장
▶ 수소경제·탄소제로 경제 성장

◑ 프로토콜 경제 전환
▶ 빅블러 대기업 육성

○ 세부방안

▷ 경제 패러다임 전환

▶ 한국경제 패러다임 변혁 추진위원회 설치
  → 한국경제 모순 극복을 위한 현장 중심의 활동 추진
▶ 기후변화와 신기후체제 대응

→ 저탄소 기술에 기초한 산업구조 개편

→ 일원화된 에너지 거버넌스 체계 확립

→ 기후 변화 관련 금융 투자 활성화 촉진

▷ New 경제구조

◗ 경제구조 변화 대응

→ 포스트 코로나 시대 대응하기 위한 재정 건전성 확보

→ 재정의 지속 가능성, 효율성 및 형평성 확보

→ 효과적인 재정 전략 수립

◗ 뉴 경제 3不(거래·시장·제도)의 불공정 해소

→ 공정한 기업 생태계 조성

→ 원청과 하청의 거래의 불공정

→ 플랫폼 사업자와 입점업체 간 시장의 불균형

→ 정부와 공공기관의 최저가 입찰에 의한 제도의 불합리

▷ 산업·인구 구조

◗ 산업구조의 고도화

→ 제조업 기반으로 EBS(전기자동차·바이오·반도체) 산업육성

◗ 인구 구조·변화 대응

→ 생산연령 인구의 감소, 부양비 증가, 노인 빈곤율 상승, 지방인
구 감소 등에 대한 맞춤형 대응

→ 노동 생산성 유지, 노후소득 강화

▶ 산업구조 변화 대응

　　→ 제조업, 서비스업의 성장 정체 및 대외 경제여건 약화

　　→ DX와 연계된 제조업 서비스업의 융합

　　→ 리쇼어링 활성화

　　→AI 신산업 경쟁력 확보

▷ 투자·기술혁신

▶ 이익의 사유화, 비용의 사회화 철폐

　　→ 1973년 사채 동결, 1997년 IMF 공적자금 투입

▶ 기업이 마음껏 투자할 수 있는 환경 구축

　　→ 기업 담당자 정해 투자 방해 요소 제거

▶ 기술 혁신

　　→ R&D 투자 효율성 높임, 연구 환경 개선, 전문인력 양성

▶ 외국기업의 국내 직접 투자 유도

　　→ FDI(Foreign Direct Investment) 적극적 유치

06

―――――――

일자리

Jobs Korea

일자리 정부를 자처한 문재인 정부에서 사실상 실업자 140만 명이 폭증했다. 일자리 문제는 근본적으로 세금 알바로는 해결할 수 없다. 정부의 일자리 정책은 세금을 투입해 단기 임시직을 만드는 데 집중되었다. 매년 수십조 원의 일자리 예산을 투입했는데도 일자리 참사가 발생한 것은 정부의 반시장·반기업 정책 때문이다.

○ 일자리

▶ 경제의 근간
▶ 생산의 핵심
▶ 소비의 원천
▶ 정부의 책무, 시대적 사명, 국민의 권리
▶ 생계를 꾸려 나갈 수 있는 수단으로서의 직업
▶ 과거에 없던 일자리를 새롭게 만드는 것이 창출

○ 개념

▶ 생계를 꾸려 나갈 수 있는 수단으로서의 직업

○ 분류

▶ 복지정책
  - 사회적 약자를 위한 공공 일자리 정책(장애인 일자리, 노인 일자리,
    여성 일자리)
  - 생계형 일자리 정책
▶ 산업정책
  - 신 산업 육성을 통한 청년 일자리 창출(청년 일자리, 중·장년층 일
    자리)

○ 정책분류

▶ 일자리 창출 : 신 사업, 신 기술, 중소·벤처 창업
▶ 일자리 늘리기, 쪼개기 :임금피크제, 청년인턴, 공공일자리, 노동
  시간 단축
▶ 일자리 지키기 : 3D중소기업, 환경개선, 고용지원, 중소기업 인
  센티브
▶ 일자리 취업지원 : 취업 교육, 실업급여, 재취업비용, 비정규직
  지원

○ 현황

▶ 일자리 정부의 일자리 정책은 완전히 실패
▶ 세금 알바로 통계를 왜곡해서는 고용참사 막을 수 없음
▶ 청년 일자리는 줄고, 세금 풀어 만든 티슈형 일자리와 단기 노인 일자리만 늘었는데 고용 개선됐다고 억지 부림

○ 악화

▶ 노조 임금 상승 압력
▶ 중소기업의 저임금 체계
▶ 서비스 산업의 발전 부족
▶ 고용 인력 구조의 불균형
▶ 노동을 경기하는 사회 인식
▶ 대기업 제조업 중심의 산업 구조

○ 문제

▶ 기업경영 악화로 고용시장마저 급속히 위축
▶ 주요기업 신규채용 중지하면서 취업문이 좁아짐
▶ 제조업 구조적 실업, 코로나 실업 덮쳐 고용참사
▶ 산업 구조의 변화로 산업 간 인력 수급 불균형 발생
▶ 실업문제는 소득 불균형, 사회 양극화 심화 가져옴

○ 역대정부 실패

▶ 매 정부마다 실패한 정책을 우격다짐으로 추진
▶ 일시적 일자리 늘리기와 취업 지원 정책만 몰두
▶ 산업 정책과 연계를 통해 시너지 효과를 내지 못함
▶ 비경제활동 청년들 노동시장에 진입 유도 정책의 부족
▶ 아르바이트, 인턴 등 일자리 수에만 집중 예산 투입

○ 필요

▶ 국가사회안전망 강화, 실업자가 안심하는 사회
▶ 청년 실업 대책과 30~40대 맞춤형 일자리 정책 추진
▶ 노동이 유연해지면 일자리가 적은 곳에서 많은 곳 이동
▶ 쇠퇴 산업은 노동수요 감소, 뜨는 산업은 노동수요 증가

○ 패러다임의 변화

▶ 재정주도 일회성 알바 일자리 정책의 폐기
▶ 평생 직업 교육으로 일자리 안정망의 확충
▶ AI 일자리 매칭 시스템 운영으로 일자리 연계
▶ 정부는 일거리, 기업은 일자리 만들기 역할 분담
▶ AI+X 산업에 의한 양질의 일자리 창출 정책으로 전환

○ 공약(公約)

▷ 핵심공약

◐ 일자리 200만 개 창출 프로젝트
◗ 문정부에서 사라진 147만 개 일자리 복원
◗ 2022년 100만 개
  → 헬스케어 30만, AI창직 15만, AI+X산업 55만
◗ 2023년 100만 개
  → AI 슈퍼 고용 일거리 프로젝트 추진

◐ AI+X 산업에 의한 양질의 일자리 창출
◗ 재정 투입으로 만드는 단기 일자리 정책 폐기

◐ 국가 일자리 보장 책임제 실시
◗ AI 일자리 매칭 시스템 운영

▷ 비전 : 일자리 걱정 없는 세상 + Jobs Korea

▷ 미션

◗ 일자리 창출 정책이 최고의 복지정책
◗ 한국경제 살리는 유일한 해답은 일자리 창출

▶ 사라지는 일자리만큼 새로운 일자리 만들기

▶ Digital Transformation 시대 맞는 양질 일자리 창출

▶ 정부 일거리 만들고, 기업은 일자리 창출의 역할 분담

▶ 세금으로 만드는 티슈형 일자리에서 신 산업에 의한 양질의 일자리 창출 정책으로 전환

○ 세부방안

▷ 일자리 200만 개 창출 Project

▶ 국가의 일자리 보장 책임제 시스템 도입

   → 'AI K-청년 일자리 보장제(Youth Guarantee)' 도입

   → 국가가 청년들에게 일자리 보장

▶ 슈퍼 고용(Super Employment) 시대 대응

   → 미래 일자리 60%는 아직 나타나지 않음

   → 데이터 경제에서 전 분야에 데이터 공개해 일자리 만듦

▶ 'K-AI 일자리 매칭 시스템' 운영

   → 일거리 프로젝트 발주 통해 양질의 일자리 창출

   → 개개인의 직업교육 이력 관리로 적재적소에 일자리 매칭

▶ 노동개혁, 규제완화, 미래 산업 육성

   → 노동시장 유연화, 대기업 노조의 기득권 철폐

   → DX 혁명에 맞춰 기존 제조업 위주의 규제 완화

   → 비대면 시대에 맞는 AI 기술 활용한 EduTect 확대

→ AI+X 산업 집중 육성교육개혁,

▶ AI 시대 창직 통해 창업 붐 조성

  → 창직이란 자신의 역량을 바탕으로 창의적 아이디어로 신직종을 만들어 스스로 일자리 창출해 고용시장에 진출하는 것

  → 한국의 직업 종류는 총 1만 6891개로 지난 8개월 간 5236개가 늘어남

  → 직업 수는 미국의 1/3 수준, 일본보다 5000개 적음

▶ 빅블러(Big Blur) 대기업 육성

  → 빅블러 시대를 선도하는 혁신 대기업으로

07

부동산

My Home Korea

징벌적 보유세와 거래세, 대출 규제, 분양가 상한제, 토지거래허가제, 임대차 3법 등 지난 4년간 26차례에 걸친 편 가르기식의 시장을 역행하는 규제정책은 전국적으로 부동산 가격 폭등을 초래했다. 한마디로 문재인 정부의 부동산 정책은 처참하게 실패했다. 노·문 실패 정책 코스를 답습 재집권하면 부동산 폭등시즌3 온다.

○ 현황

▷ 부동산 가격 폭등

◗ 110주 연속 오른 서울 전세
◗ 4년 간 서울아파트 93% 폭등
◗ 서울 아파트 평균 매매가격 11억 원 돌파
◗ 전·월세비로 인한 고통, 삶의 질 떨어짐
◗ 지방까지 번진 집값 상승세 멈추지 않고 있음

▷ 내집 마련 꿈 포기

❱ 내 집 소유하기가 힘든 세상
❱ 집값 폭등 가계채무 급증 가계의 짐
❱ 근로자 월급 모아 서울 25평 아파트 21년→ 36년 늘어남
❱ 무주택자 전체 가구의 43,77% 875만 가구

▷ 부동산 불로소득

❱ 부동산 불로소득 GDP의 22%, 일할 의욕 꺾임
❱ 인구 5177만 명 중 2채 이상 소유자 198만 명에 불과
❱ 상위 계층 불로소득 대부분 땅값과 부동산 올라서 취득

▷ 정책 신뢰도 바닥

❱ 당정의 대책 부재 속에서 집값과 전셋값의 거침없는 상승세
❱ 무기력한 정책 리더십이 집값 상승을 지속시킴
❱ 정부 정책 신뢰도를 상실해 시장을 컨트롤 할 수 없음

▷ 부실한 대책

❱ 세제 개편이나 공급 대책에서 시장을 안정화 대책 없음
❱ 대선 주자들이 메가톤급 공급 계약을 쏟아 내고 있음

▶ 재원·부지 등 세부 대책 없이 실현 불가능한 공약 남발

○ 문제

▷ 하우스 디바이드(House Divide)

▶ 20대 : 집 주소까지 스펙, 배우자 서울거주 선호
▶ 30~40대 : 무주택자 스트레스, 교육 서울 선호
▶ 50~60대 : 서울입성 포기, 지방 이사 후회
▶ 60~70대 : 연금 생활자 세금 고민, 주택연금 자식 눈치

▷ 하우스 푸어(House Poor)

▶ 서민과 중산층이 빚 없이 내 집 마련 불가능
▶ 빚을 내서 집 사고, 집 저당 1주택 소유자 많음
▶ 1주택자 자산보다 빚이 많음. 하우스 푸어, 렌트 푸어
▶ 다주택자 월세수입이나 투자용도로 활용 재산증식 수단

▷ 원인 오진

▶ 잘못된 부동산시장 진단과 정책남발로 시장 신뢰 상실
▶ 부동산 투기억제, 가격안정의 정책목표 설정 실패
▶ 부동산 가격이 오르는 이유를 투기꾼 때문이라는 오진

▌ 주택보급률 104% 숫자에 매몰, 지방 → 강남 수요 무시

▷ 정책 실패

▌ 현장 무시한 표를 의식한 부동산 정치에 함몰
▌ 정부 부동산 정책이 강남 집값에만 몰두하다 꼬임
▌ 부동산 정책 안 바꾸면 집값·전셋값 잡기 힘든 상황
▌ 현장 무시하며 추진했다가 부작용으로 한발 빼는 대책들
　→ 임대 사업자 제도 폐지에서 현행대로 존치
　→ 신규 계약에도 임대차법 적용에서 추가 개정의사 없음
　→ 재건축 2년 실거주 의무부과에서 전세난 일자 법안 폐기
　→ 공시가격 인상 및 재산세 인하에서 재산세율 인하
　→ 주택담보대출 완화에서 무주택자 한해 연소득 기준완화

▷ 공급 만능주의

▌ 정부 8·4 대책의 13만 채 공급조차 1년째 헛돌고 있음
▌ 공급 강도를 더 높인 2·4 대책은 첫걸음도 떼지 못함
▌ 현실과 괴리된 정부가 고집한 공공만능주의 정책 답습

○ 부동산 문제의 본질

▌ 집을 사느냐 못 사느냐 문제가 아님

▌ 더 좋은 집, 환경 좋은 동네 살고 싶은 욕구

▌ 자산 가치를 불리고 싶은 자연스러운 인간의 본능

▌ 서울 아파트 가만히 있어도 몇 억~몇 십억 불로소득

▌ 사회 양극화 갈등이 증폭되어 불평등 고조

  → 소유자 vs 무주택자,

  → 서울 소유자 vs 지방 소유자

○ 역대정부 실패 원인

▌ 정권마다 일관성 없는 정책으로 시장의 신뢰 상실

▌ 부동산의 특성을 무시한 채 잘못된 정책 우격다짐 추진

▌ 공급과 수요 규제만 초점을 둔 근시안적 정책

▌ 현장에서 형성되는 부동산 가격 구조 인정하지 않음

▌ 각 부처 따로 국밥, 컨트롤타워가 없었음

  → BH, 국토부, 기재부, 교육부 금융위, 한국은행, 서울시

▌ 대책과 규제가 허점 투성, 투기세력이 꼼수 부림

○ 역대 주요 부동산 정책 현황

▌ 1988. 08. 10. 부동산 종합대책 → 상승

▌ 1990. 04. 16. 부동산투기억제정책 → 상승 최고점

▌ 1995. 03. 30. 부동산 실명제도입 → 하락

▌ 1995. 05. 22. 주택경기 활성화 대책 → 안정

◗ 1995. 12. 12. 건설 및 부동산경기활성화 대책 → 상승 조짐

◗ 1998. 09. 25. 분양가 자율화 → 하락 안정

◗ 1999. 10. 07. 주택건설 촉진계획 → 하락 안정

◗ 2000. 11. 01. 건설사업 활성화 방안 → 상승 조짐

◗ 2002. 01. 08. 주택시장 안정대책 5차례 → 폭등

◗ 2005. 08. 31. 국민 참여 부동산정책 → 상승

◗ 2006. 11. 15. 부동산시장 안정화방안 → 상승

◗ 2008. 06. 11. 지방 미분양 대책 → 상승 주춤

◗ 2010. 04. 23. 주택 미분양해소, 거래활성화 방안 → 상승

◗ 2013. 04. 01. 주택시장 정상화 종합대책 → 상승 안정

◗ 2014. 02. 26. 임대차시장 선진화방안 추진 → 안정

◗ 2016. 04. 28. 행복주택 30만 가구 확대 → 하락 안정

◗ 2017~2021. 26차례 부동산 대책 → 폭등

○ 역대 정부 부동산 정책기조 : 규제와 부양 반복

◗ 1962~1979 박정희 → 규제 강화

◗ 1980~1988 전두환 → 규제 완화

◗ 1988~1992 노태우 → 규제 강화

◗ 1993~1997 김영삼 → 규제 완화

◗ 1998~2002 김대중 → 규제 완화

◗ 2003~2007 노무현 → 규제 강화

◗ 2008~2012 이명박 → 규제 완화

▶ 2013~2016 박근혜 → 규제 완화

▶ 2017~2021 문재인 → 규제 강화

○ 부동산 정책 분류

▷ 부동산 부양

▶ 수요증대

   → 거래 활성화 : 청약자격 완화, 분양권 전매제한 완화

   → 금융지원 : LTV(주택담보대출) / DTI(총부채상환) 완화

   → 조세감면 : 취·등록세 인하, 양도세 감면

   → 주택자금지원 : 전세자금 지원 및 금리인하

▶ 공급확대

   → 공급규제완화 : 공공토지 민간공급확대, 재건축 규제완화

   → 개발계획 : 신도시, 혁신도시, 도심재생사업, 국가개발

▶ 기타 : 민간임대사업(뉴스테이), 미분양 아파트지원

▷ 부동산 규제

▶ 수요억제

   → 거래규제 : 다주택자 양도세 중과, 투기과열지구, 전매제한

   → 수요조절 : 중도금 대출강화, 다주택자 규제

   → 조세강화 : 취·등록세, 양도세, 종부세, 재산세 강화

→ 금융규제 : LTV / DTI강화, 대출심사강화, 대출금리 인상

▶ 공급조절

   → 공급확대 : 공공임대 공급 확대

   → 공급규제 : PF대출강화, 분양가 상한제, 제건축규제 강화 후분
     양제도

   → 개발억제 : 재건축 초과이익 환수

▶ 기타 : 전, 월세 상한제도

○ 패러다임 변화

▶ 프롭테크 주도의 시장 성장

▶ 부동산 3법의 전면 개정과 보완

▶ 시장 친화적인 토지 공개념 제도 도입

▶ 3주택 이상 주택 대출금 회수, 법인 특혜 세율의 폐지

▶ '대한민국 미래 홈 케어(K.F.H.C.)' 1가구 1주택 정착

○ 공약(公約)

▷ 핵심공약

◑ 2017년 이전 집값으로 회귀

▶ 임대차 3법 폐기, 다주택자 매물 시장 출하

◑ 평당 800만 원 이하 원가로 100만호 공급

▶ 중산층·서민·청년층

◑ 재건축 완화, 양도세 감면 및 폐지
▶ 보유세 올리고 거래세 낮춤

○ 세부대책

▷ 부동산 입법 만능주의

▶ 부동산 입법 만능주의 탈피
▶ 공청회, 학계, 전문가 소통 통한 입법 생태계 복원

▷ 다주택자 혜택 폐지

▶ 3주택 이상 보유자 대출금 회수
▶ 법인 부동산 세율 특혜 폐지(0.7%)
▶ 재벌 대기업의 부동산 투기 엄벌
▶ 전국 228만 채 이르는 다주택자 소유 매물 시장 출하

▷ 집값·전셋값 가격 안정

▶ 2년 이내 양도세 인센티브 등 과감하게 실시
▶ 3년 이내 주택을 공급할 수 있는 단기 대책 마련

▶ 수급 불균형으로 과열된 부동산 시장에 공급물량 제공

▶ 전셋값 안정

   → 임대차3법 폐기 후 재건축 규제 풀어 강남 숨통 터줌

▶ 시장 안정 위해 투트랙 전략 구사

   → 민간부문이 주도해 공급

   → 주거 취약계층을 위한 공급 사업은 공공기관이 담당

▷ 공급

▶ 재건축 완화

   → 재건축 초과이익환수제 없앰

   → 재건축 안전진단 완화

▶ 8·4 공공개발 보완

   → 지자체·주민·전문가로 구성된 회의체 통해 의사결정

▶ 공급계획을 연도별로 세워 매년 주택 공급

   → 매년 서울 5만, 수도권 13만 가구 필요

   → 2025년 85만 가구 공급 계획을 현실성 있도록 전면 개편

▷ 원가연동제·토지임대부

▶ 택지원가연동제와 토지임대부 주택 도입

   → 공공이 조성한 공공택지가 부동산 불로소득 현상 심화

   → 건물만 분양하는 토지임대부 실시

→ 나중에 팔 때 공공이 소유권을 가져오는 환매조건부 주택

▷ 지역 안정

▶ 지역별 맞춤형 대책
  → 지방 도시 특성을 고려한 맞춤형 대책 추진
  → 정비구역 지정에 대해 주기적으로 점검 시 해제 검토
  → 해제때 재정지원, 도시재생구역으로 전환, 출구전략 마련
  → 사업방식의 다양화, 지방자치단체와 연계 블록단위 정비
  → 지방도시 도심 주거지역 공동화 방지, 심의 허가 강화

▷ 신산업 육성

▶ 부동산 신산업 프롭테크 육성
  → 프롭테크(Property Technology) 산업 육성
▶ 프롭테크 핵심은 빅데이터 통한 수요와 공급 조절
▶ 새로운 분야 투자로 미래의 부동산 수요 공급 조절
▶ 세계적으로 프롭테크 산업 폭발적 성장 중
▶ 국민들 부동산 열기를 프롭테크 산업으로 전환
▶ 프롭테크 산업은 기술을 활용한 선진화 산업 트렌드
▶ 정책적 지원, 투자자 발굴, 기업의 참여 필요

맺음말

새 시대 대한민국 개조론

대다수 국민이 국가개조를 절실하게 원하고 있다. '한강의 기적' 산업화와 민주화를 통해 'IT 강국'을 실현하고 반세기 넘게 달려온 성공 신화가 AI 시대에 멈춰서 버리는 건 아닐까 하는 불안감을 떨쳐내기 어렵기 때문이다. 이대로라면 2030년에는 AI 산업분야에서 중국의 속국이 될 수도 있다는 위기의 공감대가 형성되어 있다.

대선 주자는 대한민국의 미래를 어떻게 디자인해서 이끌어 가겠다는 비전·소신과 실현 가능한 정책을 밝혀야 한다. 내수를 활성화시켜 자영업자를 살리고 좋은 일자리를 만들어 정규직과 비정규직의 차별없는 세상을 만드는 것은 시대적 소명이다. 얄팍한 포퓰리즘 정책으로 현혹하고 속여서는 더 이상 국민의 선택을 받을 수 없다는 저변의 민심을 알아야 한다.

새 시대 새 정부는 대한민국을 어떤 모습으로 혁신하고 변화시켜야 할까. 궁극적으로 국민에게 어떤 비전을 제시해야 할까. 해법은 의외로 간단하다. 국민을 배부르게 먹이고 등 따시게 해주면 된다.

동서고금을 막론하고 국민에게는 먹고사는 민생이 가장 중요하기 때문이다.

살기 좋은 대한민국을 만들기 위해선 국가라는 큰 틀에 변화와 혁신을 해야 한다. 그렇다면 새 시대 대한민국 개조는 어떻게 해야 할까.

첫째, 국가 목표와 비전 설정이다. 목표는 행복한 대한민국 'Happy Korea', 비전은 정의로운 국가 'Justice Korea', 일자리 넘치는 대한민국 'Jobs Korea'다. 구체적으로 코로나19로부터 안전한 'Safety Korea', 누구나 노력하면 성공할 수 있는 'Success Korea', 정의가 살아있는 'Righteous Korea', 시대 흐름에 맞춰 빠르게 변하는 'Speed Korea', 경제가 역동성 있는 'Dynamics Korea', 초고령화 사회에 생동감 넘치는 'Young Korea'로 'AI 강국' 대한민국을 만들어야 한다.

둘째, 시대정신은 민생이다. '경제를 살리겠습니다' '먹고사니즘'이다. 근시안적 탁상공론 정책이 아니라 실현 가능한 정책으로 성과를 내야 한다. 근간에는 경제 성장이 우선이다. 실현 방법으로 AI 시대에 'AI 기술주도 성장'이 되어야 한다. 세계는 빠르게 변화하고 있다. 자칫 이념에 얽매여 머뭇거린다면 영원히 뒤쳐질 수 있다.

셋째, 개헌 논의다. 5년 단임제 실시 후 성공한 대통령은 없었다. 3년 중임제를 제안한다. 빠르게 변하는 AI 시대 4년은 너무 길기 때문이다. 취임 1년은 정책 추진, 2년차는 성과, 3년차에 평가 받는 구조다. 지방선거도 대통령 선거와 맞물려 해야 한다. 대다수 국민은 지방의원에 대해 필요성을 못 느끼고 있는 게 현실이다. 이참에 한국에 맞는 정치 제도를 만들어야 한다.

넷째, 정치 개혁이다. 정치가 변화해야 경제가 살고 민생이 피고 국민이 행복해진다. 갈라진 민심을 하나로 모아 국가 경쟁력을 올리는 건 정치의 몫이다. 새로운 리더는 국민의 열정과 지혜를 모아 국가를 개혁하고 쇄신하는 대장정에 나서야 한다. 지역과 이념에 얽매이지 말고 정책으로 새 시대를 열어야 한다.

다섯째, 인사는 만사(萬事)다. 망사(亡事)가 되면 나라가 흔들린다. 역대정부의 인사는 고소영(고려대·소망교회·영남출신), 성시경(성균관대·고시·경기고), 캠코더(캠프출신·코드인사·더불어민주당) 내각이라는 비판을 받았다. 전문성이 결여된 낙하산 인사가 많으면 국가 경제까지 망칠 수 있다. 성과를 못낸 장관은 1년 안에 교체해야 한다. 청문회는 강화되어야 한다. 도덕성이 결여되고 국민 눈높이에 맞지 않는 인사를 국무위원으로 임명하면 안 된다. 미래 세대가 무엇을 보고 성장할까.

여섯째, 공공 개혁이다. 공식 국가 채무에 잡히지 않는 347개 공공기관 부채는 544조 8000억 원을 기록했다. 국책은행을 제외한 공기업·준정부기관·기타 공공기관의 빚을 합친 금액이다. 공공기관 빚은 국가 재정 건전성을 위협한다. 공공기관 빚은 최종적으로 국가가 보증하고 갚아야 하기에 사실상 나라 빚이다. 나라 빚은 결국 미래세대가 갚아야 한다. 새 시대 리더는 각 부처의 쌈짓돈의 폐단을 막고 민간이 해도 되는 부분은 시장에 맡기는 개혁을 추진해야 한다.

일곱째, 'K-행복복지'다. 성장적 복지 정책 확대로 청년층이 취업하기 전까지 경제적 생활에 허덕이지 않도록 해줘야 한다. 복지 사각지대를 없애주고, 고용 유연성을 확보하면 기업의 고용여력이 커지고 일자리가 늘어난다. 또한 코로나19로 직격탄을 맞은 1400만 명의 자영업자와 비정규직을 살려야 한다. 재정확보 문제를 해결한 'K-행복소득'을 대한민국 복지 정책으로 결정하면 된다.

재원 부담이 없고 재정 투입 4배의 경제 규모를 확대할 수 있고 내수를 살리며 고용도 증가하는 장점이 있는 것이 'K-행복소득'이다. AI와 블록체인 기술을 활용한 시스템을 그대로 한국판 EIP 지급에 활용 가능해 재정부담 없이 경제를 살릴 수 있다.

현재 상황에서 경제를 살리고 양극화를 해결할 수 있는 유일한 해법은 '한국판 EIP' 지급이다.

AI 시대 경제 관료는 과거의 경제학은 떨쳐버리고 AI와 블록체인 기술을 활용한 경제를 살릴 수 있는 방안에 귀를 기울여야 한다. 한국에서 성공시켜 외국에 수출할 수 있는 제2의 '전자정부' 길을 여는 것이 시대적 사명이다. 일본 속담에 선착순과 유사한 早者勝 (먼저 한 자가 유명하다. はやいものがち)라는 말이 있다.

(경기매일 2021. 06. 20.)

AI 한국경영 - 국정운영편

지은이 | 박정일
만든이 | 최수경
만든곳 | 글마당
책임 편집디자인 | 정다희

(등록 제2008-000048호)

만든 날 | 2021년 8월 31일
펴낸 날 | 2021년 9월 15일

주소 | 서울시 송파구 송파대로 28길 32
전화 | 02. 451. 1227
팩스 | 02. 6280. 9003
홈페이지 | www.gulmadang.com
이메일 | vincent@gulmadang.com

ISBN 979-11-90244-25-1(03300)   값 33,000원